学びなおすと地理はおもしろい

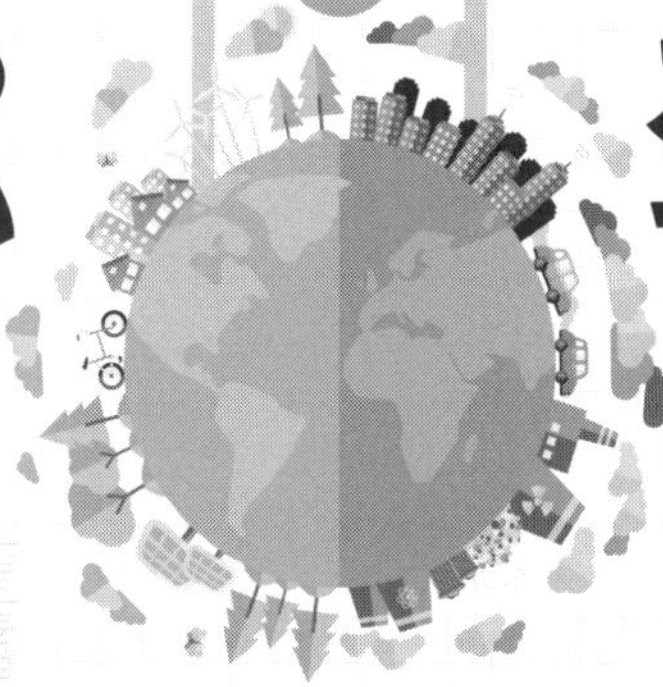

宇野仙

ベレ出版

はじめに

地理はとにかく幅が広い。地理が扱うのは、地図、地形、気候、農林水産業、資源・エネルギー、工業、交通、通信、商業、観光、人口、村落、都市、衣食住、言語、宗教、国家などである。しかも、地理は日常生活とのつながりが深い、つまり最も身近な学問と言ってもよいだろう。ところが身近であるはずの学問なのに、小学校から高校まで教わった地理はどのようなものだったかと尋ねると、多くの方は「都道府県名や各地の特産品、山や川の名前を覚えさせられた」という記憶が、ネガティブな印象とともによみがえってくるのでないだろうか。このような印象を多くの方には変えてもらいたいと願っているし、受験テクニックしか教えないと言われる予備校講師が実際にはどのような話を生徒にしているのか、実態を見ていただきたいという思いから、この書を記した。読者が「こういう地理なら自分も学校で学んでみたかった」となることを心から願ってやまない。

私自身、地理教育は二つの意味で大きな転換期にさしかかっていると考えている。一つは、2022年度から地理が「地理総合」として高等学校の必履修科目になることである。ところが、学校現場に地理を専門とする教員が圧倒的に足りていないという実情がある。各都道府県によっても状況は異なるが、平均して地理歴史科教員のうち、約2割が地理の専門教員、残り8割が歴史（世界史または日本史）の専門教員である。そのため、地理を専門とする教員がいない学校もあるのだ。このような状況の中では、地理を専門としない教員が「地理総合」を担当せざるを得ない学校が、多かれ少なかれ出てくることになるだろう。こうなると地理を専門としない教員は、地理が多くの私立大学で入試科目になっていないこともあって、その場しのぎの雑学的な地理を語っておしまいとなり、体系だった地理のおもしろさを生徒に伝えられない可能性がある。こうして世界史が辿った道と同じく必履修が形骸化し、最悪の場合、再び地理が必履修科目から外れてしまう可能性さえある。そうならないためにも、ぜひ地理を専門としない教員の方にこの書を手に取ってもらいたい。

　そしてもう一つが、最近目にする機会が増えてきた「ＳＤＧｓ（持続可能な開発のための目標）」と

SDGs

地理との関係である。「ＳＤＧｓ」をご存じない読者のために説明すると、ＳＤＧｓとは２０１５年の国連サミットで採択された「持続可能な開発のための２０３０アジェンダ」にて記載された、２０３０年までに持続可能でよりよい世界を目指していこうとする国際目標のことである。もう少し具体的に言うと、今日地球が抱えている17分野の課題を、先進国も発展途上国も一致団結して解決していこうというものである。日本政府はハローキティやピコ太郎を起用して、このＳＤＧｓに取り組んでいる姿勢を内外にアピールしている。この17分野の課題のうち実に12の分野（貧困、飢餓、健康、雇用、不平等、水、エネルギー、防災、気候変動、海洋保全、生物多様性、国際連携）が、高校地理で詳細に教える内容なのである。つまり高校の「地理を学びなおす」だけで、現在の仕事や生活に生かせることが多々あるということになる。広く地理とは無縁であった一般読者にもぜひ手にしてもらいたい。

現在、公教育である学校現場はカリキュラムの厳しい縛りにあい、日々保護者や生徒対応に追われ疲弊している。地理を専門とする教員でさえも、理想とする地理教育を実践できない環境下で喘いでいる。私教育の場である予備校だからこそできること。それはお預かりした生徒の志望校合格というこれまでの使命に加え、本来公教育が担うべき大学教育につながる「学ぶことのおもしろさ」を伝える役割がいっそう増しているように思えてならない。

目次

第1章 地理情報と地図

1 統計地図の見方

1 統計地図

●統計地図の特徴

近年は、オフィスや家庭におけるパソコンの急速な普及によって、ビジネスで使う資料にも様々な工夫が求められるようになってきました。文章に加え、図表、さらには地図を交えて文書を作成する機会も増えつつあります。しかしながら、様々な図表や地図があるなかで、それらを感覚的な「良い」「悪い」の判断で利用している方も多いのではないでしょうか。実は、地図の選択も「地理」の学びの一つなのです。

地理で扱う地図の一つに統計地図があります。統計地図とは、ある事象の数量や分布などの統計数値を地図の中に示したものを言います。等値線図やメッシュマップ、イラストマップ、ルートマップ、ドットマップ、図形表現図、階級区分図、カルトグラムなどが代表例です。これらの地図には、それぞれメリットとデメリットがあります。それを知っておかないと、自分の意図が正確に伝わらない場合があります。

様々な統計地図

A

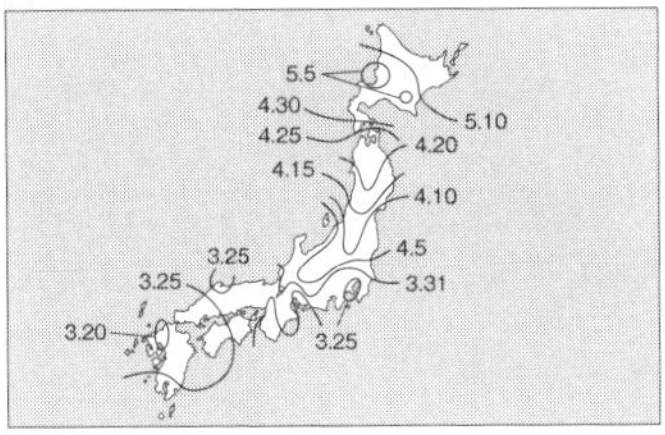

1-1　等値線図

B

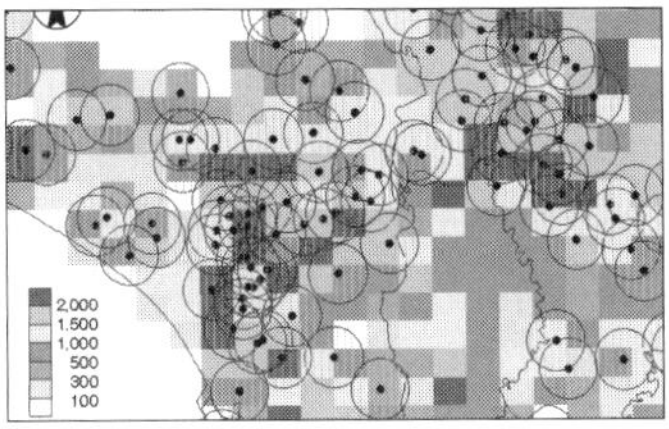

1-2　メッシュマップ

C

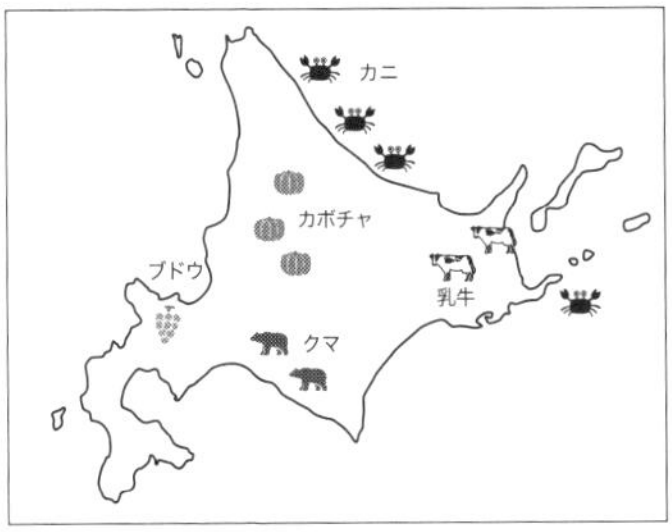

1-3　イラストマップ

D

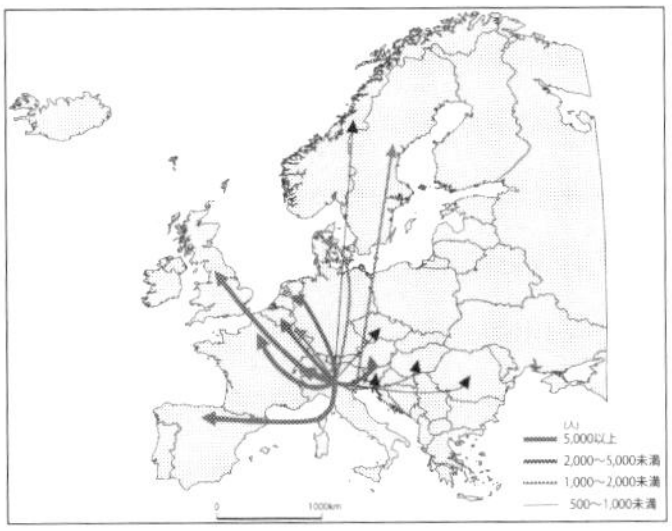

1-4　ルートマップ

E

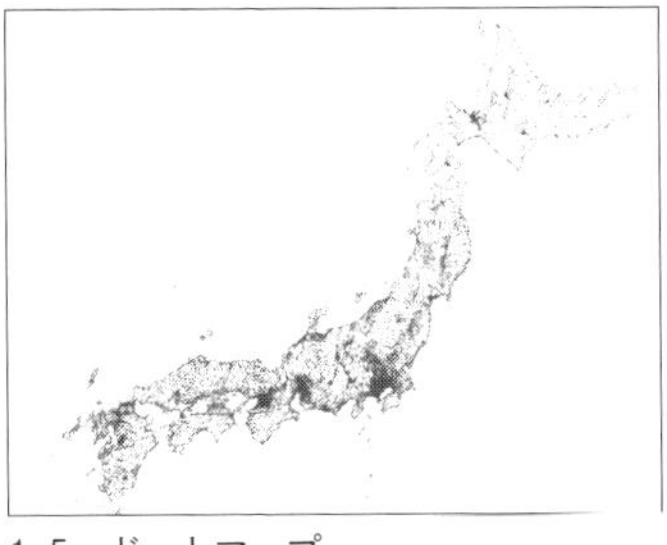

1-5　ドットマップ

F

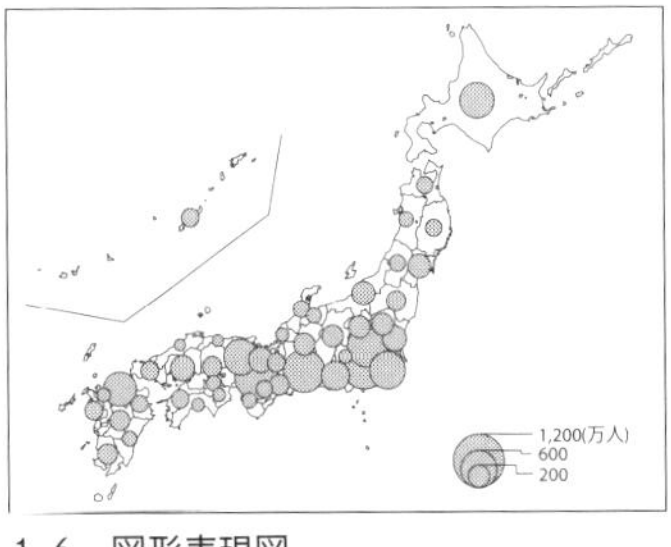

1-6　図形表現図

G

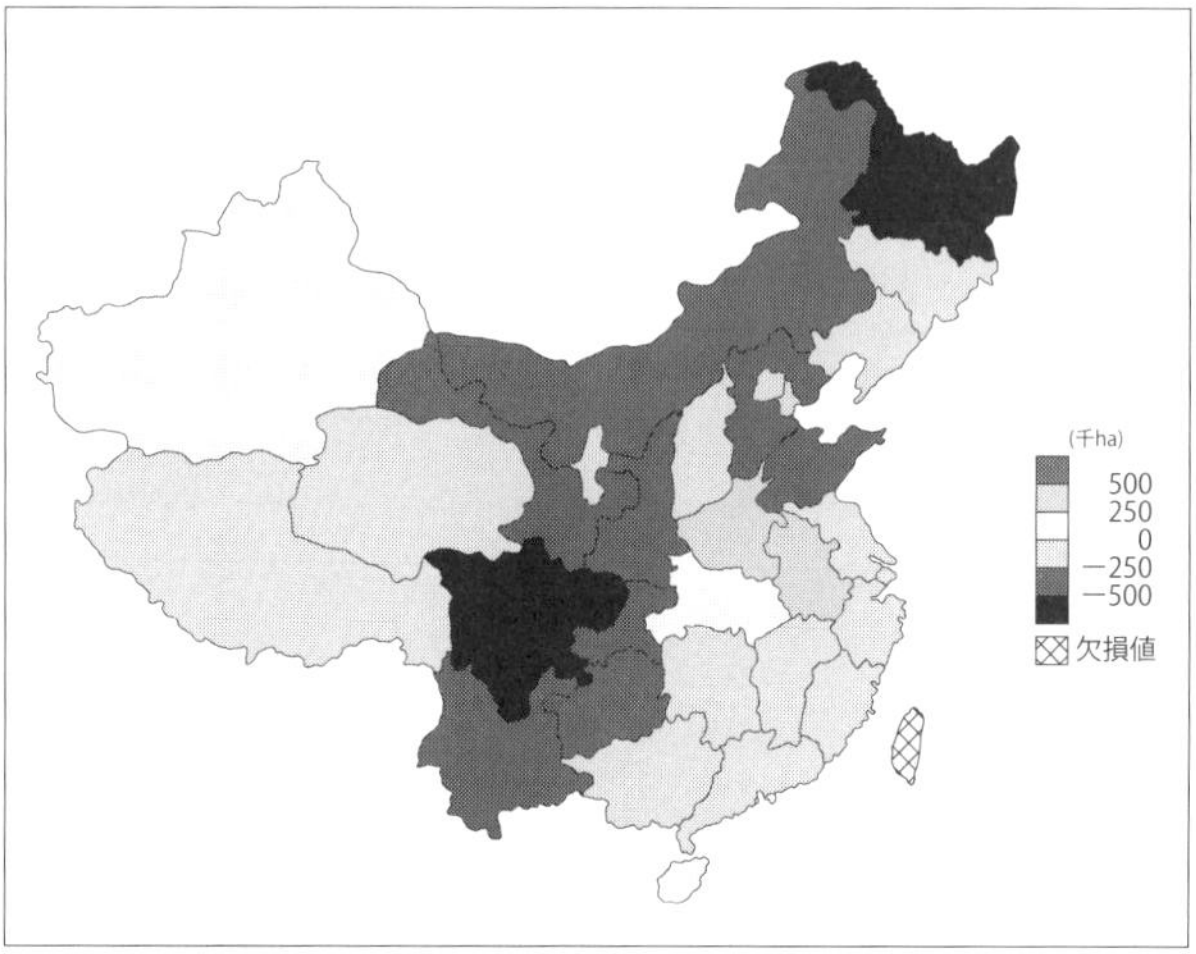

1-7　階級区分図

H

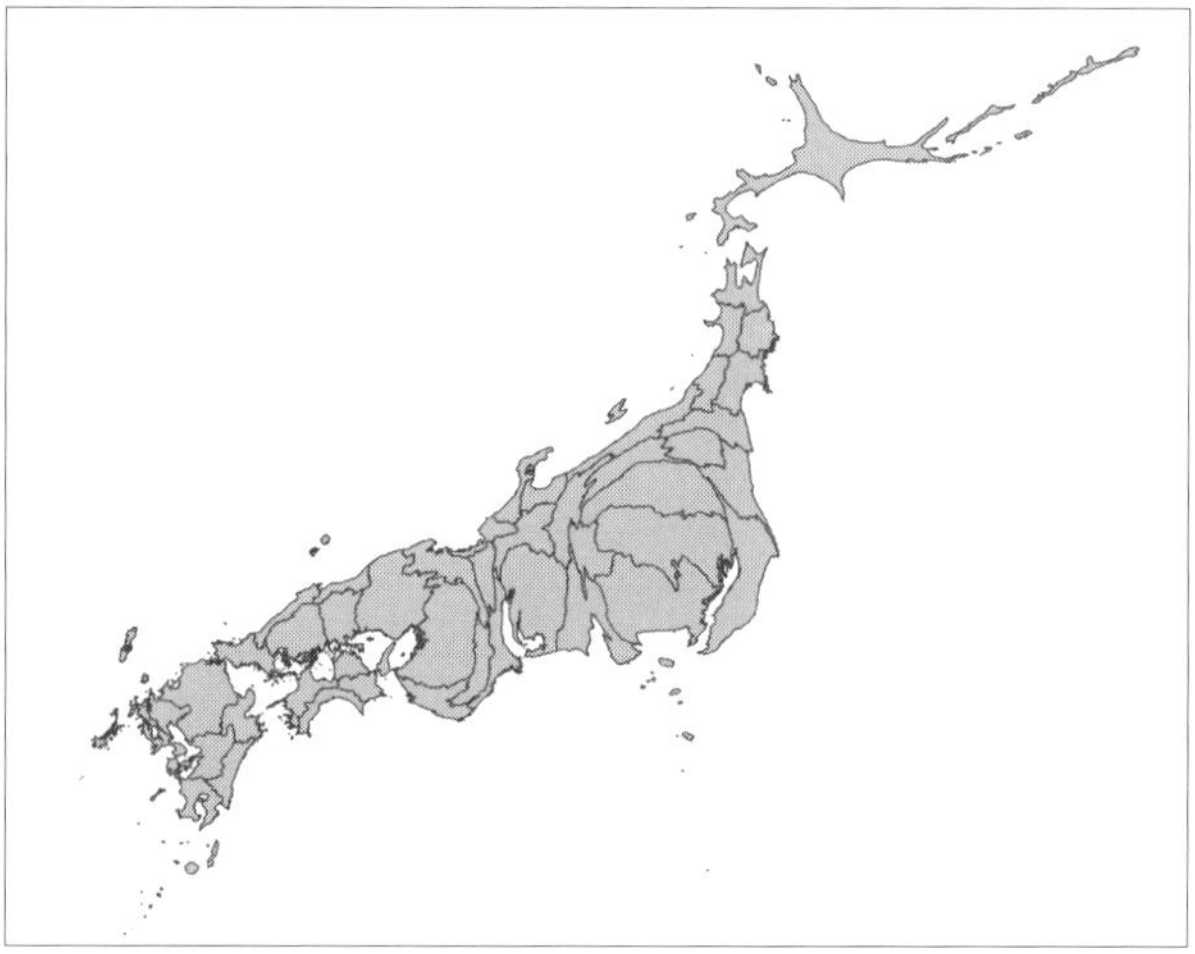

1-8　カルトグラム

A 等値線図

平面的な分布状態を図式的に表すため、同じ値を持つ点を結んだ線を示した地図。属性・分布状況が感覚的にわかりやすい。ただし、行政など地域ごとの違いを把握するのが難しい。

B メッシュマップ

地図を同じ大きさの方眼で区切って、統計指標の数量に合わせて色分けした地図。行政区などを超えた地域の広がりを捉えやすいが、行政区ごとなどの違いを把握するのは難しい。

※色は濃くなるほど上限値に、薄くなるほど下限値にするのが基本となる。また、複数の色の濃淡で表現する場合には、人間の目の色の区別には限界があり、モノクロコピーでは色の違いが見えなくなる場合があるため注意を要する。

C イラストマップ

絵を用いてモノや建物などの場所を大まかに表した地図。誰もが見てわかる絵を用いないと判断しにくい。また、正確な位置がわかりにくい。

D ルートマップ

ある統計指標の移動や移動量の違いを、線幅を変えた矢印などを用いて示した地図。任意の地点間の動き以外はわかりにくい。

E ドットマップ

ある統計指標の数量を、1種類の点のみで表した地図。分布を詳細に捉えやすい。ただし、指標の絶対値が詳しくわからない。また、行政など地域ごとの違いを把握するのが難しい。

F 図形表現図

図形の大きさによって、行政区など、地域ごとの統計数値を比較できる地図。絶対値を表す場合に適する（絶対分布図）。行政区など、地域ごとのおおよその分布が把握しやすいが、行政区内における違いはわかりにくい。

G 階級区分図

統計数値に合わせて色調を塗り分けた地図。行政区など、地域ごとに数値を比較し、可視化する際に利用する。一般に相対値（密度・比率など）を表現する場合に適する（相対分布図）。

※色は濃くなるほど上限値に、薄くなるほど下限値にするのが基本となる。また、複数の色の濃淡で表現する場合には、人間の目の色の区別には限界がありモノクロコピーでは色の違いが見えなくなる場合があるため注意を要する。

H カルトグラム

ある指標の数量の大きさによって、行政区など、地域ごとの面積を変えて表現した地図。

通常のイメージとのギャップを伝えたい際には有効となる（通常の面積の大きさで表現した地図との併記が望ましい）。

これらを意識しながら、最後に事例を見てみたいと思います。都道府県別人口と都道府県別人口増減率を、それぞれ階級区分図と図形表現図を用いて、表現してみました（図1－9、1－10）。

まず、都道府県別人口の統計地図としては、どちらの地図が正しく統計の内容を把握できるでしょうか。結論としては、図形表現図の地図となります。それは、階級区分図には弱点があるからです。階級区分図は、面積が増加するとそれにつれて増加する指標を表す場合には不適当とされます。なぜなら自治体によって面積はまちまちのため、人口密度が低い自治体でも、面積が大きければ人口の絶対数は大きなものとなる場合があるからです（その逆もあります）。日常において我々は、人の多さを「人口≒人口密度」というイメージで捉えがちです。また、「人口≒日中いる人の数」というイメージで捉える方もいれば、「人口≒居住している人の数」というイメージで捉える方もいます。それゆえ、地図の表題や脚注には、必ずどちらのものなのか記述するべきですし、あえて両地図を併記することで違いを見せるのも効果的です。

次に、都道府県別人口増減率の統計地図（図1－11、1－12）としては、どちらの地図が正しく把握できるでしょうか。結論としては、階級区分図の地図となります。今度は、図形表現図に弱点があるからです。図形表現図は、統計指標の絶対値の大きさを図形の大小で描きます。そのため、プラス（人口増加率）もマイナス（人口減少率）も含んでいる場合には、プラス2％も、マイナス2％も、同じ図形の大きさで表現されてしまうのです。図形の色や形を変えればよいではないかという方もいらっしゃるでしょう。しかしそれでは、人によって色のイメージや形の感じ方には違いがあるわけですから、誰にでもわかりやすく、見やすい地図とはならず、自分の伝えたいことも相手に伝わりません。その点、プラスであろうとマイナスであろうと、色分けによる階級区分図であれば、誤解を生む可能性が少なく、効果的となるわけです。

この程度の統計地図に関することを知っただけでも、メディアに登場する統計地図の見方が変わったり、自分でも正しく統計地図を活用してみようという気になるのではないかと思います。

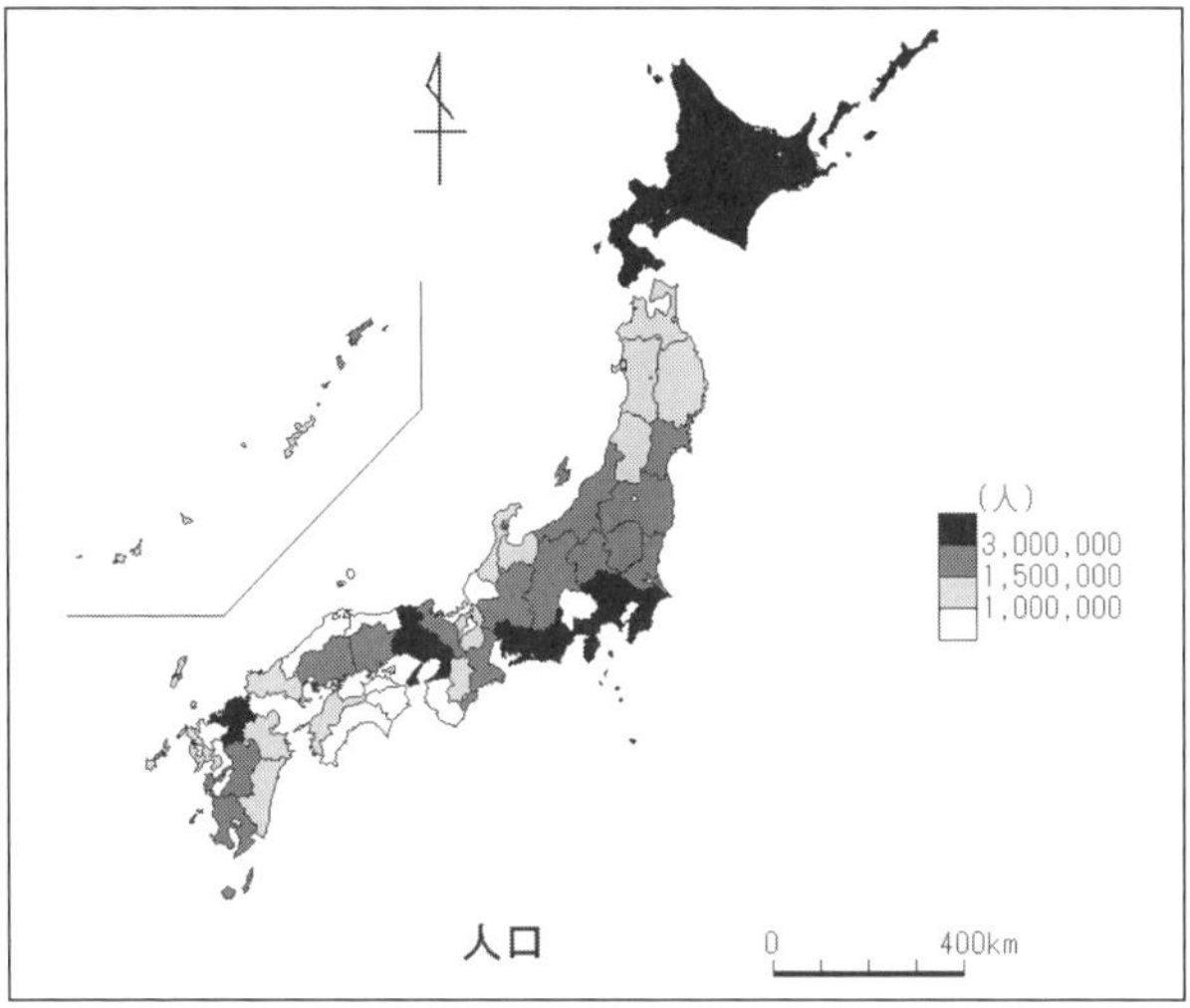

1-9　都道府県別人口（階級区分図）

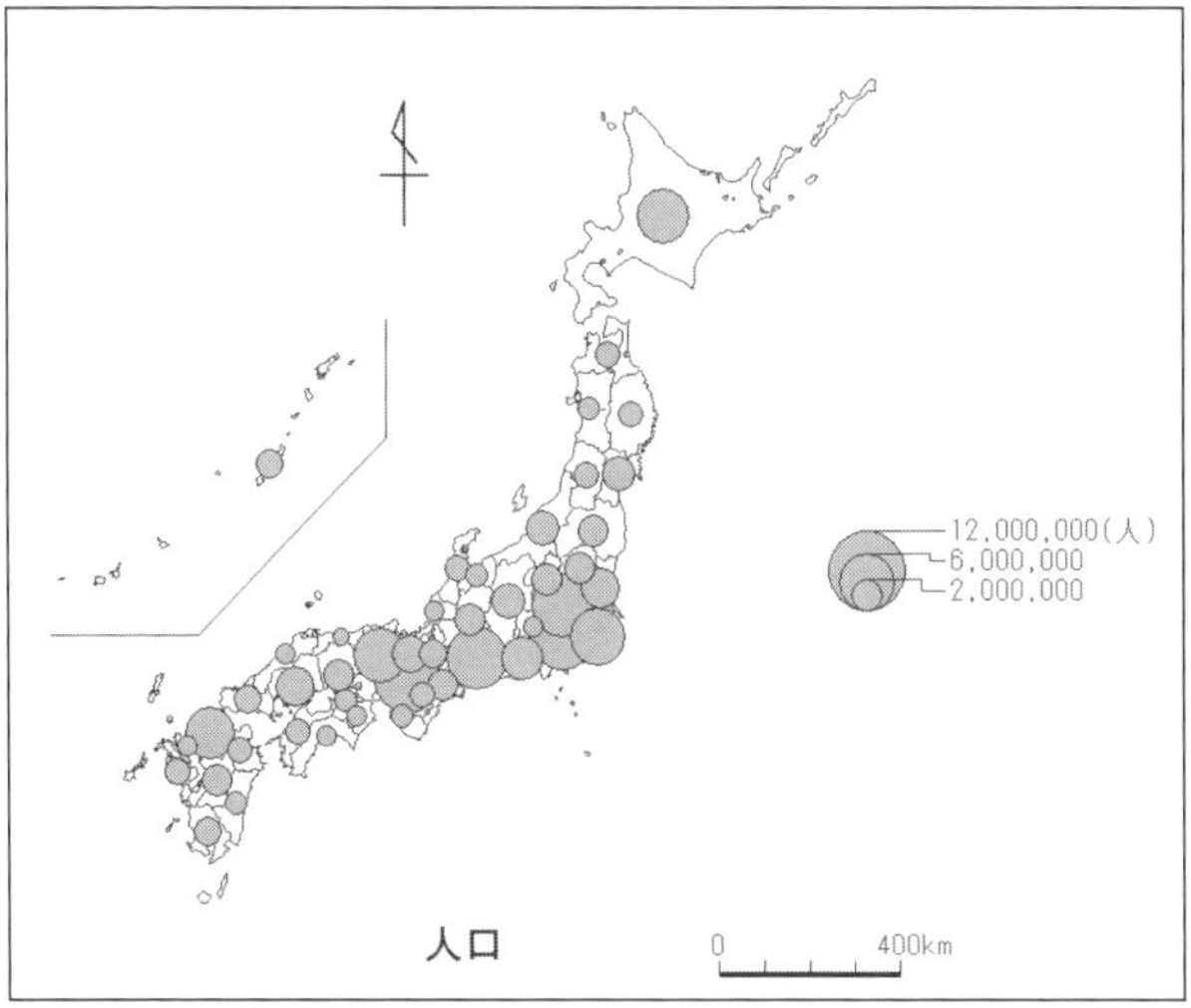

1-10　都道府県別人口（図形表現図）

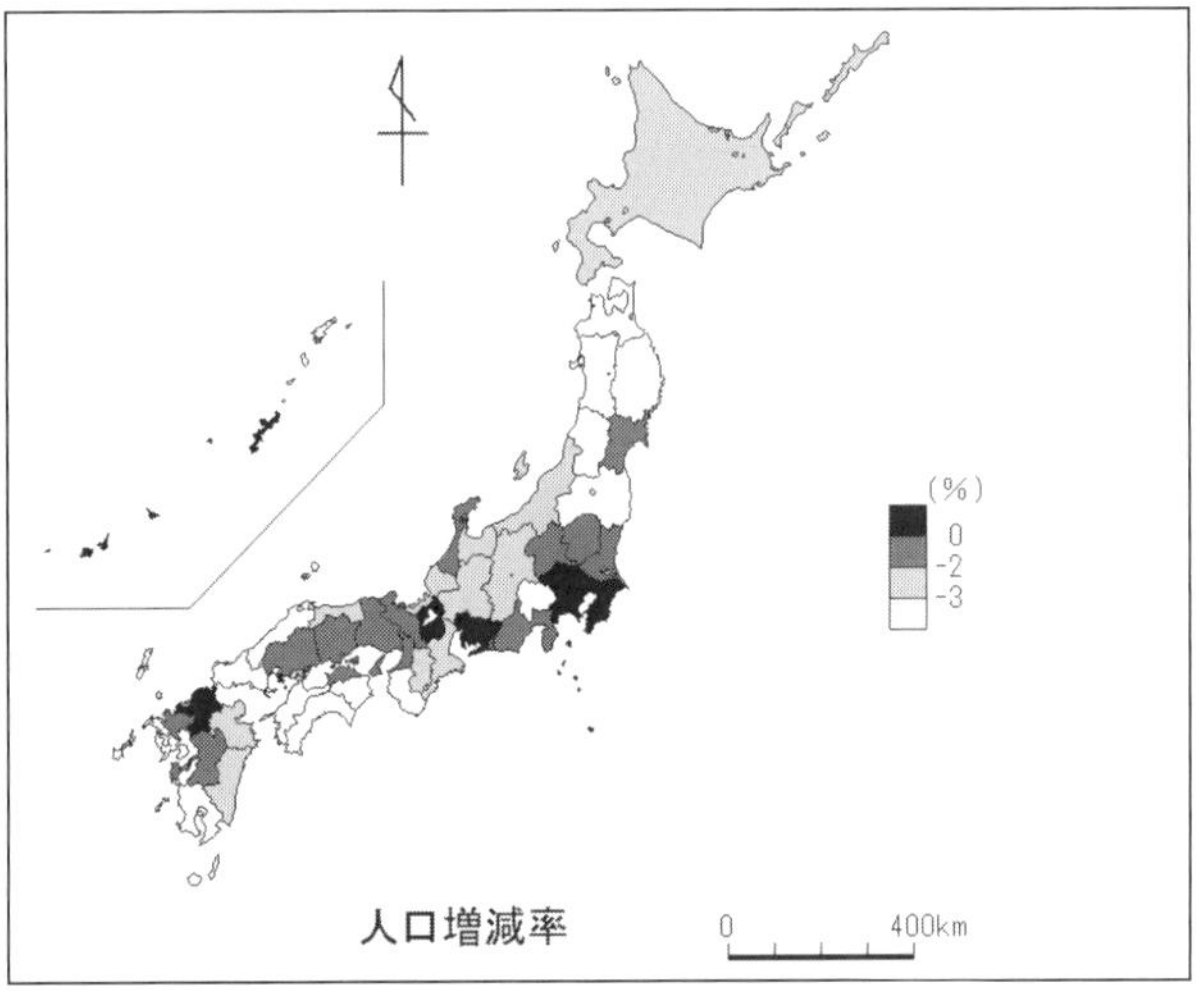

1-11　都道府県別人口増減率（階級区分図）

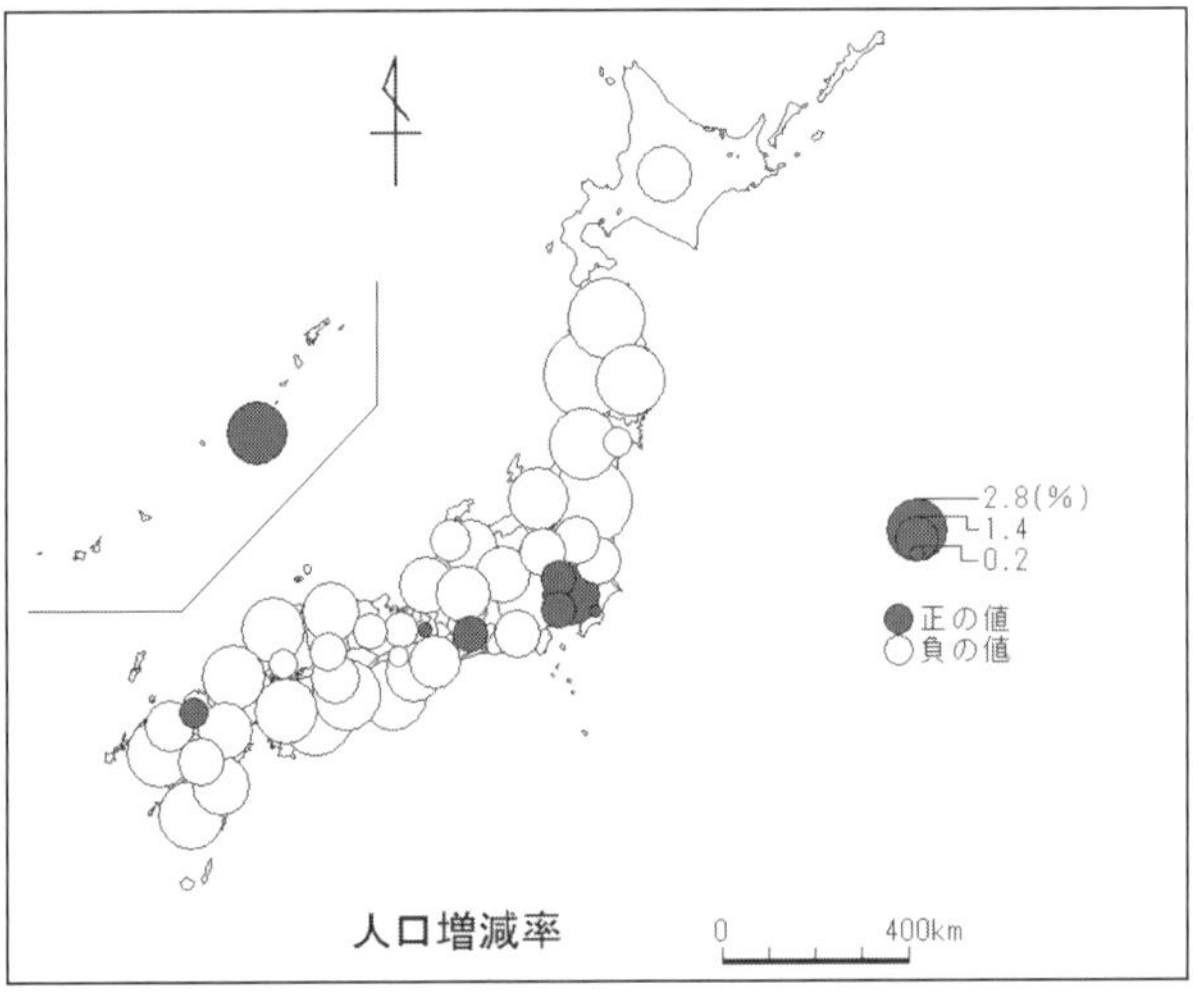

1-12　都道府県別人口増減率（図形表現図）

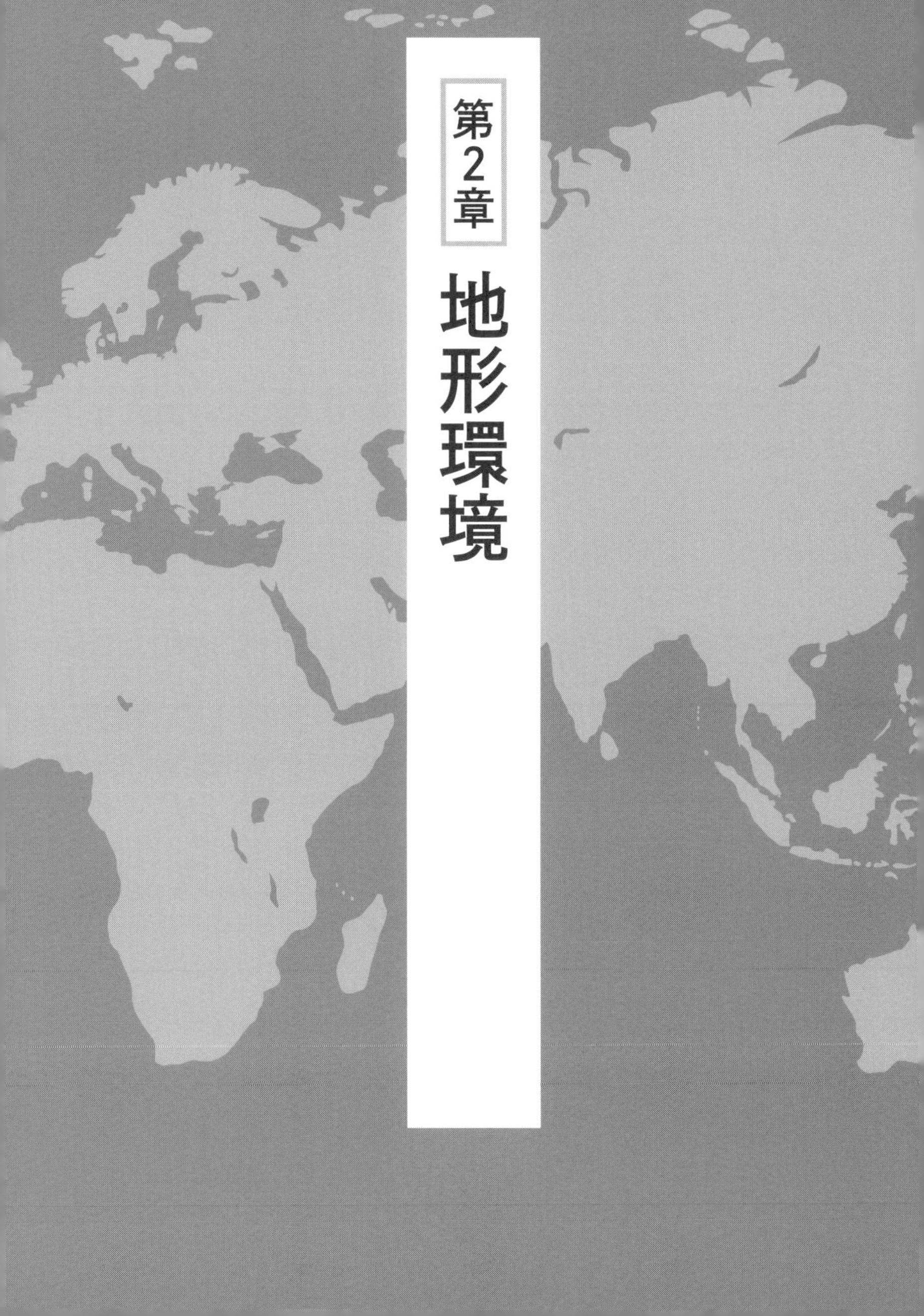

第2章 地形環境

1 大地形とプレートテクトニクス

1 大地形

◉大地形の特徴

大地形とは、「造山運動を受けた地域を時代によって区分したもの」と定義づけられます。わかりやすく言うと、「いつ巨大な山地・山脈が形成されたのか」という視点で各地域の地形を区分する捉え方です。多くの高等学校の地理の授業で一番はじめに扱われる分野です。

大地形は前述のとおり、時代によって区分します。古いものから順番に見てみると、大きく分けて三つあり、それぞれ下のような特徴があります。

地理を高等学校で学んだ経験がある読者は、新期造山帯の山脈の名前や各大地形で採れる鉱産資源を丸暗記させられた方も多いかもしれません。ただ、この本を通して地理について知っていただきたいのは、

古 **先カンブリア代**…安定陸塊⇒低平な平原や高原。鉄鉱石の埋蔵が多い。(安定大陸)

古生代…古期造山帯⇒低くなだらかな山地。石炭の埋蔵が多い。

↓

新 **中生代〜**…新期造山帯⇒高峻な山地・山脈。石油・銅鉱・すずの埋蔵が多い。

「ある一つの理解をきっかけとして一定の規則性・法則性を見出すことができる」という点です。これが地理を学ぶ楽しさの一つだと私は考えています。

　では早速、一つの理解から規則性・法則性を見出してみましょう。大地形は、形成された時代が古ければ古いほど、長い年月にわたって風雨にさらされ、侵食されて（削られて）きました。それゆえ、各地形は前頁下解説のような形状をなすようになるわけですが、形成年代の差が及ぼす影響は形状だけではありません。形成された大地形が古ければ古いほど、長年にわたって熱や圧力が加えられています。石油や石炭は、化石燃料と呼ばれます。化石とは、動植物の遺骸が長い年月にわたり熱や圧力が加わった結果、炭化・固化して形成されたものです。鉄鉱石には諸説ありますが、その一つが化石を起源とする説です。つまり、最も古い時代に形成された安定陸塊においては、最も炭化・固化が進み、ガチガチに固まった鉄鉱石が埋蔵されてお

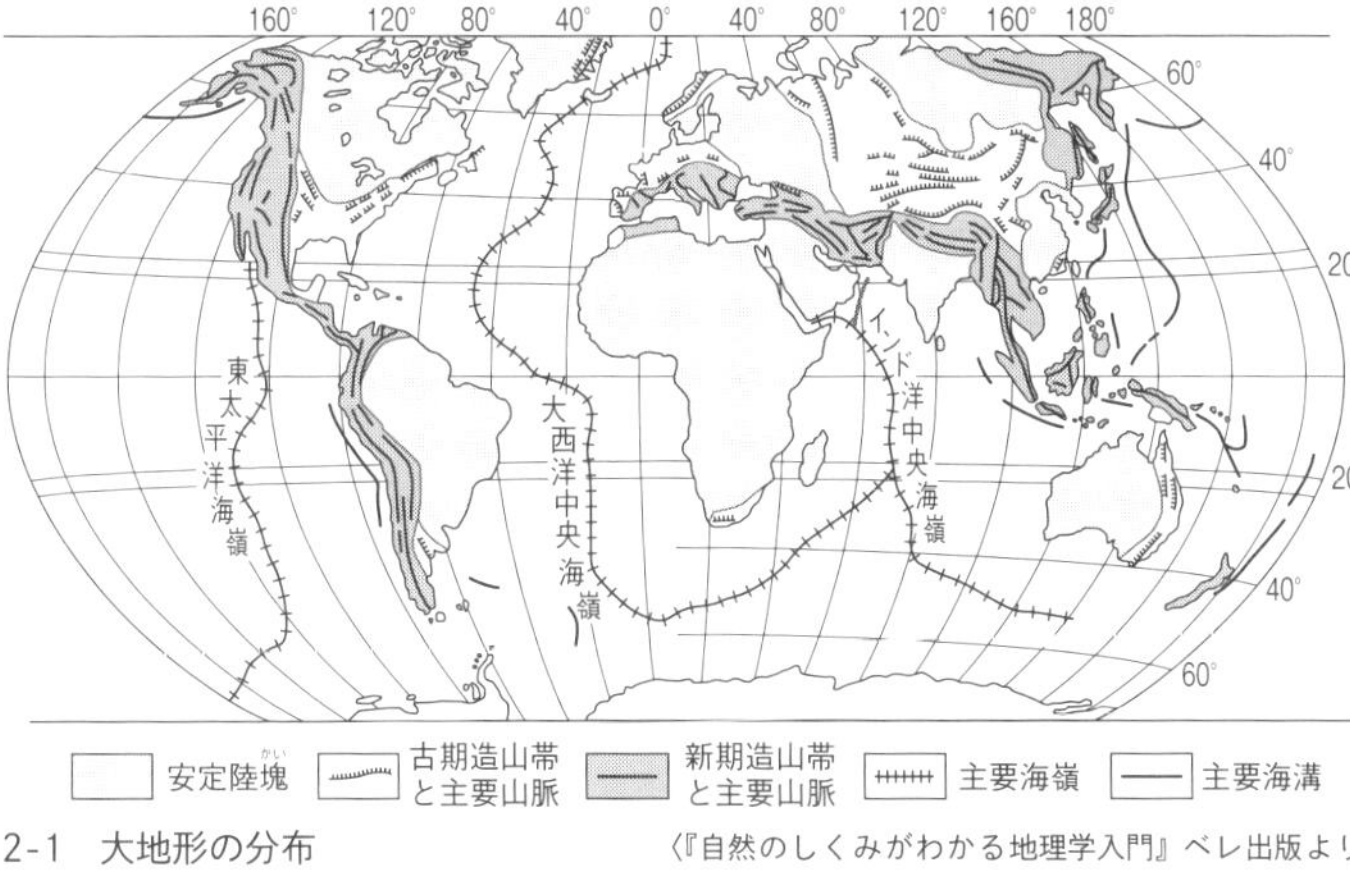

2-1　大地形の分布　〈『自然のしくみがわかる地理学入門』ベレ出版より〉

り、一方、最も新しい時代に形成された新期造山帯においては、まだあまり炭化・固化が進んでおらず、固まりきれていない液体の石油が多く埋蔵されているというわけです。もちろん例外もありますが、これが大地形の規則性・法則性となるわけです。石油の分布の詳しい特徴については、第6章にてご説明します。

◉なぜヨーロッパ最大の工業地帯は内陸部にできたのか

安定陸塊では、最も古い時代に山ができた後、長年、氷河に覆われたり風雨に侵食されたりした結果、低くて平坦な土地が広がっています。その代表例がヨーロッパです。氷期にヨーロッパ地域は、北緯50度以北が巨大な大陸氷河に覆われた結果、氷河の重みで陸地全体が潰されたり、氷河がゆっくりと海のある低い方向へと動くことで地表面が削られたりしました。だからこそヨーロッパ地域では、水運が古くから発達してきたのです。低平な土地を流れる河川では川幅が広がり、流れも緩やかなので、船の往来が盛んになったからです。

それがドイツ西部のルール工業地帯を生み出しました。ルール工業地帯は、誰もが社会科の授業で教わる、ヨーロッパ最大の工業地帯です。世界的な大規模工業地帯を見てみると、日本の太平洋ベルト、アメリカ合衆国の五大湖岸（セントローレンス海路で大西洋と接続）、現在だと中国の沿岸部など、すべて海や大きな湖に面し、水運に恵まれている地域です。内陸部にあるルール工業地帯は、輸送の便から考えると、一見、地理的に不利な位置にあるように思えます。しかし、もともと石炭資源が豊富であったルール地方をライン川が貫流していた結果、大西洋や北海からの外洋船が遡航可能であったため、原材料や部品、完成品の輸送の便に優れ、石炭資源が枯渇してきた現在においても、重要な工業地帯として機能し続けているのです。

2 プレートテクトニクス

●大陸はどのように動くのか

プレートテクトニクスは、大地形の概念を捉える上で大切な考え方です。現在ではプルームテクトニクスへと発展的に応用されている考え方ですが、地理ではプレートテクトニクスの考え方を学ぶことになります。

そもそもプレートテクトニクスのもとになったのは、A・ウェゲナーの『大陸移動説（大陸漂移説）』です。「大陸移動説」という言葉から推測するに、本説を唱えたウェゲナーは、地質学者かと思われそうですが、もともと彼は気象学者でした。後述する植生の違いによって気候を区分したW・P・ケッペンの娘婿であり、義父のケッペンを慕い、ウェゲナーは化石から過去の気候を研究していました。あるとき、ウェゲナーは地図を見ていて、大西洋の両岸の海岸線の形が奇妙なほど似ていることに気がつきました。確かに大西洋を狭めていくと、北米・南米大陸とヨーロッパ・アフリカ大陸がぴったりくっつく形をしていることがわかります。

当時のことは詳しくわかりませんが、ウェゲナーと同じ考えを持っていた人は他にもいたかもしれません。ただ後世に名を残す人間というのは、「思う」だけでは終わりません。そのことを立証しようと尽力するのです。その後、アフリカ大陸南部と南アメリカ大陸南東部にしか、同じシダ植物や爬虫類の化石が存在しなかったことなどを実地や文献調査で明らか

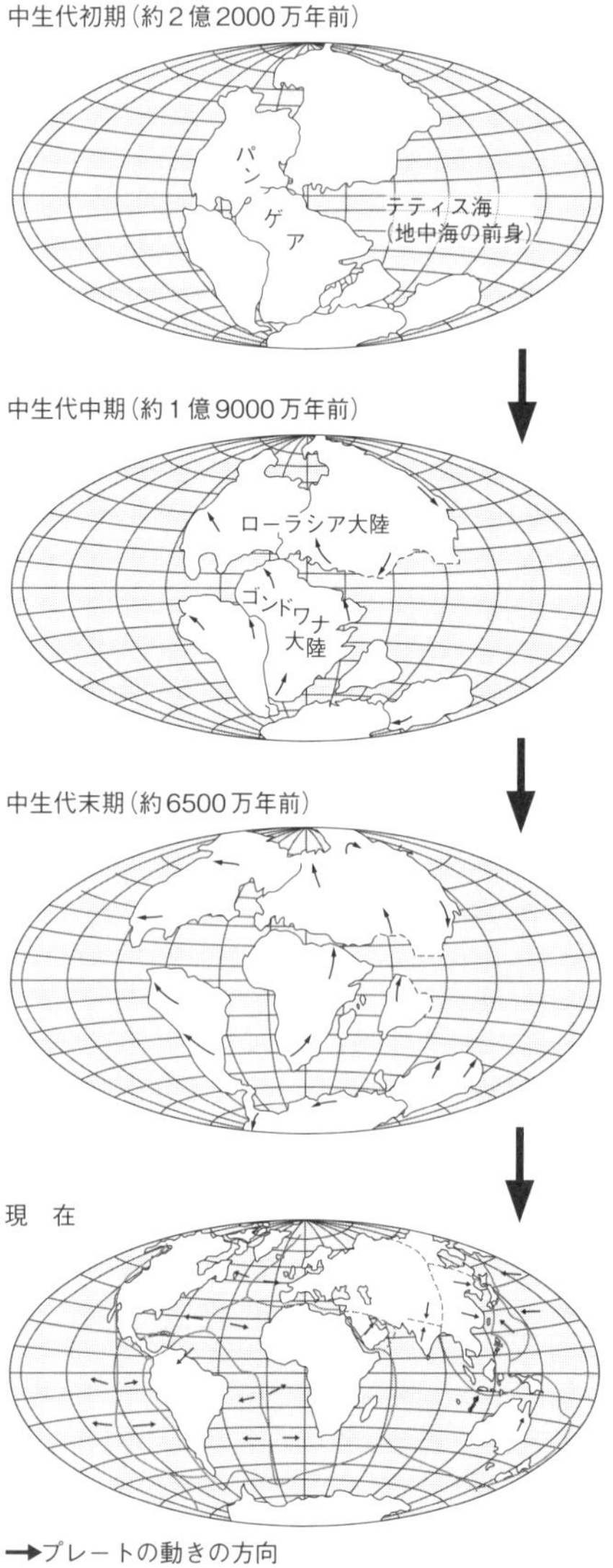

2-2　大陸の移動

にし、１９１２年に『大陸移動説（大陸漂移説）』として発表したのです。ところが彼の説を、当時の地質学者たちの多くは相手にしませんでした。なぜなら彼の説では「一体、何の力が大陸を動かしたのか」を詳しく説明できなかったからです。しかしながら戦後まもなく、別の人物によって地磁気※の存在が発見され、彼の説が正しかったことが証明されました。その結果、今日のプレートテクトニクスやプルームテクトニクスへとつながってきました。

では、プレートテクトニクスについて、詳しく見てみることにしましょう。大陸が動く背景にあるのは、地球自らが「体温調節」を行っているということです。地中内部には核と呼ばれる高温の物質が詰まった部分があり、この部分が高温になりすぎると地球は爆発すると考えられています。そこで核部分に近いマントルが上昇し、高温の物質を地表付近へと押し上げることで、冷ますのです。冷めたら再び地球内部へと戻ります。この一連の動きをマントル対流と呼びます。マントル対流は、地球上の複数の場所で循環的に起こっています。このマントル対流の動きの際、地球の表面部分にあたるプレート（地

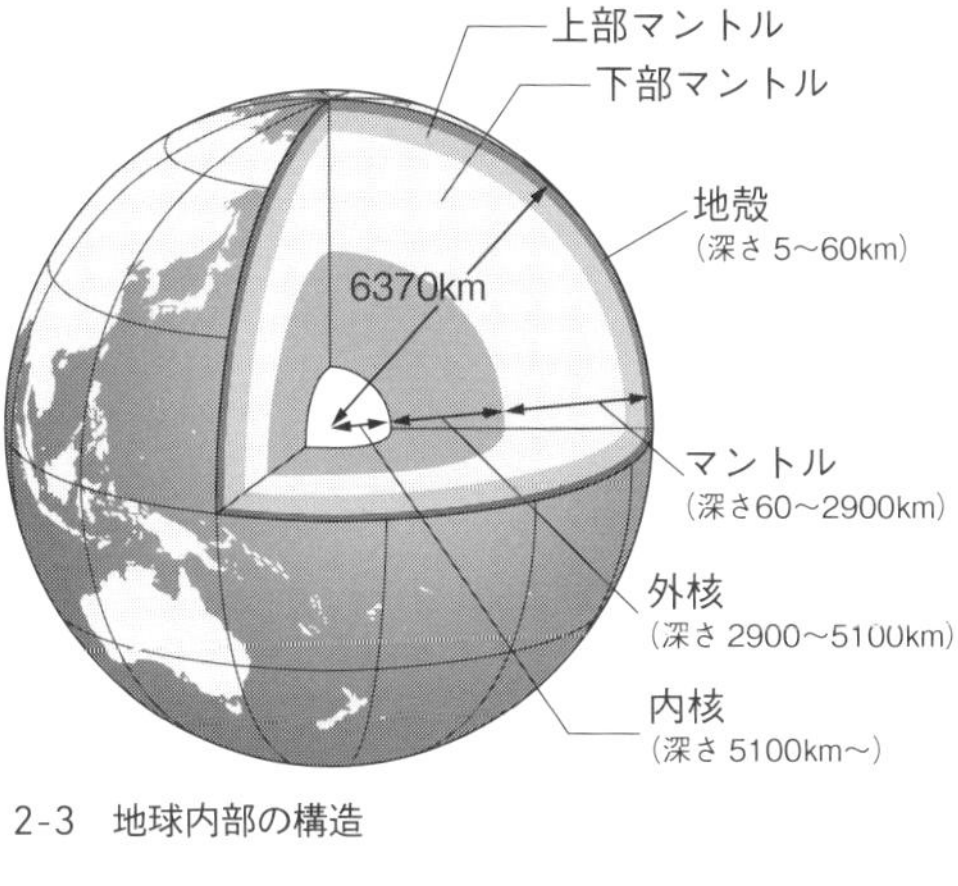

2-3　地球内部の構造

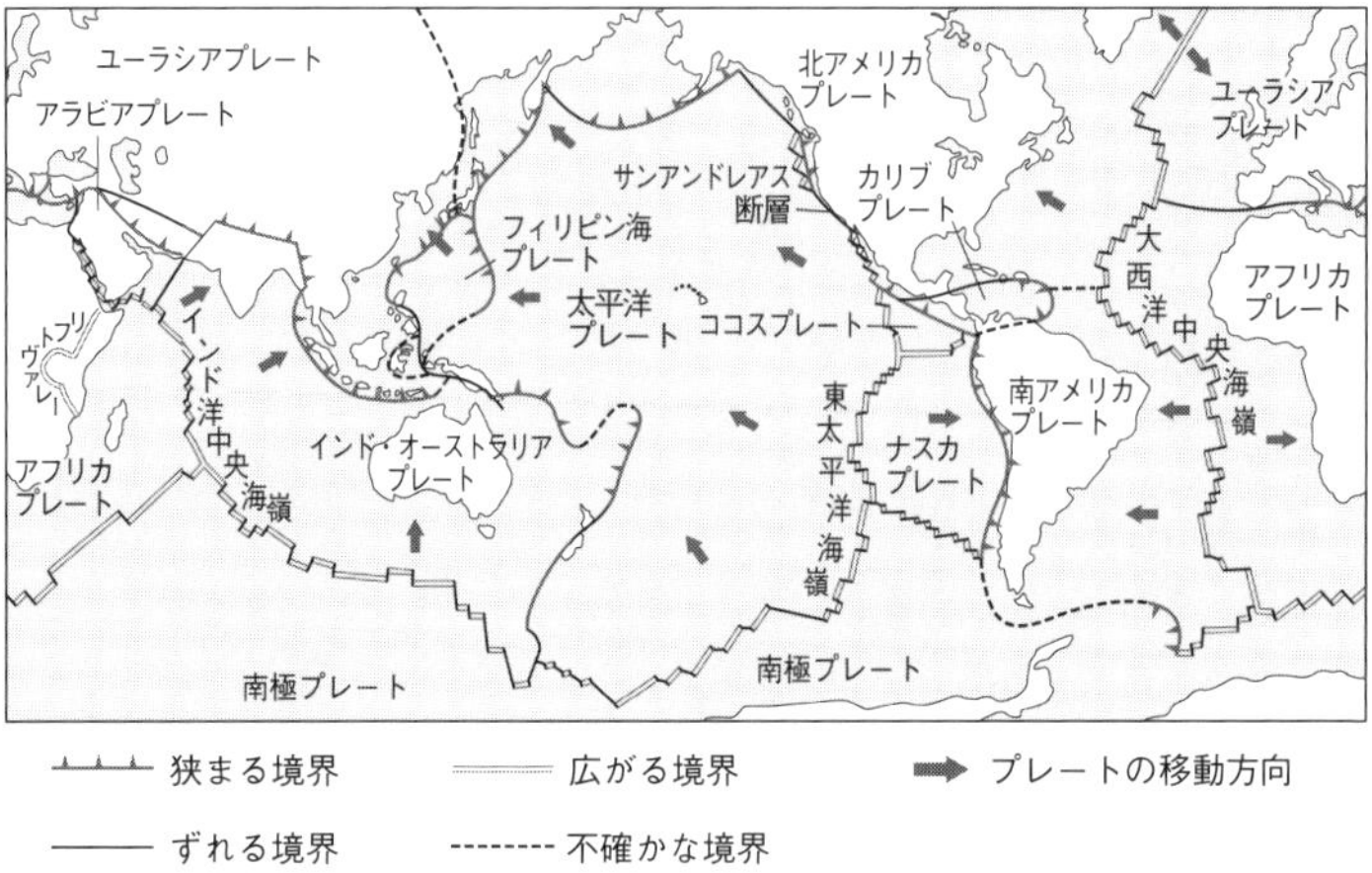

2-4　プレートの分布

〈『自然のしくみがわかる地理学入門』ベレ出版より〉

殻＋上部マントル）が動き、巨大な地形をつくり出すと考えられています。

※地球が持っている磁石としての性質および磁場。

●プレートの広がる境界とモーセの『十戒』

次に、先述したプレートの特徴を見てみましょう。マントルが上昇し、冷ますためにプレートが横方向に広がっていく部分を、プレートの「広がる境界」と呼びます。広がる境界においては、マントルが上昇する直上で火山が形成されます。プレートが裂けて横方向に広がっていくと、大陸部分では地溝と呼ばれる巨大な凹地が形成され、さらにプレートが広がり続けると、地溝を中心に大陸が割れて海水が浸水する場合があります。その場所を見ることができるのが、アフリカ大陸東部から紅海にかけてです。

アフリカ大陸東部にはリフトヴァレーと呼ばれる大地溝帯が南北に走り、タンガニーカ湖やマラウイ湖など、南北に縦長で水深の深い地溝湖をつくり出しています。また、コーヒー豆の産地として世界的に有名なアフリカ大陸最高峰のキリマンジャロ山などの火山も見られます。さらに、リフトヴァレーから続く形で、アフリカ大陸とアラビア半島が裂けて形成されたのが紅海です。この説明から、往年の名画『十戒』のワンシーンを思い出された方もいるかもしれません。『十戒』では、エジプト軍に追われていた人々の行く手を阻んでいた紅海が突然割れて水が引き、モーセに先導された人々は陸化した海底を歩いて対岸に逃れ助かるというシーンがあります。実話かどうかは私にはわかりかねますが、紅海は南北に縦長の形をしていることから、陸地が割れて形成されたのではないかと、人々は古くからどこかで感じていたのかもしれません。

では最後に、プレートが広がって大洋底となった後はどのような地形をつくり出すのかを見ておきましょう。前述のとおり、マントルは対流（循環）しているわけですから、再び海底からマントルが上昇し、長大な海底火山列の海嶺を形成します。これが大西洋中央海嶺であり、海嶺がたまたま海面から顔を出し、陸化したのがアイスランドです。

ここまでくると、お気づきかと思います。先述のウェゲナーが証明できなかった、南米大陸とアフリカ大陸が離れていったという、大陸移動の仕組みが説明できたことに。

◉プレートの狭まる境界とピンクソルト

では続いて、プレートの「狭まる境界」についてご説明します。狭まる境界とは、広がる境界とは対照的に既に冷めたプレートどうしが異なる方向からぶつかる部分です。ただし、この狭まる境界について考える際には、大陸プレートと海洋プレートの特性を知っておく必要があります。大陸プレートは密度の低い花崗岩から形成されていて軽く、海洋プレートは密度の高い玄武岩から形成されていて重いという性質があります。

大陸プレートどうしが狭まりぶつかる場合には、両者とも軽いため、衝突後は上昇し、巨大山脈を形成します。その代表例がユーラシア大陸とインド亜大陸の衝突でできたヒマラヤ山脈です。現在でもインド亜大陸が、ユーラシア大陸を年間5㎝ほどのペースで押し続けています。実はこのことが、最近スーパーでも見かけるようになってきた、ヒマラヤやチベット産の岩

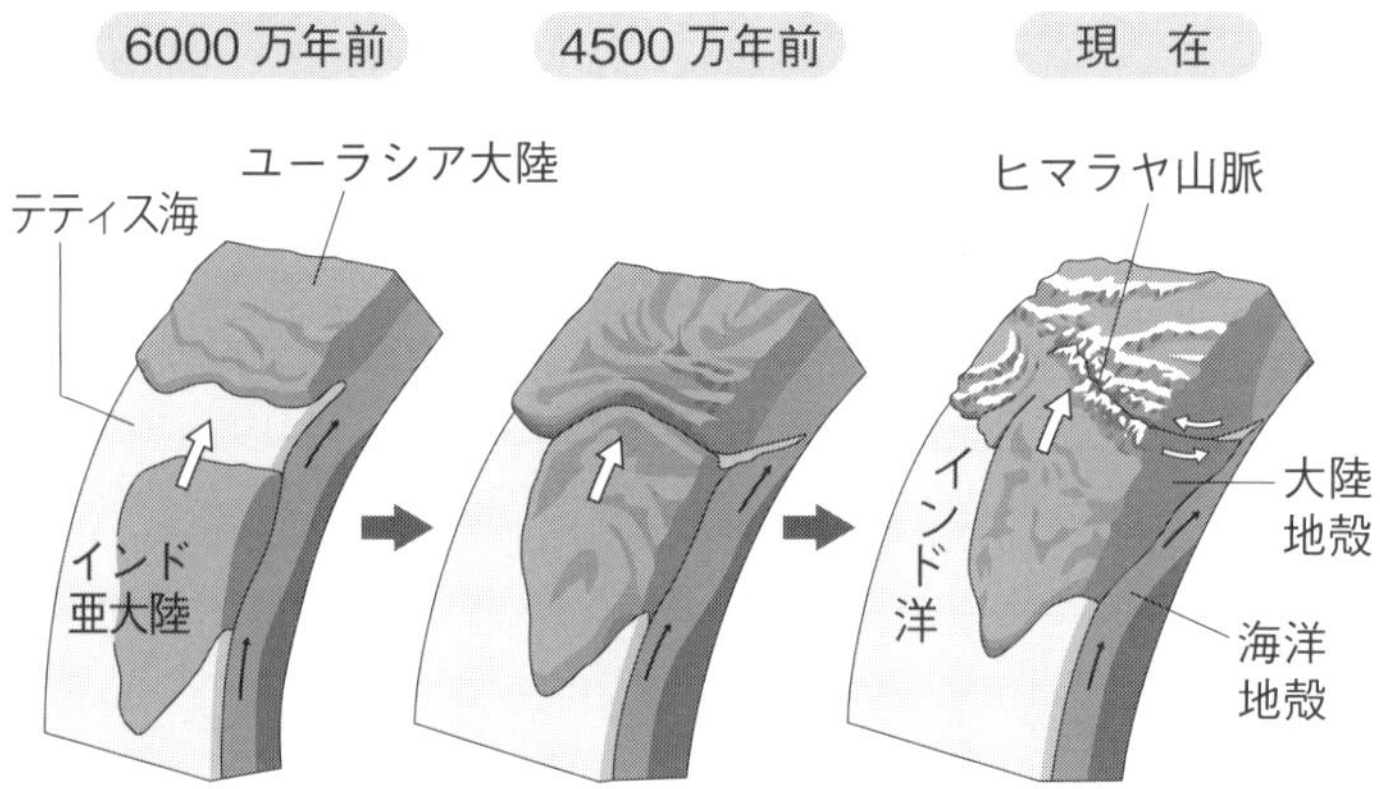

2-5　ヒマラヤ山脈の形成　〈『地理の研究』帝国書院より作成〉

塩（ピンクソルトやブラックソルト）を生み出しました。岩塩は、古い地質時代に両大陸のあいだに存在していたテティス海の海水が、両大陸が狭まっていく過程で閉じ込められ、次第に水分が蒸発し、海水中の塩分が固まり形成されたものです。このテティス海は当時生物の宝庫で、栄養塩類に富んでいたと見られています。それゆえ、他の岩塩よりも、栄養塩類、つまりミネラル分が豊富だと言われるのです。

もう一つの狭まる境界が、大陸プレートと海洋プレートのぶつかる場所です。その代表例が、我が国日本付近で見られる海溝です。重い海洋プレートは、大陸プレートと衝突すると、大陸プレートの下へと潜り込むようにして沈み込んでいきます。その際、両プレートの境界部に形成されるのが海溝です。日本列島から見て、太平洋側に海溝が細長く続いていることが、図2‐6からわかると思います。

また、大陸プレートは、海洋プレートとの衝突部において、一部が引きずり込まれながら沈み込んでいきます。軽い大陸プレートは、いつか引きずり込まれていく作用に限界を迎えて、元の位置に戻ろうとします。その元の位置に戻る時に起きる現象が、海溝型地震です。2011年3月11日に発生した東日本大震災はこの典型例です。さらに、引きずり込まれた大陸プレートが元の位置に戻った際、その揺れが海水全体へと伝わり、海底から海面部分の全海水が大きく揺れ動くのが津波です。最近、ニュースなどでも目にする各地域の巨大地震の発生確率の算出には、海溝付近の大陸プレートの沈み込み度合いの調査が欠かせません。

「現在、この付近では大陸プレートがこの程度沈み込んでいるから、あと20年以内には限界を迎えて元の位置に戻るだろう」と、他地域のデータともあわせながら研究・調査・公表されています。もちろん、大陸プレートが戻ろうとする限界も、引きずり込まれるペースも場所によって違いますし、20年なら20年、30年なら30年経ったら必ず戻るという絶対的な法則性があるわけでもありません。それが自然というものです。そのことをよく踏まえながら、我々は日本の国土で暮らしていかねばなりません。

ところで、日本付近は、なぜ冷めたプレートの狭まる境界なのに火山ができるのでしょうか？　これはヒマラヤ山脈の場合とは異なり、重い海洋プレートが高温の物質が詰まった地球内部へと沈み込んでいく過程で次第に溶解し、マグマだまりをつくり出すからだと考えられています。このマグマだまりが噴出し、火山の弧状列島をなしているのが日本列島というわけです。確かに、地図を見ると先述の海溝と日本の火山帯の位置がきれいに並行しているのがわかります。

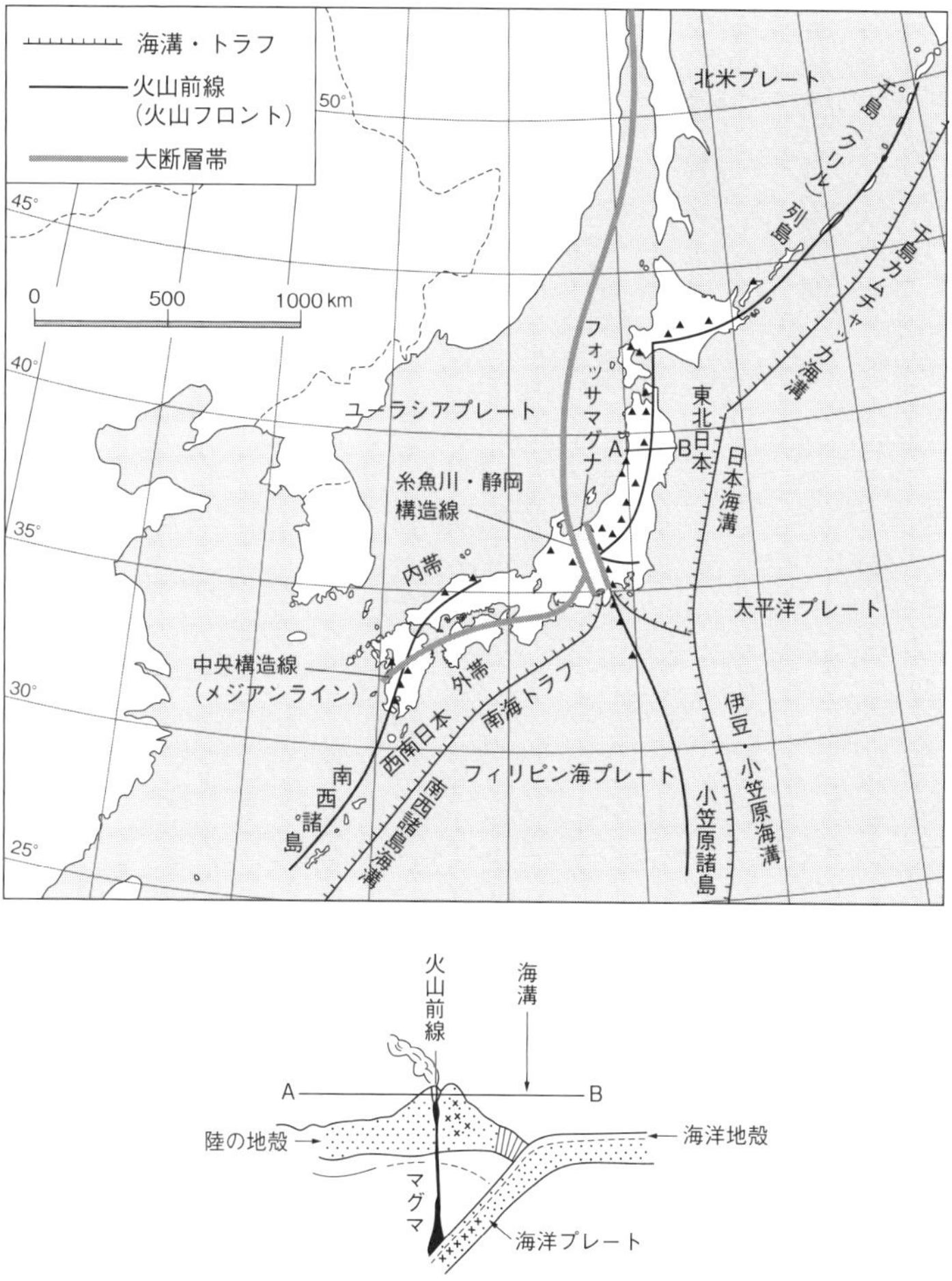

2-6　日本付近のプレート構造　〈『自然のしくみがわかる地理学入門』ベレ出版より〉

2 平野地形と災害

1 平野地形

●平野地形の特徴

平野地形には、大きく分けて2種類あります。風雨にさらされ、削られて平野になった侵食平野と、削られて発生した土砂などが運搬され、堆積して平野になった堆積平野です。

2 堆積平野

●沖積平野の特徴

まずは日本に多く見られる堆積平野、なかでも沖積《ちゅうせき》平野を中心に見ていきます。沖積平野とは、

- **侵食平野**
  - **準 平 原**…長い間、侵食を受け、起伏がほとんどない地形（楯状地、残丘）。
  - **構造平野**…楯状地の周辺部に堆積してできた水平な地層が侵食を受けた平野（卓状地、ケスタ、メサ、ビュート）。
- **堆積平野**
  - **沖積平野**…完新世（沖積世）に河川の堆積作用により形成された平野（谷底平野、扇状地、氾濫原、三角州）。
  - **海岸平野**…三角州の前面や海底の堆積面が隆起してできた平野。
  - **洪積台地（台地）**…更新世（洪積世）に形成された堆積平野が隆起してできた平野。

2-7　平野の分類

完新世（沖積世＝現在に最も近い時代）に河川の堆積作用によって形成された平野を指します。沖積平野には、扇状地《せんじょうち》、氾濫原《はんらんげん》、三角州などがあります。

●扇状地—水はけの良いところ

扇状地は山地と平地の境目付近に形成されます。谷口に開いた部分を覆い尽くすように氾濫した河川が繰り返し堆積物を広げ、扇形の傾斜地を形成することからその名が付きました。模式図を見ていただければわかるとおり、厚い堆積層に覆われていますが、実は場所によって堆積物に違いがあります。谷口から中央付近にかけては礫《れき》と呼ばれる直径2㎜以上の小石よりやや小さな堆積物が多く見られ、平地に近い側では砂や粘土質の細土が多く見られます。そのことが、同じ扇状地でも土地利用に大きな違いを生み出してきました。

礫が多い上流側は、堆積物一つ一つが大ぶりなの

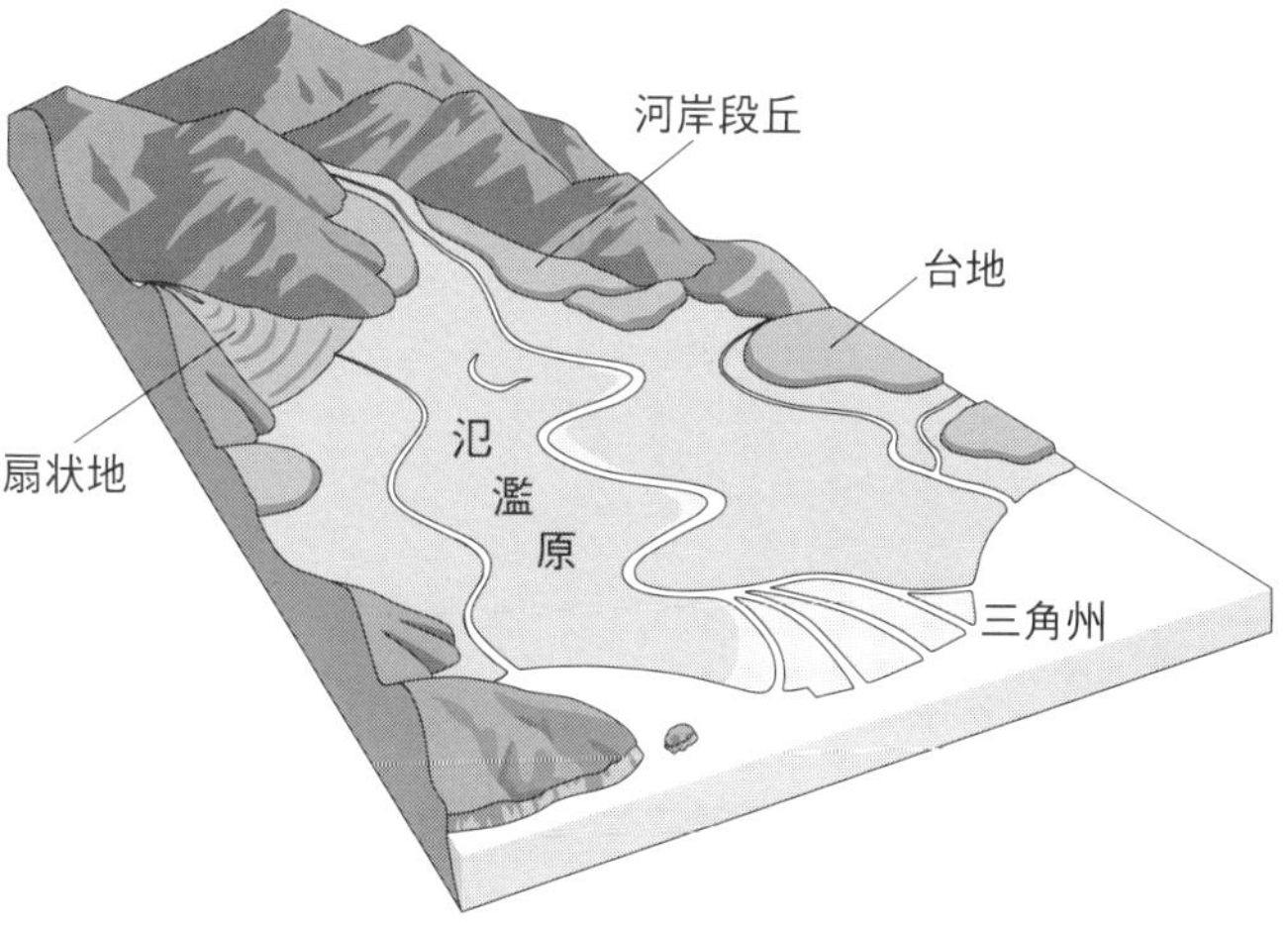

2-8　沖積平野

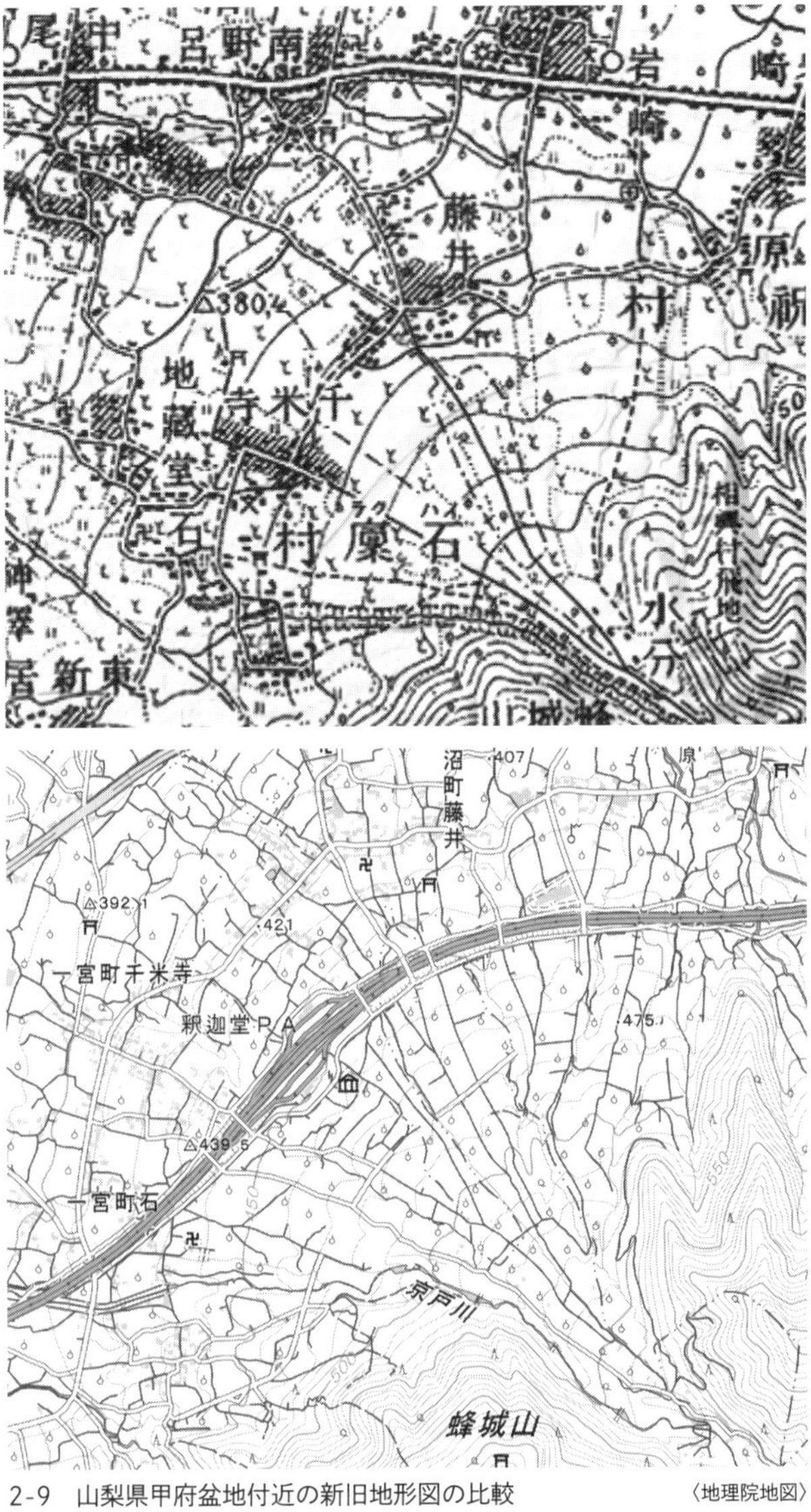

2-9　山梨県甲府盆地付近の新旧地形図の比較　〈地理院地図〉

で、間隙が大きく、降った雨水などはすぐに地下に浸透していくため、水はけが良いのです。そのため、扇状地の中央部の扇央では、古くから桑畑（）として利用されてきました。しかし、現在では養蚕《ようさん》業が衰退し、桑畑の多くは果樹園（）へと変化しました。代表例が山梨県の甲府盆地の扇状地に位置する笛吹市や甲州市です（図2－9）。現在では国内有数のブドウの生産地になっており、ワイン醸造も盛んです。

一方で砂や粘土質が多い扇状地の末端（扇端）では、上流側で透水していた地下水が堆積物の切れ間から湧水するため、集落が古くから形成されてきました。

●氾濫原――家を建てるときは注意

では、続いて氾濫原について説明します。氾濫原は、自然堤防と後背湿地に大きく分けることができ、両者とも河川の水位が増し、氾濫した水や土砂があふれることによって形成される地形です。

特に河道沿いの砂や礫からなる自然堤防は、水はけが良い微高地となっているため、水害の危険性が低く、古くから集落が立地してきました。誤解が多いのですが、河道沿いにある道路などが敷設された小高い場所の多くは、自然堤防ではなく人工堤防です。自然堤防は、周辺部より微かに高い程度なので、よく見ると周囲より少し高いかな…と思える場所です。それでも河川が氾濫した際には、湛水時間が短いため、被害が最小限にとどまるので、昔の人々は自然堤防を選んで家を建て、生活してきました。

一方、後背湿地は泥土からなる水はけが悪い土地のため、現在でも一般に稲作が盛んです。ただ近年は、都市化の進展や人工堤防によって水害の危険性も低下したことから、後背湿地にも新興住宅地が建ち並ぶようになりました。しかし、異常気象によるゲリラ豪雨やアスファルト舗装の増加などによって、雨水が地中に透水しにくくなり、地表から直接河川へと大量の雨水が流れ込むこともしばしば生じます。その結果、急激に河川の流量が増して人工堤防が決壊すると、低地の後背湿地では長時間にわたって水が引かず、床下・床上浸水を引き起こします。

また、土壌改良工事などを施していない場所では、内陸部であっても地震による液状化現象が起こりえます。２０１１年3月11日に発生した東日本大震災で、海岸部を除いて最も液状化現象による家屋の倒壊戸数が多かったのは、千葉県の内陸部にある我孫子市（布佐地区）でした（全壊１１３戸、半壊42戸）。我孫子市布佐1丁目から布佐酉町一帯は、利根川沿いの後背湿地が大部分を占める場所に位置しており、第2次世界大戦後までは一部に沼地が見られました。そのかつて沼地があった場所は、特に液状化による大きな被害を受け、噴出した地下水によって、洪水を彷彿とさせる一面水浸しの光景が広がり、家屋や電信柱、信号機が大きく傾いた姿に一瞬にして変貌しました。

それゆえ、家を建てるなどで土地を購入する際には気をつけなければいけません。一見、

2-10　布佐地区の液状化現象
〈「東北地方太平洋沖地震災害対策本部総括報告書」（我孫子市）より〉

2-11　布佐地区の戦後の空中写真　〈国土地理院撮影 1949/01/20〉

同じように広がっている平坦地の同じ町名でも、通りが一本違うだけで地価が大きく違っていることがあります。その場合、自然堤防か後背湿地の違いである可能性が考えられます。ただ、高度経済成長期以降の宅地開発が活発化した都市部では、不動産価値を高めるためのイメージ戦略として、水害を想起させる地名からの変更や後背湿地の開発が行われました。また、2000年代前半に推進された「平成の大合併」による市町村の統廃合にともない、地域の旧名が消滅しつつあり、かつてどのような地形が広がっていたのかを示す手がかりが消えつつあります。では、我々はどのようにして生活地域の地形を捉えればよいのでしょうか。東日本大震災以後、注目されるようになったものの一つに、各自治体が整備したハザードマップがあります。ただハザードマップは、東日本大震災以後、各自治体で見直しが行われるほど、正確かどうか専門家をもってしてもよくわかっていないのが実情です（いや全ての地域まで専門家の目が行き届かないというのが実態かもしれませんが…）。

そこで、私たち生活者レベルでもできることは何でしょうか。まず高校地理で学ぶ地形の特徴を理解した上で、各自治体のハザードマップ（国土交通省のハザードマップポータルサイトなど）も参考にしつつ、国土地理院のホームページから無料で閲覧できる電子国土Ｗｅｂの「地理院地図」（都市部のみ）から、「単写真→明治前期の低湿地」や「土地条件図」を検索し、調べておくのも有効でしょう。

さて、河川の流速が減じ、運搬力が著しく低下する河口付近では、砂や泥土が堆積し、低湿な三角州（デルタ）が形成されます。土壌が肥沃であるため古くから農地として利用され、水路網は水運としても利用されてきました。世界の大都市の多くは、三角州上に立地しています。

ただ一方で、三角州は低地のために、洪水や高潮といった水害に見舞われることも多い場所です。日本では内湾に形成された干潟を持つ三角州が多く、古くは水田として利用されてきました。しかし、かつての水田や干潟は、現在では都市化の進展により、工場や空港、ゴミ処理場などに利用される地域も多くなりました。先進国の大都市では、防災対策も進み、水害が「見えにくく」なりました。しかし、途上地域の大都市では、農村からの急速な人口流入に対して、堤防や下水道などの災害インフラの整備が追いつかず、水害の危険性が高い地域に劣悪な居住環境のスラムが形成されるようになっています。また、災害対策が盤石とされていた先進国の大都市でも、温暖化などによる異常気象などで、以前想定していた基準を上回る災害に遭う危険性が指摘されています。古くから水利と水害は常に隣り合わせなことを忘れてはいけませんし、どんなに人類が進化しても自然の力には及ばないことを、私たちは地理を学びながら理解し生活していきたいものです。

3 カルスト地形
観光名所のカルスト地形と日本の経済発展を支えたセメント

1 カルスト地形

●観光名所のカルスト地形

読者は、「カルスト地形」という言葉より、「鍾乳洞」という言葉のほうが馴染み深いかもしれません。カルスト地形とは、二酸化炭素を含む雨水によって石灰岩が溶食されてできた地形です。それゆえ、雨が多い湿潤地域において、多く見られます。また、気温の高い低緯度地域では、地中における微生物の絶対量が多く活動も活発なため、呼吸活動によって排出された二酸化炭素が地下水中に多く含まれ、他地域より石灰が溶けやすい環境が広がっています。

日本は温暖湿潤で、年平均降水量が約１７００㎜と、世界平均の約2倍の降水量がある地域ですから、当然カルスト地形も多く見られるわけです。

カルスト地形は、溶けてできるだけの地形のため、堆積物等は生じず、地表面には一般に窪地（凹地）が形成されます。ちなみに小さい窪地から順にドリーネ、ウバーレ、数㎞の広

2-12　山口県秋吉台のドリーネ、ウバーレ、石塔原

2-13　ハロン湾（ベトナム）のタワーカルスト

がりを持つ盆地状の大きな窪地となったものはポリエと呼ばれています。

日本でも観光名所としてお馴染みの鍾乳洞は、地中にしみ込んだ雨水の溶食作用によって、地下にできた洞穴のことを言います。地中にしみ込んだ雨水は、白色の石灰岩を溶かし出し乳白色の液体となって、地下の洞穴の天井部分からしたたり落ちます。その際、天井からつらら状に下がったものを鍾乳石、天井からの滴《しずく》が床上に固まったものを一般的に石筍《せきじゅん》と呼んでいます。鍾乳洞が、鍾乳石中心か、石筍中心かは、石灰岩が溶けるスピードと、空気に触れて石灰が固化するスピードの違いによって決まります。鍾乳洞内の風景はどれも同じように見えるかもしれませんが、趣は実に様々です。ちなみに、天井からの鍾乳石と床面からの石筍がくっついたものを、石柱と呼んでいます。旅先で鍾乳洞の風景の違いにも注目すると面白いかもしれません。

また、日本より雨が多い低緯度の熱帯や亜熱帯地方の石灰岩の台地では、溶食が活発に進みます。そのため、石灰岩以外の土地や雨水を通さない地層が地表付近にある場合には、溶食から取り残され山状や塔状に残った特異な地形も見られます。これをタワーカルストと呼んでいます。代表例として、中国南東部の桂林地方やベトナム北部のハロン湾があります。どちらも水墨画に描かれるような風光明媚な地形が広がるため、世界自然遺産に登録される観光名所となっています。

他にもカルスト地形に由来する世界的な観光名所として、トルコのカッパドキアやパムッカレも有名です。ぜひ、これらの観光名所を訪れた際には、カルスト地形のメカニズムを意識しながら眺めると、よりいっそう楽しいご旅行になるかと思います。

●セメントは国の経済状態のバロメーター

石灰を主原料とする工業に、セメント工業があります。日本では、カルスト地形が広がる秋吉台のある山口県や平尾台のある福岡県、武甲山のある埼玉県などでセメント工業が盛んです。ただ、セメントの重要性を私たちはあまり認識していません。

セメントは、建物だけでなく道路や水道等のインフラ整備の土木・建設資材として、現在では欠かすことができないものです。日本は資源に乏しいとよく言われますが、実はこのセメントの原料となる石灰だけは、ほぼ自給できています。セメントは水分などが含まれると脆《もろ》くなるため、長期間の保存が難しいものです。また、セメントの原料である石灰は重量減損原料と呼ばれ、原料よりも最終製品のほうが重量が軽くなるため、輸送費をできる限り抑えるためには、原料産地でセメントに加工することが望ましくなります。それゆえ鉄鋼と違って、セメントは大量に輸出等ができる代物ではありません。

ちなみに日本列島付近では、大陸の東縁を流れる暖流の黒潮の影響で、比較的高緯度まで石灰岩となるサンゴ礁が発達しました。その後プレートの移動にともない日本列島に押し寄せられ、石灰岩地層がいたるところで見られるようになりました。

この石灰の存在が、これまで日本の経済成長を支えてきたと言っても過言ではありません。実際、セメントの生産量（または消費量）は、その国の経済状態を推し量る重要なバロメーターとして、市場関係者が注視している一つの指標なのです。下のグラフをご覧ください。

日本では1960年代の高度経済成長期に、急激にセメントの生産量が伸びています。しかし、1973年の第一次オイルショックを契機に安定成長期に入ると、セメント生産量の急増は止まります。その後、1980年代後半からのバブル経済期に再び増加し、1994年にピークを迎えました。この頃既にバブル経済の崩壊は始まっていましたが、生活者レベルでそのことを痛感させられたのが、1997年の山一証券、北海道拓殖銀行の破綻でした。安泰と言われていた大企業も倒産してしまう、日本経済の苦難の時代の幕開けでした。セメントも時を同じくして、翌1998年以降は生産量が減少の一途を辿っていくこととなります。もちろんこれには不況

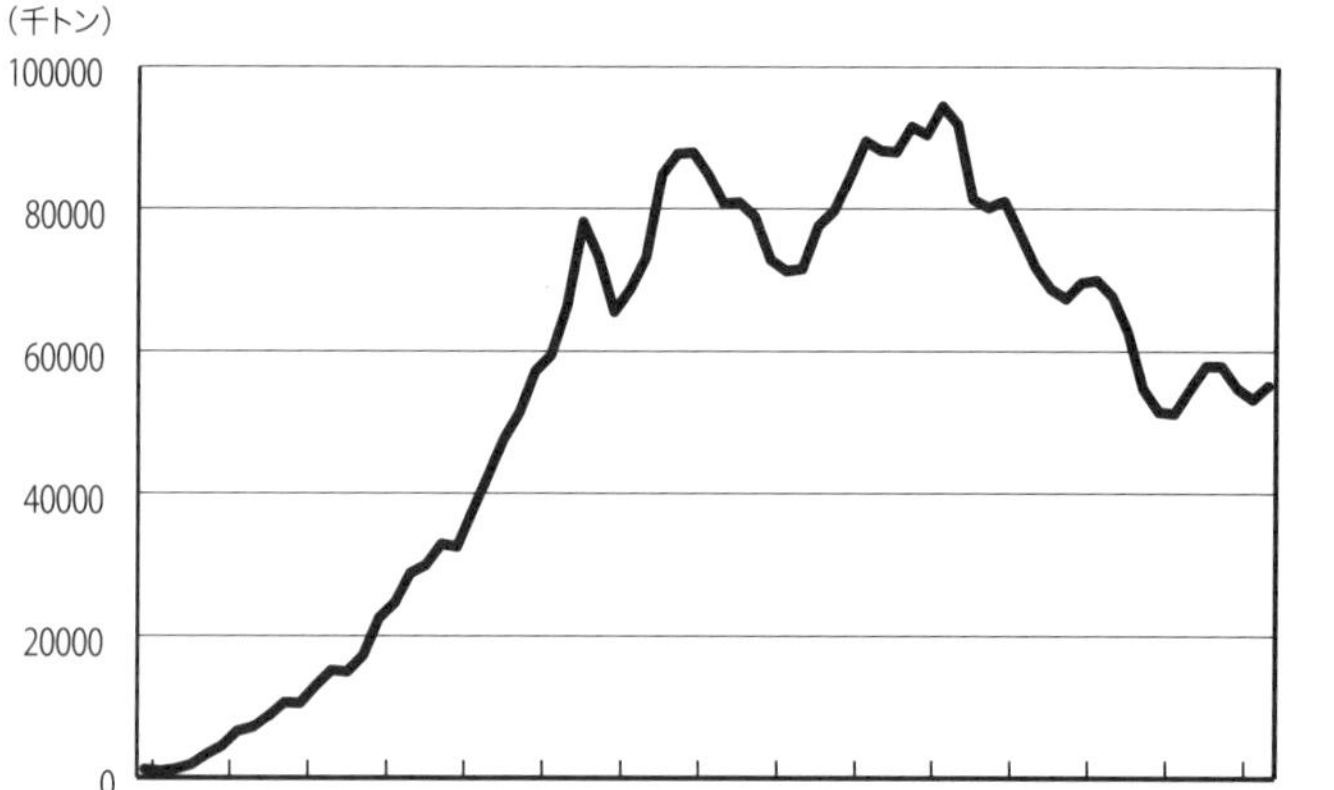

2-14　日本のセメント生産量の推移

下において、「コンクリートから人へ」という世の流れがあり、公共事業の大幅な縮小も関係しています。ただ、2012年後半から、東日本大震災からの復興需要などもあり、生活者レベルでも景気の回復を少しずつ実感できるようになっています。今後は景気浮揚と同時にセメント生産量も伸びていくことが予想されます。

今や世界が注目するようになった中国の景気動向にも、セメントの生産量は大きく関係していると言われています。中国は経済動向を推し量るGDPなどの統計が、他の統計との整合性や信頼性に欠けるとされています。そこで市場関係者は、統計の信頼性が高いセメント生産量（消費量）の動きを注視しながら、投資や政策立案などを行っているのです。ちなみに2012年頃から中国のセメント生産は、伸び悩みを見せ始めています。

第3章 気候環境

1 大気の大循環

大気の大循環と偏西風の影響

1 大気の大循環

◉大気の大循環のメカニズム

気候を学ぶ際に、はじめに教わるのが「大気の大循環」です。ただ「循環」って何？ と疑問を抱く方も多く、その時点で気候の勉強につまずいてしまった方もいらっしゃるかもしれません。

まず細かく見ていく前に、単純化のため、「地球の自転軸（地軸）が傾いていない」という前提で考えてみたいと思います。そして、地球が自転していないと仮定します。

すると下図を見てわかるとおり、赤道付近は極地域より太陽光の照射量が大きいことがわかります。

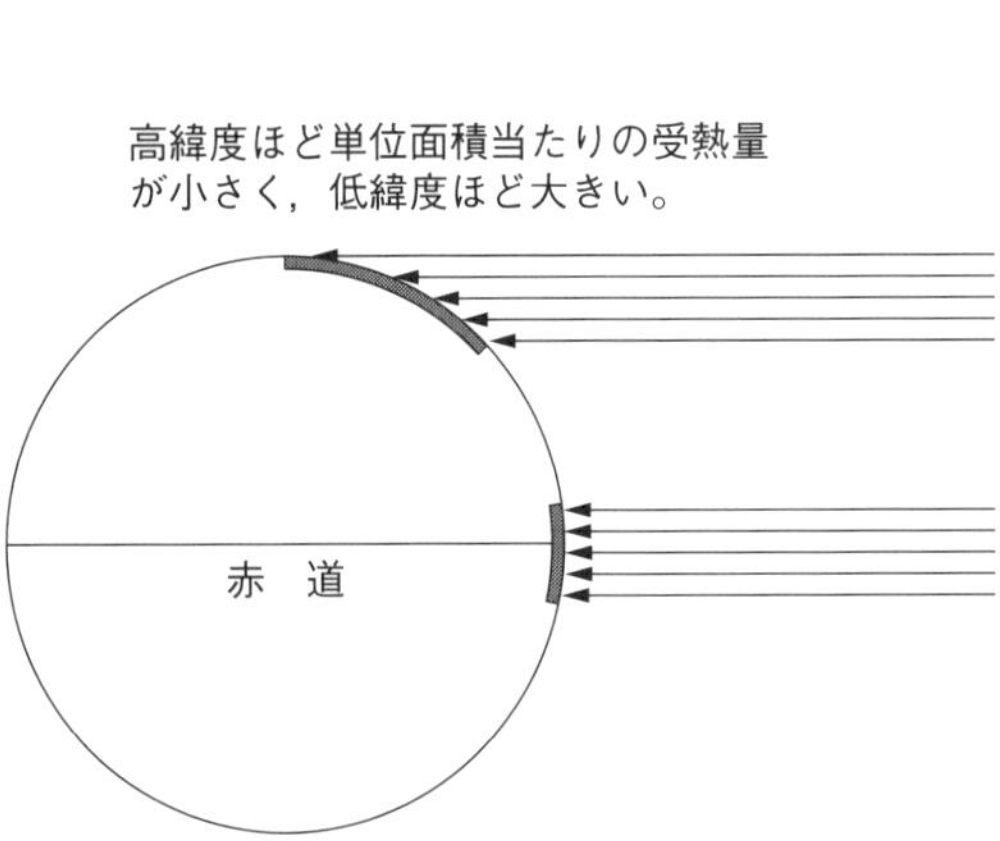
高緯度ほど単位面積当たりの受熱量が小さく，低緯度ほど大きい。
赤 道

3-1 緯度による太陽の受熱量の違い

つまり赤道付近は暖かく、極地域は寒くなります。大気は水と同様に、暖かくなると軽くなるために上方へ、冷たくなると重くなるために下方へと動きます。ですから吹き抜けなど天井高が高い家にお住まいの方は、シーリングファンを天井に付け、上に上がった暖気を下に下ろすことで、暖房代の節約につなげる工夫をされている方もいると思います。

話を元に戻しましょう。赤道付近では、地表付近で温められて軽くなった空気が上空へと上昇していく上昇気流が発生します。一方、極地域では冷やされて重くなった空気が、上空から地表へと降りてくる下降気流が発生します。このように大気が

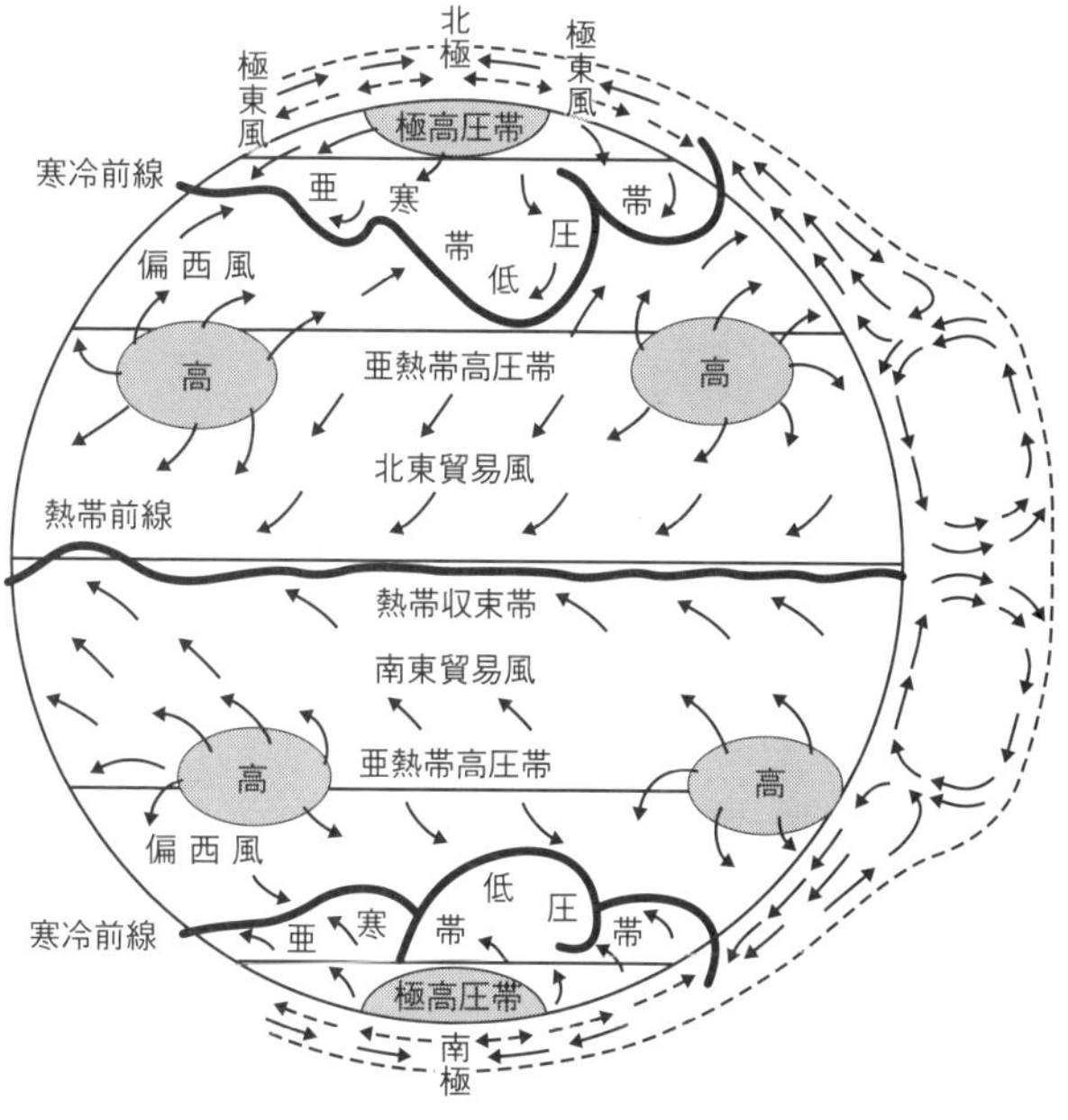

3-2 大気の大循環の模式図 〈『自然のしくみがわかる地理学入門』ベレ出版より〉

上昇していくため地表面に対して圧力がかかりにくくなっている場合を低気圧、その逆を高気圧と呼んでいます。

一般に、大気は上昇していく際、高度が１００ｍ上がると約０・５～０・６℃低下します（気温の逓減）。その結果、上空で飽和水蒸気量（１㎥の空間に含むことができる水蒸気の質量）を超えると、水蒸気が凝結・凝固し、雲が形成されます。それゆえ、赤道付近は一年中雨が多くなりやすい一方、極地域ではほとんど降水が見られないことになります。天気予報でよく見る天気図中に、「低」や「高」というマークがありますが、これは気圧を表しており、一般に雨や雪の降りやすさを示しています。言葉がわからない海外で天気を大まかに確認したいときにも、気圧の意味さえわかっていれば、ある程度の予測ができます。

では、赤道付近で上昇した大気は一体どこへ行くのでしょうか。この大気は極地域に向かって高緯度側に流れていきます。しかし、自転の影響と、上空で冷やされることで、今度は大気が重くなり、緯度20～30度付近では下降気流として地表付近に高気圧帯を形成します（亜熱帯高圧帯）。それゆえ、緯度20～30度付近では年中雨が降りにくく砂漠が形成されやすくなるのです。その後、地表付近に降りてきた大気は、大気が上昇する赤道付近に向かって、上昇した分を補うように流れていきます。このように地表付近において、緯度20～30度付近から赤道付近に向かって動く大気の移動を貿易風と呼んでいます。

また、太陽光の照射量が多い低緯度側は暖かい空気に包まれる一方、高緯度側は冷たい空気に包まれています。この暖気と寒気の境目は、緯度60度付近に形成されやすく、先述のように暖気は軽いため、上昇気流として上空に上がり、低気圧帯（亜寒帯低圧帯）がつくられます。つまり降水が見られやすいわけですが、このような暖気と寒気の境目を前線と言います。これもまた天気予報ではよく耳にする言葉です。「梅雨前線」、「秋雨前線」、「寒冷前線」……。つまり前線の近くは、降水が見られやすい場所となります。

この亜寒帯低圧帯が位置する緯度60度付近に向かって、緯度30度付近の亜熱帯高圧帯から移動する大気の動きを偏西風と呼んでいます。読んで字の如く、風は西から東に向かって吹きます。偏西風が吹く緯度帯には、日本や欧米の先進国をはじめ、アジアでは中国や韓国、南半球ではオーストラリアやニュージーランドなどが位置しています。そのため、偏西風は航空機の飛行時間だけでなく、火山の噴火にともなう物質、中国からの黄砂・酸性雨・PM2.5（微小粒子状物質）、そして日本の福島第一原子力発電所の事故による放射性物質の飛散など、国を超えて人々の生活に様々な影響を与えています。様々な実例を取り上げることができますが、今回は意外と知られてない、日本の梅雨とイギリスの産業革命に偏西風が関わっていたことをご紹介したいと思います。

●偏西風と梅雨の関係

梅雨は、春から夏にかけて南から暖気を運ぶ太平洋高気圧の一部である小笠原気団と、冬に寒気を運んできていたオホーツク海気団とのあいだに前線（低気圧）が形成されることで、長雨が生じる現象だと言われます。

この説明は、日本付近の小さなスケールで見た場合は適切ですが、そもそもなぜ1か月近くも日本付近にこの前線が停滞するのかという点については、残念ながら説明できていません。実は日本の梅雨を引き起こしている原因には、ヒマラヤ山脈とチベット高原の存在が深く関係しています。

冬にシベリア気団が南下すると、それにともなって偏西風も、主にヒマラヤ山脈の南を吹くようになります。ところが春から夏（5月〜7月頃）にかけては、シベリア気団が弱まり、それにともない次第に偏西風帯が北上していきます。すると、偏西風は巨大なヒマラヤ山脈とチベット高原によって行く手を妨げられ、北と南の二手に分かれて東へ吹いていくことになります。その結果、5月〜6月頃は日本付近には北回りの偏西風しか吹いてこないため、風が弱く、停滞前線に形成された雲を吹き飛ばすことができません。ところが、より夏に近づいた7月頃になると偏西風帯はさらに北上し、二手に分かれていた偏西風が一つにまとまり、チベット高原の北を通るようになります。そのため日本付近では収束し強まった偏西風の影響で、雲が停滞しにくくなります。またそれと同時に小笠原気団も北上しやすくなり、日本列島付近に高気圧を形成し、「梅雨明け」となるのです。このように「梅雨明け」宣言は、偏西風の状況を見ながら発表されているのです。

◉偏西風と産業革命の関係

もう一つ、偏西風とイギリスのマンチェスターで興った産業革命の関係についてご紹介します。

産業革命は、歴史的に見るといくつかの原因がありますが、なぜロンドンではなく、一番はじめにマンチェスターで興ったのか、そこには偏西風が深く関係していると言われています。

下図をご覧ください。国土が北緯50〜60度にあるイギリスは、偏西風帯に位置します。また、大陸の西岸部に位置するため、海洋からの湿った空気に覆われます。グレートブリテン島の中央部にはペニン山脈が縦走するため、西部のランカシャー地方では、湿った空気が山にぶつかって上昇することで、気温の逓減の法則から空気が冷やされ、雲ができるので降雨が多く、湿度も高くなります。このように偏西風の風上側においては、東部のヨークシャー地方と比べて雨が多いことから、織機を動かす水力という動力源に恵まれました(後に石炭資源が豊富であったことも大きく関係)。また、湿度が高いので、綿織物を織る際に糸が切れにくくなります。このことが、ランカシャー地方におけ

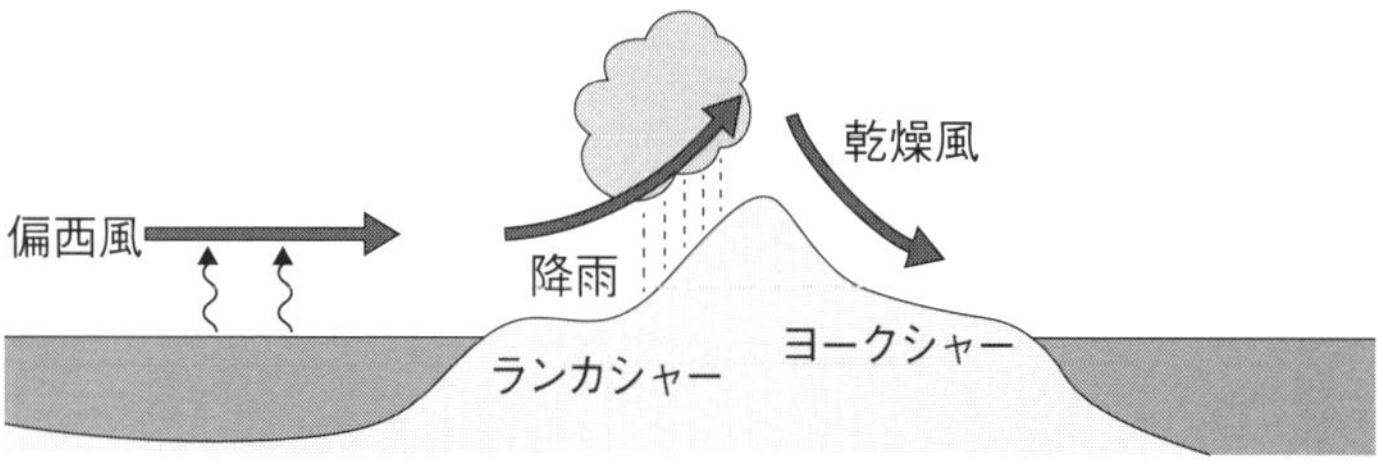

3-3 イギリスにおける地形性降雨

る綿織物工業発展のきっかけをつくり、その中心であったマンチェスターが産業革命発祥の地と呼ばれるようになったのです。

ちなみにペニン山脈東部の風下側にあたるヨークシャー地方（リーズやブラッドフォード）は、比較的乾燥していることから、乾燥地域を好む羊の飼育が古くから盛んで（フランスとベルギー国境付近のフランドル地方からの職人の移住もあって）、毛織物の産地となりました。

2 海洋性気候と大陸（内陸）性気候／西岸気候と東岸気候

日本一暑いのは沖縄じゃない！
北海道よりも北にあるロンドン・パリ

1 海洋性気候と大陸（内陸）性気候

●日本の最高気温と最低気温

突然ですが、日本の県庁所在地の中で、これまで記録した最高気温が最も低い都市はどこでしょう。また、逆に最高気温が最も高い都市はどこでしょう。正解は、最も低いのが沖縄県の那覇市（35・6℃、2001年）、最も高いのは山形県山形市（40・8℃、1933年、次点は山梨県甲府市、40・7℃、2013年）です。えっ⁉と思った方も多いことでしょう。

沖縄本島に位置する那覇市は、周囲を海に囲まれています。最高気温が低いのは、大気中に水分量が多く比熱が大きいため、暖まりにくく冷めにくい環境下にあるからです。そのため、南寄りの低緯度側に位置して日射量が多くても、最高気温はあまり高くならないのです。

一方で、北寄りの高緯度側に位置するにもかかわらず山形市の最高気温が高いのは、内陸の山形盆地の底部にあり、本州という島の内陸部のため、大地は比熱が小さく、暖まりやすく冷めやすい環境下にあるからです。なぜ内陸だと「暑くて、寒いのか」。それは比熱が関係しています。比熱とは『広辞苑』によると、「ある物質1グラムの温度をセ氏1度だけ高めるのに要する熱量。気体を除いた全物質中で水の比熱が最大」とあります。いまいちピンと来ない方も多いかもしれません。次のように例えるとわかりやすいでしょう。空のヤカンと水をたっぷり入れたヤカンを同時に火にかけます。「どちらのヤカンの方が先にあたたまりますか?」と質問すると、多くの方は経験則から「空のヤカン」と

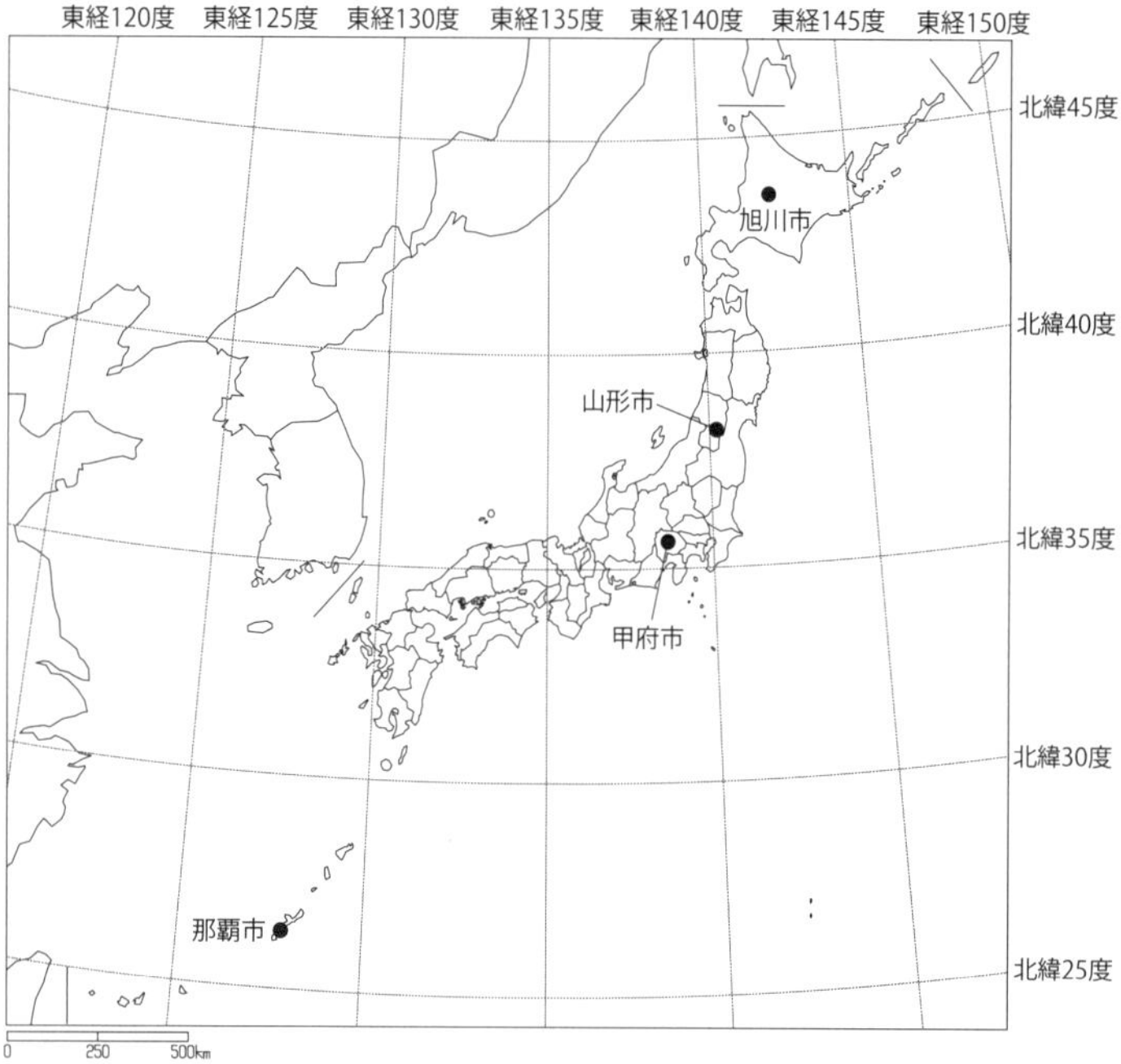

3-4　那覇市、山形市、甲府市、旭川市の位置

答えられると思います。海に近い海岸部に比べて内陸部は、海から遠いことで大気中の水分量が少ない状態、つまり「空のヤカン」のような状態です。よって、わずかな熱量で温度が変化する（比熱が小さい）状態なので、内陸部は暖まりやすく冷めやすい状態にあるということです。

また山形市が暑くなるのは、東北地方を南北に縦走する奥羽山脈の西に位置し、夏季は南東季節風の風下側となりやすく、フェーン現象が起こりやすいからです。実は時折、テレビのお天気コーナーで耳にするフェーン現象も、大気中の比熱が関係しています。フェーン現象は山地や山脈の風下側で起こる現象です。海洋からの湿った風が山地・山脈にぶつかることで強制的に上昇させられ、高度が上がるにつれて気温が低下すると、飽和水蒸気量を超えて水蒸気は凝結し、雲となり雨をもたらします（地形性降水）。よって、風上側では雨が多くなります。一

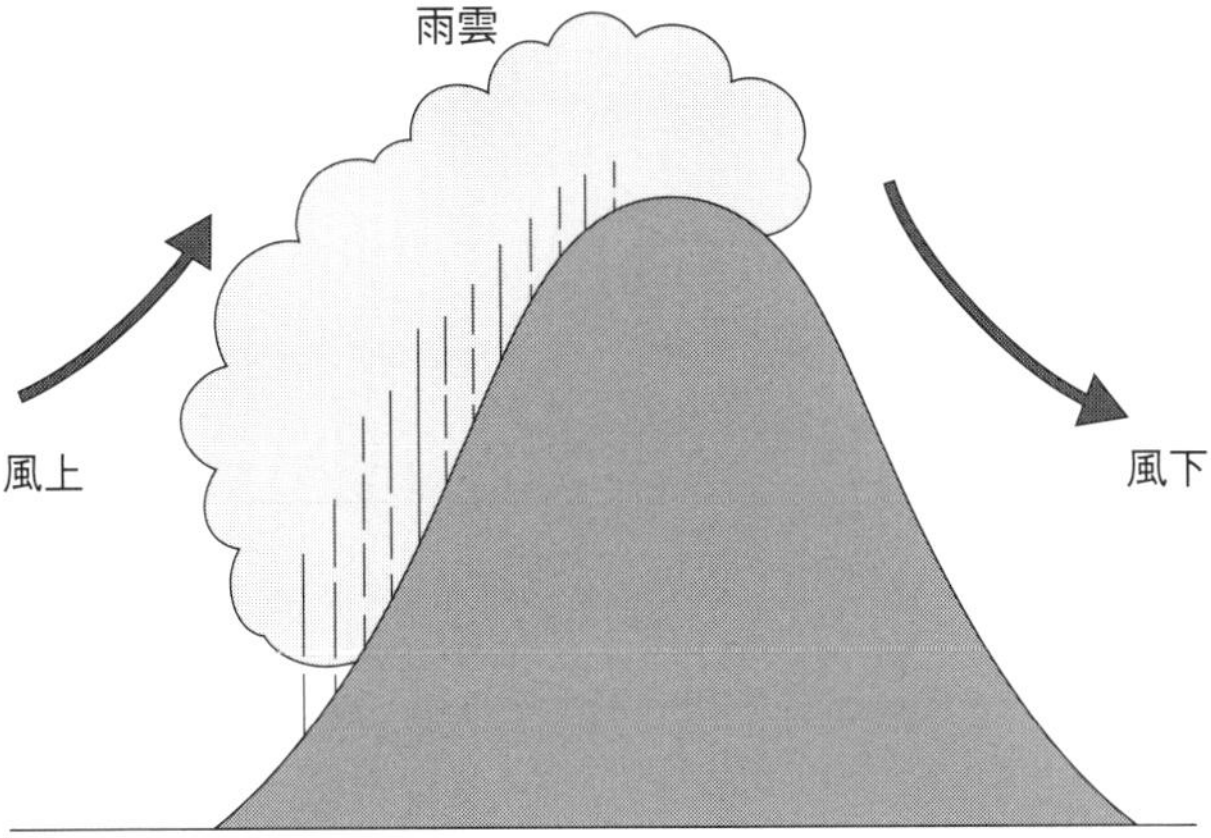

3-5　フェーン現象　〈『日本大百科全書』小学館より作成〉

方、風下側では、一度降水によって水分量が少なくなったことで、比熱が小さくなり、暖まりやすく冷めやすい大気に変化しました。一般に、湿った大気の気温は、高度が１００ｍ上昇するにつれ約０・55℃低下しますが、乾燥した大気は、高度が１００ｍ下降するにつれ約０・７℃〜１・０℃上昇します。その結果、風下側に吹き下ろす時は、風上側に吹き込んだ時より気温が上がりやすく、高温の乾燥風になります。

ちなみに日本最低気温の記録（マイナス41・０℃）は、私の地元である北海道の内陸部、上川盆地に位置する旭川市です。最低気温のランキングでは、旭川市だけでなく上川地方の観測地点が軒並み上がってくる理由も、もうおわかりいただけるかと思います。私が小さい頃よく食べた旭川ラーメンの古くからあるお店では、溶けた焦がしラードがスープの上に蓋をかぶせるように覆っていました。ラーメンが大好きな叔父から「これはできるだけ冷めないように工夫しているんだ」と聞かされたことをよく覚えています。気候がその地域の食をつくるとは、よく言ったものです。

●世界の最高気温と最低気温

大気中の水蒸気量の多少の影響から、地理的に同様の位置にありながら気温や降水量に違いが出ることは、世界的にもよくあることです。海洋上や海岸付近で見られる気候を海洋性気候、水蒸気が少ない大陸内部で見られる気候を大陸性（内陸性）気候と呼んでいます。

このことは、最高気温と最低気温を見てもわかります。例えば最高気温は、アメリカ合衆国のカリフォルニア州にあるデスバレー（ファーニスクリーク、56・7℃、1913年）で記録されていますが、その名のとおり「死の谷」を意味するほど灼熱の乾燥気候環境下にあることで知られ、アメリカ合衆国の西部内陸に位置していいます。一方、北半球で最低気温の記録を持つロシアのオイミャコン（マイナス67・8℃、1933年）とヴェルホヤンスク（マイナス67・8℃、1892年）も、ユーラシア大陸北東部の内陸かつ盆地に位置しています。日本の山形市や旭川市と同様の地理的条件であることがよくわかりますね。

ちなみにオイミャコンでは、凍結防止のため水道はなく、温水が湧き出る川からの水が各家庭に供給されます。また、洗濯物はなんと濡れ

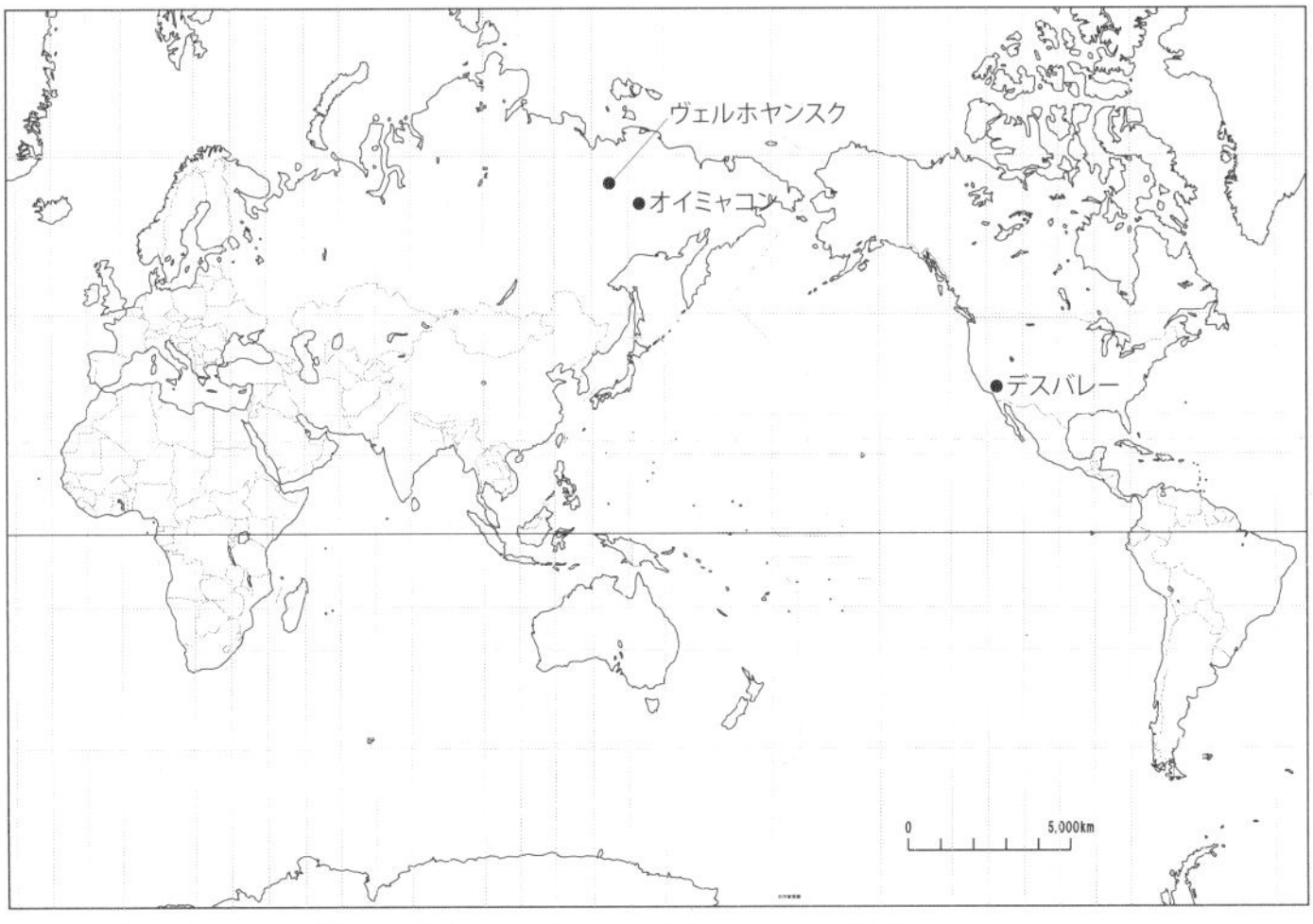

3-6　デスバレー、ヴェルホヤンスク、オイミャコンの位置

たまま外干しです。30分ほど干しておくと、服の繊維に含まれていた水分がすべて服の表面に氷となって表れます。その氷を叩いて落とせば、もう乾いているのだそうです。

2 西岸気候と東岸気候

●ヨーロッパが意外と温暖な理由

「日本とほぼ同緯度にあるヨーロッパの国はどこでしょう」という問題に、多くの方は、イギリスとかフランスとお答えになるかもしれません。完全にハズレではありませんが、北海道の札幌よりフランスのパリやイギリスのロンドンが高緯度にあるとすぐに答えられる方は少ないでしょう。それだけ日本から見てヨーロッパは、思いのほか高緯度に位置しているのです。実はこのことは西岸気候と東岸気候の違いを学ぶ上で重要です。

「西岸気候」とはその名のとおり、大陸の西岸寄りの地域を指し、概ね年中湿潤で、気温の年較差（最暖月気温と最寒月気温の差）が小さい気候です。「東岸気候」は対照的に、大陸の東岸寄りの地域を指し、概ね気温の年較差が大きい気候です。これには偏西風が大きく関係していています。偏西風とは、中緯度から高緯度にかけて一年中ほぼ変わりなく西から東寄りに吹く風のことです。航空機の飛行時間に大きく影響を与えているジェット気流も、上層を吹く偏西風の一つです。

ヨーロッパはユーラシア大陸の西側に位置していますから、常に大西洋上から湿った偏西風が吹き付けます。前項で海洋性気候について解説しましたが、ヨーロッパは大気の性質上、いわゆる海洋性気候となっているわけです。よって、暖まりにくく、冷めにくいため、年較差が小さくなります。ですからヨーロッパを実際に訪れた経験や現地の映像などを見た印象から、冬は日本より暖かいと感じることが多いのです。また、ヨーロッパが冬季でも温暖な理由として、沖合を北大西洋海流という暖流が流れていることも挙げられます。

一方で日本が位置するユーラシア大陸の東側は、ヨーロッパで降水をもたらした後の、比較的乾燥した偏西風が吹き付ける位置にあたります。つまり大気が乾燥しているので、大陸性（内陸性）気候となり、暖まりやすく冷めやすくなります。よって、気温の年較差も大きくなります。また、ロシア北東部のシベリアでは、大陸性（内陸性）気候の影響から、冬の冷え込みが厳しくなり、

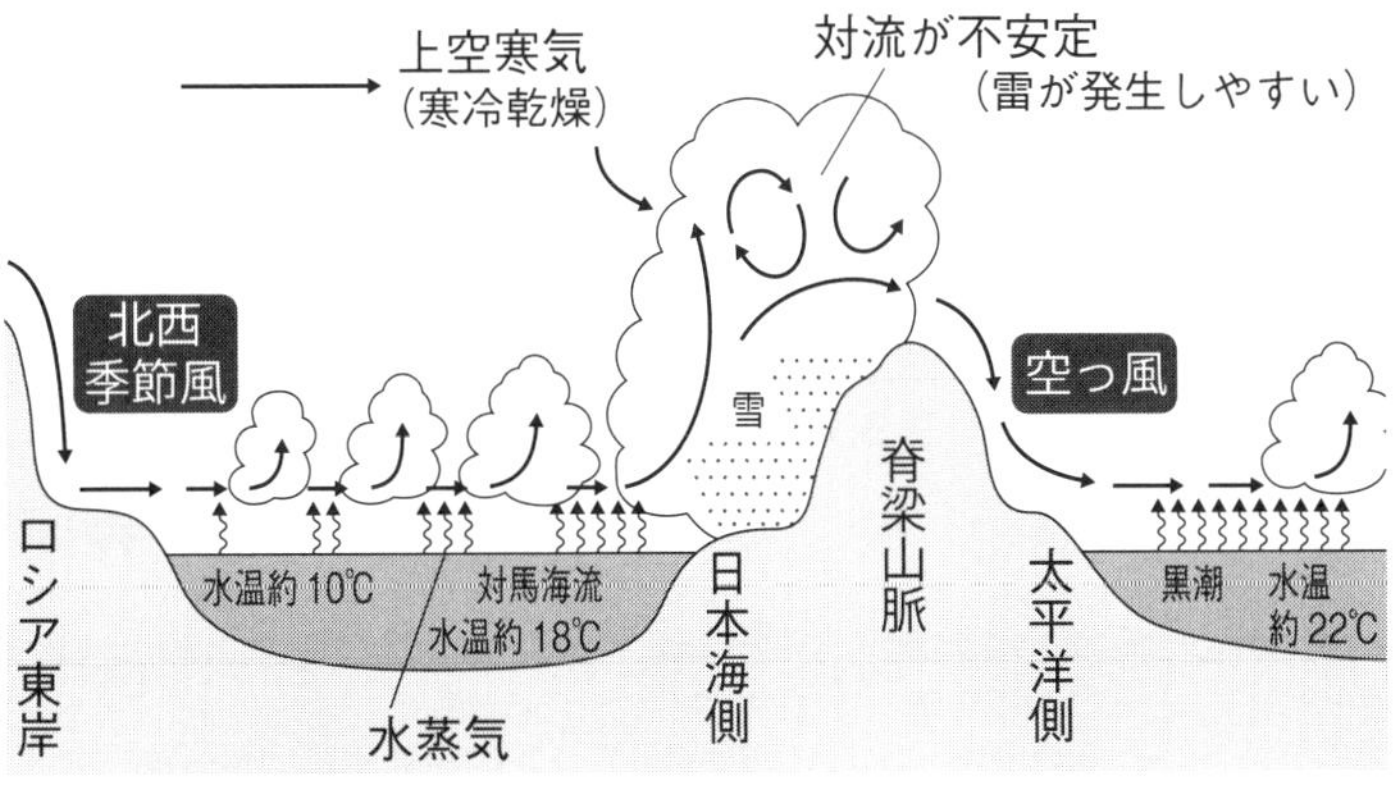

3-7　日本海側の降雪の仕組み

強力なシベリア高気圧が発達することになります。冬季にはこのシベリア高気圧から、日本列島も含めた周辺地域に、寒冷で乾燥した風が時計回りに吹き付けます。この影響もあり、ヨーロッパより低緯度に位置する日本を含めたユーラシア大陸東岸の冬は、寒さが厳しくなっているのです。

また、日本の日本海側といえば、世界的な多雪地域として知られています。前述のとおり、冬季に日本付近に吹く北西季節風は、大陸からの風なので寒冷乾燥です。しかし、日本海上、特に日本列島付近を流れる暖流の対馬海流上では水温が比較的高く、水分の蒸発量が多いため、ここでたっぷり湿気を帯びた風が日本列島を縦走する脊梁《せきりょう》山脈にぶつかることで、降雪がもたらされます。この雪は、東北地方の日本海側や北陸地方に、毎年雪害をもたらすことで知られていますが、一方でこの地域の稲作を支えてきたことも事実です。太平洋側では苗を植える5月頃は、梅雨前で渇水となりやすい時期ですが、日本海側では融雪水のおかげで豊富な水資源に恵まれるからです。

3 異常気象

エルニーニョ現象と食品価格の関係、ゲリラ豪雨のメカニズム

1 エルニーニョ現象

●エルニーニョ現象のメカニズムと食品価格

日本でも近年、「異常気象」という言葉を耳にする機会が増えました。異常気象とは、過去30年間に観測されなかったような値を観測した場合を指します。異常気象の原因の中でも世界的に有名なものが、エルニーニョ現象です。

エルニーニョ現象とは、寒流のペルー海流の海面温度が異常に上昇する現象を指し、エルニーニョ現象が生じると、世界各地域の異常気象につながるとされています。

そもそも「エルニーニョ」という言葉は、スペイン語で「神の子」を意味します。通常この海域では毎年クリスマス頃になると、一時的に海面温度が高く、塩分が少ない海水が現れますが、数年に一度この現象が6か月から1年くらい続きます。そうなると、魚があまり獲れませんから漁民たちは休漁し、クリスマスを家族と一緒に過ごすことができるプレゼントのようなものとの意味合いもあるそうです。

では、なぜこのような現象が起こるのかというと、まだ解明されていない部分も多いのですが、ペルー海流の海面上を吹く南東貿易風が、何らかの原因で弱まってしまうからと言われています。

通常、南東貿易風が吹いていれば、海面上の海水が西側のインドネシアやオーストラリア方向に向かって流されます。そうなると、一瞬ではありますが海面の高さが下がることになるので、海面の高さを元に戻そうと、深海底から海水が湧き昇ります。この動きを冷水湧昇流と呼んでいます。深海底付近にある海水は海洋深層水と呼ばれ、ミネラル（栄養塩類）が豊富です。最近では、ミネラルウォーターやシャンプーなどにも使われるようになり、耳にしたことがある方が多いかもしれません。栄養塩類が豊富ということは、

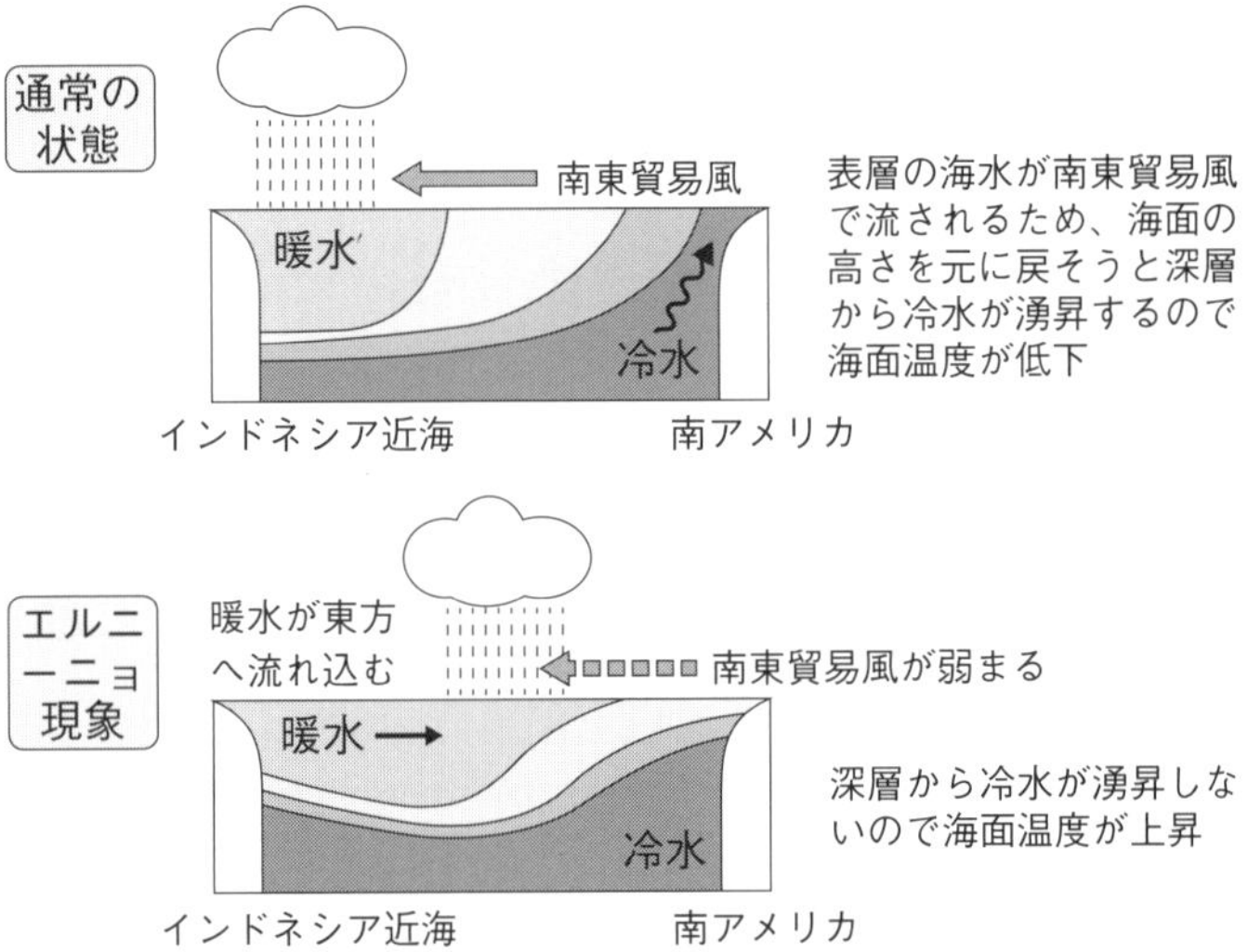
通常の状態
南東貿易風
暖水
冷水
表層の海水が南東貿易風で流されるため、海面の高さを元に戻そうと深層から冷水が湧昇するので海面温度が低下
インドネシア近海
南アメリカ
エルニーニョ現象
暖水が東方へ流れ込む
南東貿易風が弱まる
暖水
冷水
深層から冷水が湧昇しないので海面温度が上昇
インドネシア近海
南アメリカ

3-8　エルニーニョ現象のメカニズム

プランクトンが繁殖しやすく、プランクトンを餌とする魚、特にこの海域ではアンチョビーが多く生息しています。そのおかげで、南米のペルーは世界的な漁獲高を誇る国となっています。

話をエルニーニョ現象のメカニズムに戻します。前述のとおり、南東貿易風が弱まると、海面付近の海水が流されなくなるため、冷水湧昇流も生じにくくなります。その結果、栄養塩類の供給が減り、プランクトンの減少、そしてアンチョビー漁の不振につながるのです。アンチョビーはカタクチイワシの一種で、日本ではイワシを「鰯」と書くとおり、鮮度が落ちやすい魚です。そこでペルーでは、漁獲後、早々にフィッシュミールと呼ばれる粉状に砕き、家畜・養殖魚用の飼料や肥料として輸出します。私たちの食用として塩漬けにされるのは一部です。それゆえ、エルニーニョ現象が起こると、飼料用のアンチョビーの漁獲量が減少するため、肉や魚の値段が上がるとされるのです。

また、太平洋を大きな浴槽に見立て、太平洋西部に位置するインドネシア付近と太平洋東部に位置するペルーをそれぞれ浴槽の両端として見ましょう。ご存じのとおり、浴槽のお湯を放置しておくと、暖かい水は軽いため上方に、冷たい水は重いため下方にたまっていきます。つまり太平洋上でも風が止むと、赤道付近の強い太陽光によって暖められた太平洋西部にたまっている暖水が軽いために、太平洋東部側に向かって表層部分に流れ込みます。その結果、ペルー沖も含めた太平洋東部の海面温度が異常に上昇するのです。そうすると、本来、海面温度が高いインドネシアやオーストラリアなど太平洋西部で生じていた上昇気流が、太平洋東部の海洋上で生じることになり、相対的に太平洋西部では下降気流が生じやすくなります。このようにして、次第に大気の流れに狂いが生じ始め、世界的な異常気象につながっていくとされているのです。

　エルニーニョ現象が起こると、一般に熱帯地方では気温が高くなる地域が多くなり、インドネシアやオーストラリア東部、ニューギニアなどでは、雨が少なく降水量が減少傾向になり、干ばつが発生しやすくなります。これとは反対に、太平洋中央部や南米のエクアドル、ペルー沿岸部などでは降水量が増加傾向になり、大雨による災害が起こる場合があります。ちなみに日本では、冷夏や暖冬、梅雨明けの遅れなどを引き起こすと言われています。この中で日本の食品価格にも大きな影響を与えるのが、エルニーニョ現象によるオーストラリアの干ばつです。

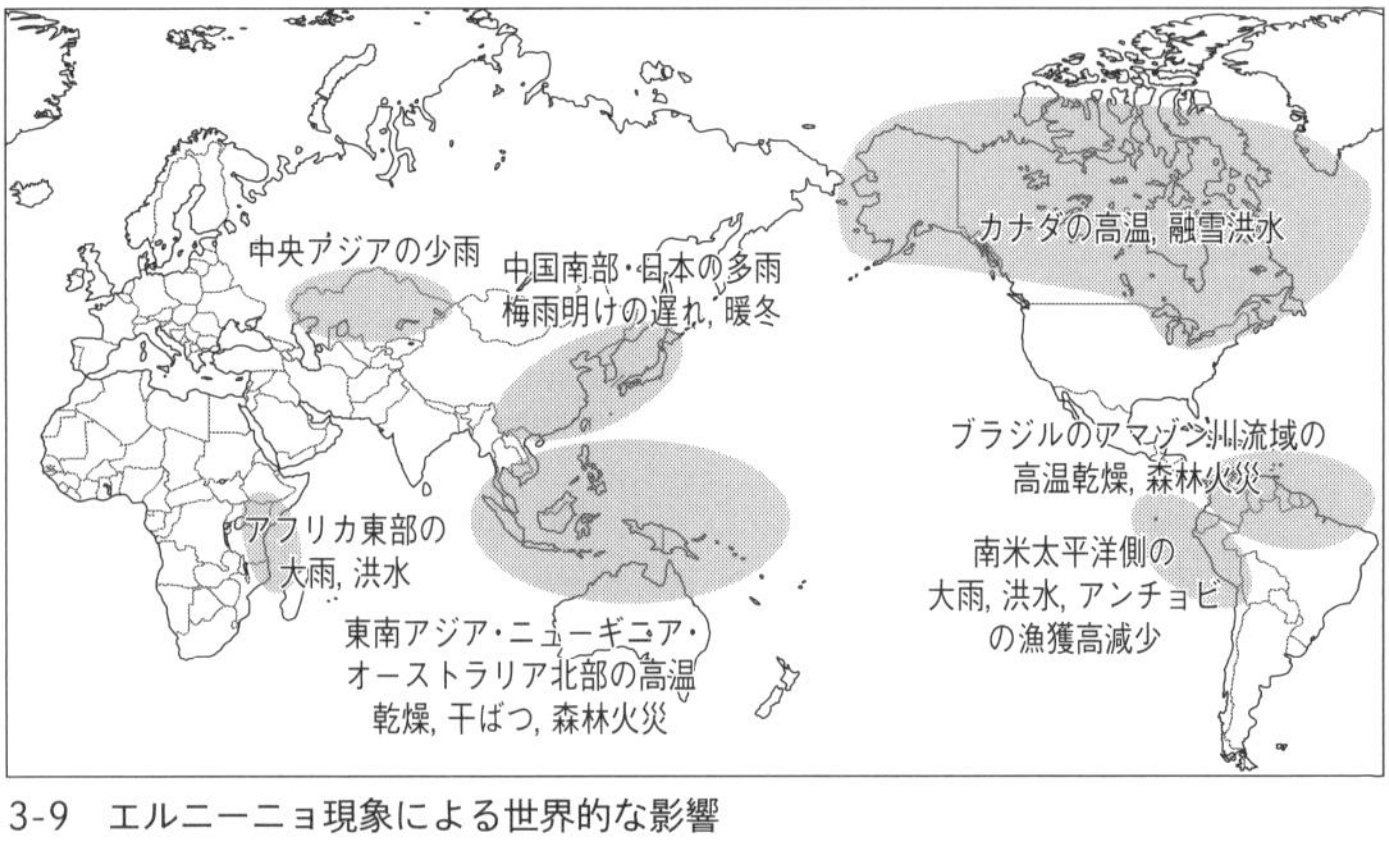

3-9　エルニーニョ現象による世界的な影響

オーストラリアは世界でも屈指の小麦生産大国で、輸出国でもあります。そのオーストラリアの小麦生産の状況は、世界の小麦価格に最も大きな影響を与えるとされています。それは、オーストラリアが南半球に位置する数少ない小麦生産大国だからです。小麦は通常、晩秋に播種《はしゅ》され、初夏に収穫されます。そのため、季節が逆転している北半球と南半球では収穫時期に違いがあり、北半球の収穫がほとんどない時期には南半球で収穫がなされるからこそ、1年間安定した価格で小麦が流通できているのです。しかし、南半球で小麦輸出を大量に行えるのは、オーストラリアとアルゼンチンぐらいですから、オーストラリアの小麦生産が与える影響は大きくなるのです。日本にとってもオーストラリアは、小麦の第3位の輸入相手先であり、特に讃岐うどんの原料として重宝されているのがオーストラリア産の小麦（ASW = Australian Standard White）です。それゆえ、エルニーニョ現象が起こると、私たち庶民の食を支えてくれている低価格なうどんが値上げされる可能性が高くなってしまうのです。

2 ヒートアイランド現象

●ヒートアイランド現象の本当の意味

エルニーニョ現象と同様に、異常気象の原因の一つとされるのがヒートアイランド現象です。これは、都市内部の地表の気温が周辺部よりも高くなる現象のことで、原因としてコンクリート建造物やアスファルトの道路からの輻射熱、エアコンや自動車などからの排熱が考えられており、さらに気温調節機能を持つ緑地が少ないことが挙げられます。

ヒートアイランド現象により、夏の日中がより暑くなると感じられている方も多いかもしれませんが、実際は違います。下の表を見ていただくと、気温はむしろ夏季よりも冬季の方が上昇しており、さらに日最低気温の方が上昇度合いが高いことがわかります。よってヒートアイランド現象は、日中の最高気温が高くなるというよりは、本来気温が低下するはずの冬季や夜間にも熱がたまりやすく逃げにくい状態になるというのが適切です。ですから、猛暑日（日最高気温35℃以上）は農村も都市もあまり変わらず、温暖化の影響から増加傾向にあり

	8月			2月		
	日平均	日最高	日最低	日平均	日最高	日最低
札幌	1.2	-0.3	**2.8**	**3.5**	**1.4**	**6.1**
仙台	0.6	-0.2	**1.1**	**3.3**	**1.8**	**4**
東京	**1.7**	0.8	**2.5**	**4.6**	**2.5**	**6**
横浜	**1.5**	**1.4**	**2**	**4.1**	**3.7**	**4.8**
名古屋	**2.4**	0.9	**3.3**	**3.7**	**2.1**	**4.6**
大阪	**2.5**	**2.4**	**3.7**	**3.9**	**3.6**	**4.2**
京都	**2.4**	0.9	**3.3**	**3.3**	**1.8**	**4.2**
福岡	**2.4**	**1.4**	**3.8**	**4**	**3**	**5.6**
熊谷	**2.2**	**2.4**	**1.6**	**3.5**	**2.4**	**3.6**
前橋	**2.1**	**2.8**	**1.6**	**2.9**	**2.6**	**2.9**
岐阜	**2.4**	**2.4**	**2.3**	**3.2**	**3.1**	**3.2**
中小都市平均	**0.9**	0.4	**1.3**	**2.3**	**1.9**	**2.4**

全国主要都市、夏季の最高気温が顕著に高くなる都市、および中小都市17地点平均における気温変化傾向の比較。対象期間は1931～2010年で100年あたりの変化率（℃）として示す。太字は統計的に有意な変化と見なされる値。

3-10　主な都市の夏季と冬季の気温　〈気象庁〉

ますが、熱帯夜（日最低気温25℃以上）の日数の増加は都市部で顕著となっています。

日本最大の都市である東京におけるヒートアイランド現象には、もう一つ別の原因が指摘されています。それが「東京ウォール」です。１９９０年代半ば以降、バブル経済崩壊後の地価下落などにより、都心に近い臨海部において再開発が始まりました。その結果、超高層ビル群が「壁」のように建ち並び、東京湾から都心部へ入ってくるはずの涼しい海風を遮ってしまっていると言われています。

このように、東京など大都市の都心部では気温が下がりにくくなり、暖められた空気が急激に上昇して、激しい雨をもたらす「ゲリラ豪雨」が頻繁に生じやすくなる可能性があります。

3-11　東京・汐留の超高層ビル群（浜離宮庭園から撮影）

今後も、東京臨海部には超高層ビルの建設が相次いで予定されています。一部では海風を遮らないようなビルの配置を考えて開発を進める取り組みも始まりました。猛暑や熱帯夜で体調を崩す人々が続出し、「ゲリラ豪雨」による災害が増えないように、都市計画を行っていかなければならないのかもしれません。

第4章

世界の環境問題

1 砂漠化と熱帯林の破壊

日本の「砂漠化」、
日本向けのエビ養殖地

1 砂漠化

◉砂漠化の自然的要因

「砂漠化」という言葉を聞かれたことがある方も多いかと思います。主に砂漠周辺の半乾燥地域において、何らかの要因で植生が育たなくなり、荒廃した土地となってしまう現象を砂漠化と呼んでいます。

要因は大きく分けて二つあります。一つは自然的要因です。異常気象による干ばつや近年の地球温暖化による降水量の減少です。熱帯地域では地球温暖化によって今よりも降水量が増加するとされていますが、現在の乾燥地域では逆に降水量が少なくなると予想されています。

特にこの要因の砂漠化が顕著とされているのは、アフリカ大陸にある世界最大のサハラ砂漠の南縁のサヘル地域です。なかでも1968〜1973年に起こった大干ばつでは、100万人以上の人々が死亡しました。最近では2010年頃から2012年にかけて、東アフリカを中心とするサヘルにおいて、過去50年で最大規模とされる干ばつが起きました。前述の大干ばつ時と比べると、食料・医療などの支援体制が整ってきており、以前と比べ死亡者数は少ないものの、甚大な被害をもたらしています。また、第3章3節で解説したエルニーニョ現象も、オーストラリアの干ばつによる砂漠化を助長しているとも言われています。

●砂漠化の人為的要因

ここからは、砂漠化のもう一つの要因に目を向けていきます。自然的要因以上に砂漠化の要因として重要なのが、人為的要因です。人為的要因の根本的背景には、人口爆発による慢性的な食料不足やエネルギー不足があります。食料不足を解消するため、人々は過剰な耕作や家畜の放牧を行います。土壌の栄養分が乏しい土地柄であることがわかっていても、生きるためには翌年以降のことなど考えずに、ただひたすら作物を作らざるを得ません。それが現実なのです。また、先進国とは異なり、途上地域の人々の家畜は自分たちの食料、役畜、金銭を得る収入源として欠かすことができません。貧しい人々は、その家畜の餌を別途購入する金銭的余裕もないため、僅かながらその土地に生えている草等を家畜に食べさせ、なくなっては別の土地、また別の土地へ……と移動していきます。また、電気エネルギーはもちろん、石油や石炭などの化石燃料を購入することもできないため、薪を確保するために草木を大量に伐採し採取せざるを得ません。

砂漠化は途上国に限ったことではありません。アメリカ合衆国やオーストラリアでは、大規模な農業を展開するため、安い土地の広大な乾燥地に、河川水を引いたり、地下水を汲み上げたりして農業用水を確保しています。一般に蒸発が活発な乾燥地では、水を繰り返し土地に撒くことで、水が蒸発する過程で、地中にある塩分が地表まで押し上げられます。このように地表への塩分集積が進むと、作物はおろかその他の植物も枯れ、二度と植物が生えなくなってしまいます。これを塩害と呼び、砂漠化の一因とされています。

アメリカ合衆国とオーストラリアの砂漠化は、日本人の食生活に直接跳ね返ってきます。ご存じのとおり日本は食料自給率が低い国です。塩害が起こりやすい地域では、主に小麦やトウモロコシの栽培が行われており、日本は小麦の48・3%をアメリカ合衆国、16・7%をオーストラリアから、トウモロコシの91・9%をアメリカ合衆国から輸入しています（2018年）。特に日本が海外から輸入するトウモロコシは飼料用が中心のため、食肉や牛乳などの乳製品、さらには「物価の優等生」と言われた鶏卵の価格までも上昇する可能性が高いのです。それゆえ、日本国内では砂漠化は見られませんが、海外で起こっている砂漠化は、間接的に私たちの食生活を脅かしているとも言えるのです。

2　熱帯林の破壊

◉日本が深く関係する熱帯林の破壊

熱帯林が破壊されている地域は、貧しい国であることが多いです。破壊の要因も、自給目的として伐採されているものもあれば、先進国に輸出して金儲けするために伐採されているものもあります。熱帯林の破壊が進むと、生態系の破壊はもちろん、裸地化による風化や降水による表土流出、蒸散量・光合成量の減少などが起こります。

自給目的としては、焼畑や薪炭材の採取が挙げられます。焼畑とは、森林を伐採し乾燥させた後、火をつけて肥料となる草木灰を作る農業です。耕作を数年行うと地力の低下によって作物の収量が減少するため、また肥料となる灰を作り出してくれる樹木が生い茂る土地を求めて移動し、その土地でも地力が衰えてくると、また別の土地へ……と、移動しながら耕作します。これまでは一つの農家が、二つないしは三つの土地を持ち、約15年で循環していく持続可能な農業でした。しかし、人口増加による食糧不足や商品作物の作付け、道路建設などにより次第に自給用作物を作

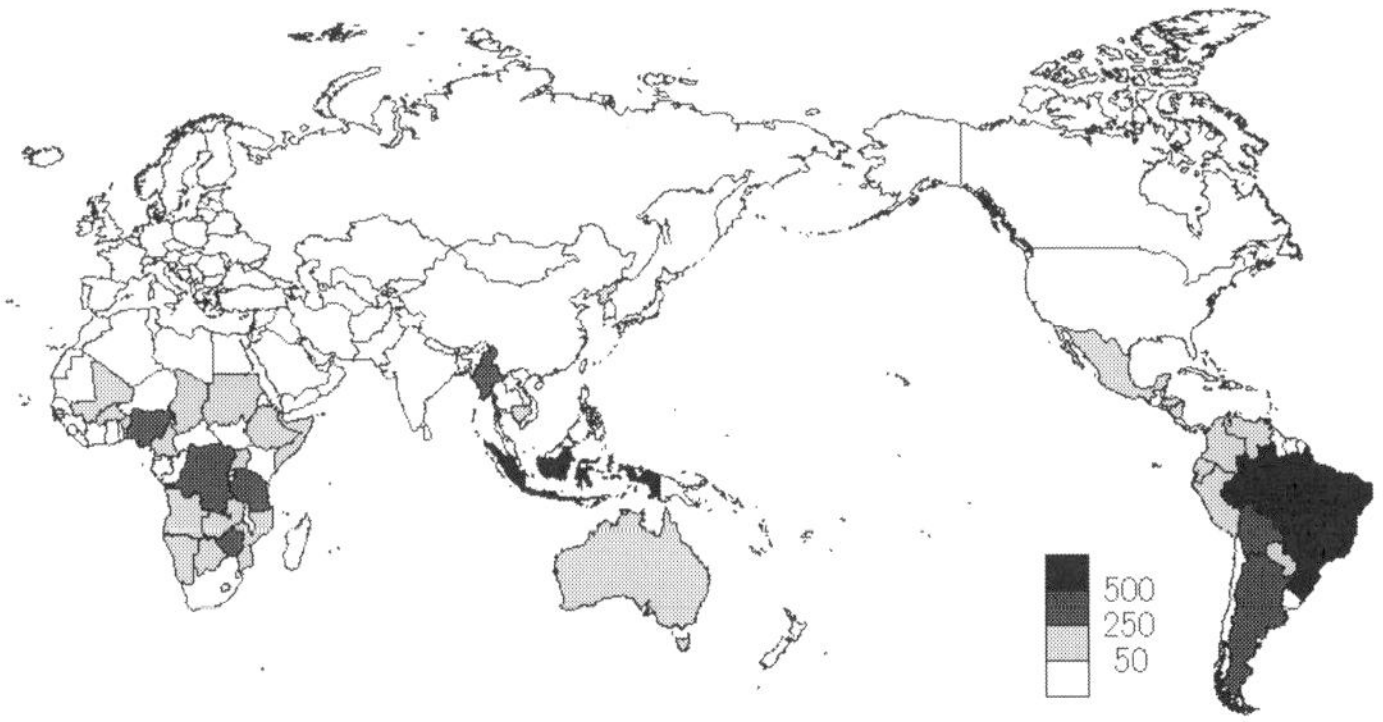

4-1　世界の森林面積の減少量（1000ha/年、2000～2010年）　〈林野庁〉

る焼畑用農地が減少すると、未開だった熱帯林の伐採に手を付けていくようになります。なぜなら、残った農地を循環させ作物を生産するには、焼畑周期を短縮して回すしかなく、地力の限界を超え、作物の生産が難しくなるからです。

また、熱帯の貧しい地域の人々にとって、燃料源は薪炭であるため、砂漠化と同じく熱帯林の過剰伐採も破壊の一因とされています。

一方、金儲けで輸出するために熱帯林を伐採するというのは大変厄介です。例えばコーヒーやカカオ、天然ゴムといった、先進国へ輸出する商品作物を栽培する農地確保のために熱帯林が大量伐採されます。また、熱帯林自体を用材として利用する先進国向けにも同様に大量伐採されます。貧しい途上国側の政府にとっては、熱帯林の伐採は大きな収入源となるため、外資による乱開発が容認されてしまっているのが実情です。

このような熱帯林破壊の深刻な地域として、ブラジルのアマゾン川流域や東南アジア地域が挙げられます。

アマゾン川流域の熱帯林破壊の一端には、日本が関

	1haあたりの土壌流出量	降雨の流出の場合
原生林	0トン	0.4%
草原	0トン	1.9%
裸の休耕地	146.3トン	50.4%

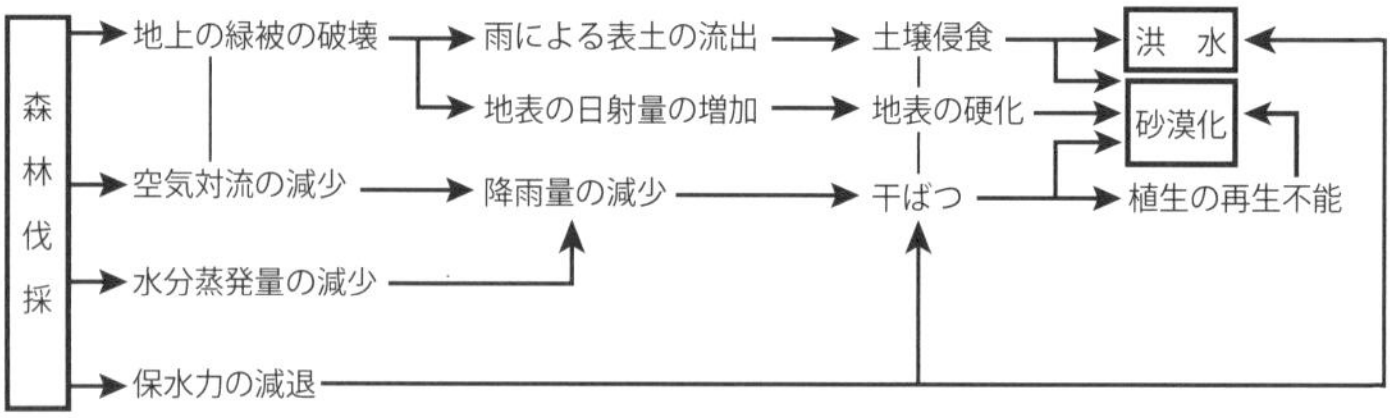

4-2　緑の喪失による土壌侵食の度合いと森林伐採の影響

わっています。ブラジルは内陸部開発を進めるため、日本の援助による大カラジャス計画で、露天掘りのカラジャス鉄山の開発や大牧場の建設、採油・飼料用（大豆・トウモロコシ）の輸出向け作物農地の拡大、道路建設（トランスアマゾニアンハイウェー）などを積極的に行ってきました。その過程で、大量の熱帯林が破壊されたことは言うまでもありません。

また、東南アジアの熱帯林破壊にも同様に日本が深く関係しています。特に強調しておきたいのが、日本などへの商品作物や合板材などの輸出に加えて、日本人が大好物のエビの養殖池造成のために、沿岸部のマングローブ林が伐採されてしまったことです。エビの養殖は「青の革命」として現地で受け入れられ、養殖場や漁獲後の加工場が現地に雇用を生み出し、人々の生活水準が著しく向上したと歓迎されました。しかし、「天然の防波堤」や「魚付林」と呼ばれるマングローブ林が伐採されたことで、海岸侵

国　名	エビの養殖生産量（トン）2015年	マングローブの面積（1,000ha）	
		1990年	2015年
中国	2,807,215	−	83
ベトナム	618,505	73	270
インドネシア	596,064	3,058	2,244
インド	509,487	426	418
エクアドル	403,000	163	162
タイ	310,975	174	240
バングラデシュ	132,794	460	531
メキシコ	130,382	917	941
ブラジル	70,000	−	1,383
アメリカ合衆国	65,562	240	243

4-3　東南アジアのマングローブ林の破壊　〈FAOより〉

食や高潮、津波といった自然災害による人的被害が大きくなり、天然の魚貝など貴重な生態系が失われていきました。また、エビの養殖池の管理はずさんなことも多く、病気の蔓延によってエビが全滅し、多額の借金を負った現地の経営者が自殺に追い込まれたこともありました。このような病気の蔓延を防ぐ目的で、10年も経たずに新たな養殖池開発のために別のマングローブ林が伐採されていくなど、社会・環境問題化しています（近年は現地の国でもマングローブを保全・植林する動きがあります）。

こうして私たち日本人の生活の豊かさの陰で、たくさんのものが失われているのです。このことを知れば、安易に食べ物を残したり、捨てたりすることは、できなくなるはずです。

2 地球温暖化

温室効果のメカニズム、海面上昇の影響、日本の温室効果ガス増加の背景

1 温室効果

●温室効果のメカニズム

今日、「地球温暖化」という言葉は、耳にしない日がないほどよく聞くようになりました。それだけ、私たちの日常生活に多かれ少なかれ影響が出始めているということでしょう。

そもそも地球は、温暖な間氷期と寒冷な氷期（氷河期）を10万年周期で繰り返していると言われます。その周期の中で現在は間氷期にあたるため、温暖な時期であることは間違いありません。ただ、その周期による変化以上に地球の気温が異常に上昇しているのではないかというのが、現在のところの通説です。周期どおりに気温が上昇したり、低下したりしても、生物がその変化に対応しきれず、多くの生物が死滅してきたことは、皆さんも耳にしたことがあると思います。それゆえ、異常な気温上昇により、人間だけでなく、様々な生物が順応できずに死滅する可能性が高まっていると言われているのです。

では、何が異常な気温上昇の原因かというと、人間の生産活動によるものと言われています。地球上空には、温室効果ガスと呼ばれる二酸化炭素やメタンなどが、地球を覆うように常に存在しています。太陽光が地表面を照射し、放射された熱は宇宙空間に一部逃げていきますが、「温室効果」ガスがあるため、熱は再放射されて地球を暖めます。もし、温室効果ガスの量が少なければ、地球の気温は低下しすぎてしまい（マイナス18℃～マイナス19℃）、生物は死滅します。ところが現在、人口増加や経済成長による化石燃料の大量消費により、地球を取り囲む二酸化炭素などの温室効果ガスが増えすぎ、地球の気温が異常に上昇してきているというわけです。

●なぜ海面は上昇するのか

温暖化によって色々な影響が考えられますが、ここでは「海面上昇」を中心に取り上げてみます。

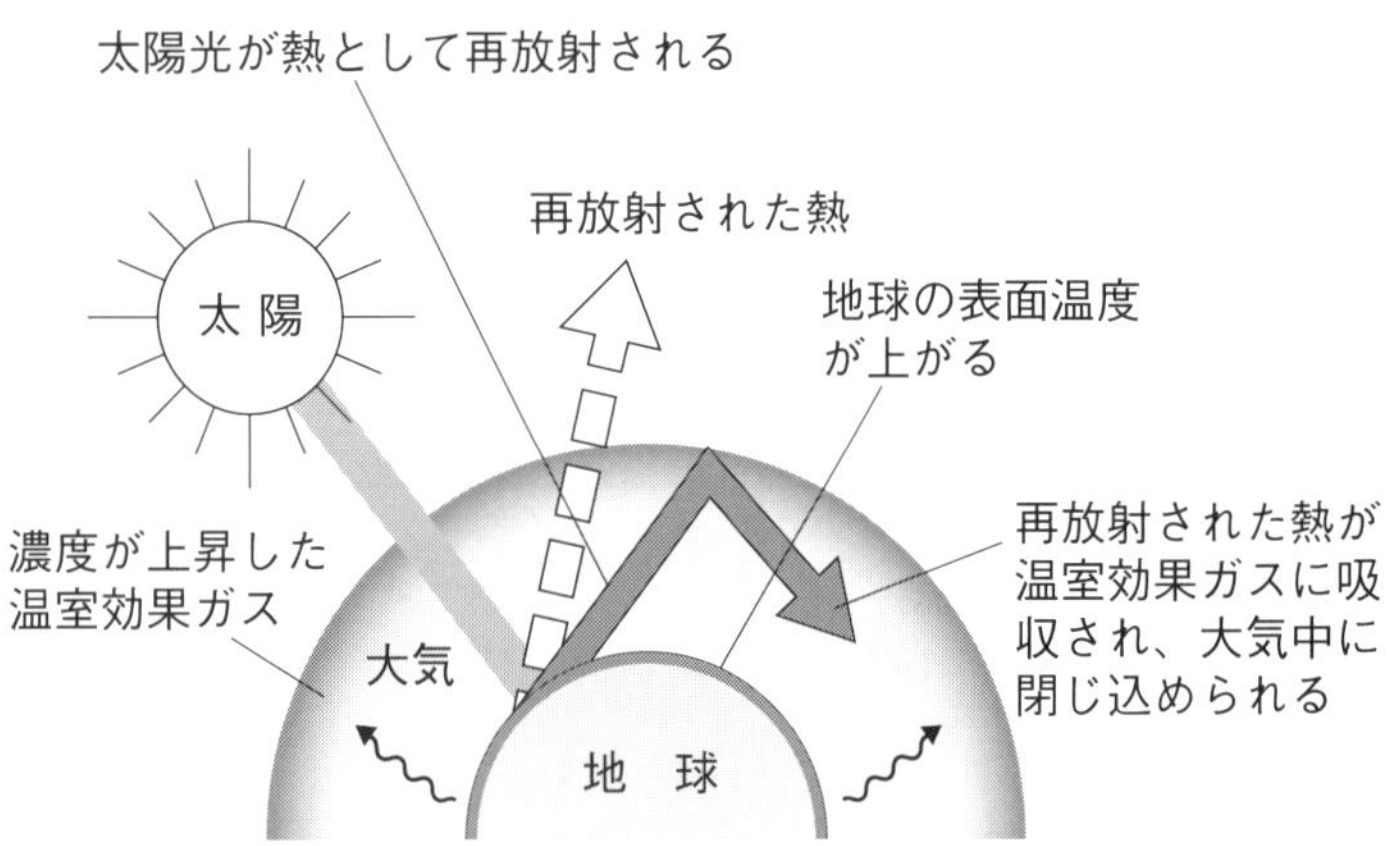
太陽光が熱として再放射される
再放射された熱
地球の表面温度
が上がる
太陽
濃度が上昇した
温室効果ガス
大気
再放射された熱が
温室効果ガスに吸
収され、大気中に
閉じ込められる
地球

4-4　温室効果のメカニズム　〈『図解地図資料』帝国書院より作成〉

そもそも温暖化によってなぜ海水面が上昇するのかというと、大きく分けて二つの要因があります。一つが、海水温度の上昇による海水の熱膨張です。これにより海水の体積が増え、海水面が上昇します。今日までの温暖化による海水面上昇は、このことが大きな原因でした。そしてもう一つ、これから一気に海水面を上昇させる要因と言われているのが、陸上にある氷河・氷雪の融解です。海洋上の氷塊の融解は、既に海水の体積に含まれているので、海面上昇とは関係ありませんが、陸上の氷や雪が溶け、海へと流れ出すことで海水の体積が増えていくわけです。

この海面上昇で大きな被害を受ける可能性があるのが、国土の多くに低地を持つ国です。サンゴ礁の中でも環礁から構成されるモルディブやツバルといった島国、大陸部分でも国土の4分の1が海抜0m未満の土地と言われるオランダ、国土の約6割が海抜10m未満の低地と言われるガンジスデルタに位置するバングラデシュが、代表

水	湿潤熱帯地域と高緯度地域における水利用可能量の増加 中緯度地域と半乾燥低緯度地域における水利用可能量の減少と干ばつの増加 数億人の人々が水ストレスの増加に直面
生態系	生物種の絶滅リスクが増加 サンゴの白化による死滅 種の分布範囲の移動および森林火災のリスクの増加
食料	低緯度地域における穀物の生産性の低下傾向 中緯度地域におけるいくつかの穀物の生産性の増加傾向
沿岸域	洪水および暴風雨（熱帯低気圧の強大化など）による被害の増加 海面上昇による世界の沿岸湿地の消失
健康	栄養不良、下痢、心臓・呼吸器系疾患、感染症による負担の増加 熱波、洪水、干ばつによる罹病率および死亡率の増加 いくつかの感染症媒介生物の分布変化

4-5　地球温暖化による影響　〈環境省『STOP THE 温暖化 2012』より〉

例です。この中でオランダは、先進国で資力もあることから過去の苦い経験も踏まえ、早くから温暖化による海面上昇に対応すべく、防潮堤や堤防の積み増しを始めています。しかし、小国で資力がない国は、まともな対応策がとれていないのが現状です。

太平洋に浮かぶ平均海抜高度が2mに満たないツバルでは、井戸水が塩水化したり、大潮の時期には畑が海水で冠水したりするなどの被害が毎年生じるようになってきているため、他国への移住を進める施策をとり、先進国に対し支援を懇願しています。

一方、観光立国として高級海浜リゾート地となっているモルディブは、国土の約8割が海抜1・5mの土地で、海面上昇により海岸侵食も深刻化してきましたが、それとは別の温暖化による問題も起こっていま

4-6　モルディブ

す。それが、海水温度の上昇によるサンゴ礁の白化です。

サンゴ礁は、共生している藻類からの石灰分によって形作られて成長していきます。この藻類は、水温25℃～29℃が適温とされ、30℃を超えると、サンゴの体内から藻類が出てしまうとされます。サンゴの色味はこの藻類によるもののため、藻類がいなくなると色が抜けて白味を帯びてきます。これを白化現象と言います。ただ色が白くなるだけならまだしも、藻類からの石灰の供給がなくなるわけですから、成長が止まり脆くなります。このような現象が2000年代に入った頃から、モルディブでは顕在化してきたそうです。その弱ったサンゴ礁に追い打ちをかけたのが、2004年のスマトラ島沖大地震の津波でした。モルディブは、サンゴ礁のおかげで津波の力が大きく軽減され、目立った被害はありませんでした。しかし、その強大な津波の力によって、脆《もろ》くなっていたサンゴ礁は崩れてしまったそうです。本来ならそこから再びサンゴが回復を遂げていくはずでしたが、海水温の上昇でサンゴの回復はおろか、サンゴ礁の色が抜け、美しいとされていた海の風景が失われつつあるのです。このままでは観光客の減少にもつながりかねないと、私が滞在した現地のホテルスタッフが嘆いていたことが記憶に残っています。

◉日本の二酸化炭素排出量の増加の背景には……

日本は、石油危機後にいち早く省エネ対策や環境技術に取り組んできたため、先進国の中では1人あたりの二酸化炭素排出量は少ないと言えます。しかし、1人あたりの排出量は減少しているとはいえ、人口が1億2000万人を超えていることから、総排出量では世界有数の排出上位国となっています（国別では、中国、アメリカ合衆国、インド、ロシアに次いで日本は第5位）。

京都議定書の基準年である1990年と比べてみると、工場などの産業部門や工業プロセスでは取り組みの成果が見てとれます。しかし、業務その他部門と家庭部門の二酸化炭素排出量は著しく伸びています。もちろん、産業の空洞化で工場が閉鎖された一方で、サービス業などの第三次産業で働く人々が増え続けていることもあるでしょう。しかしながら第三次産業の人口や生産額の伸び方からすると、尋常ではない二酸化炭素排出量の伸びです。

背景には、今日の私たちの生活に欠かすこと

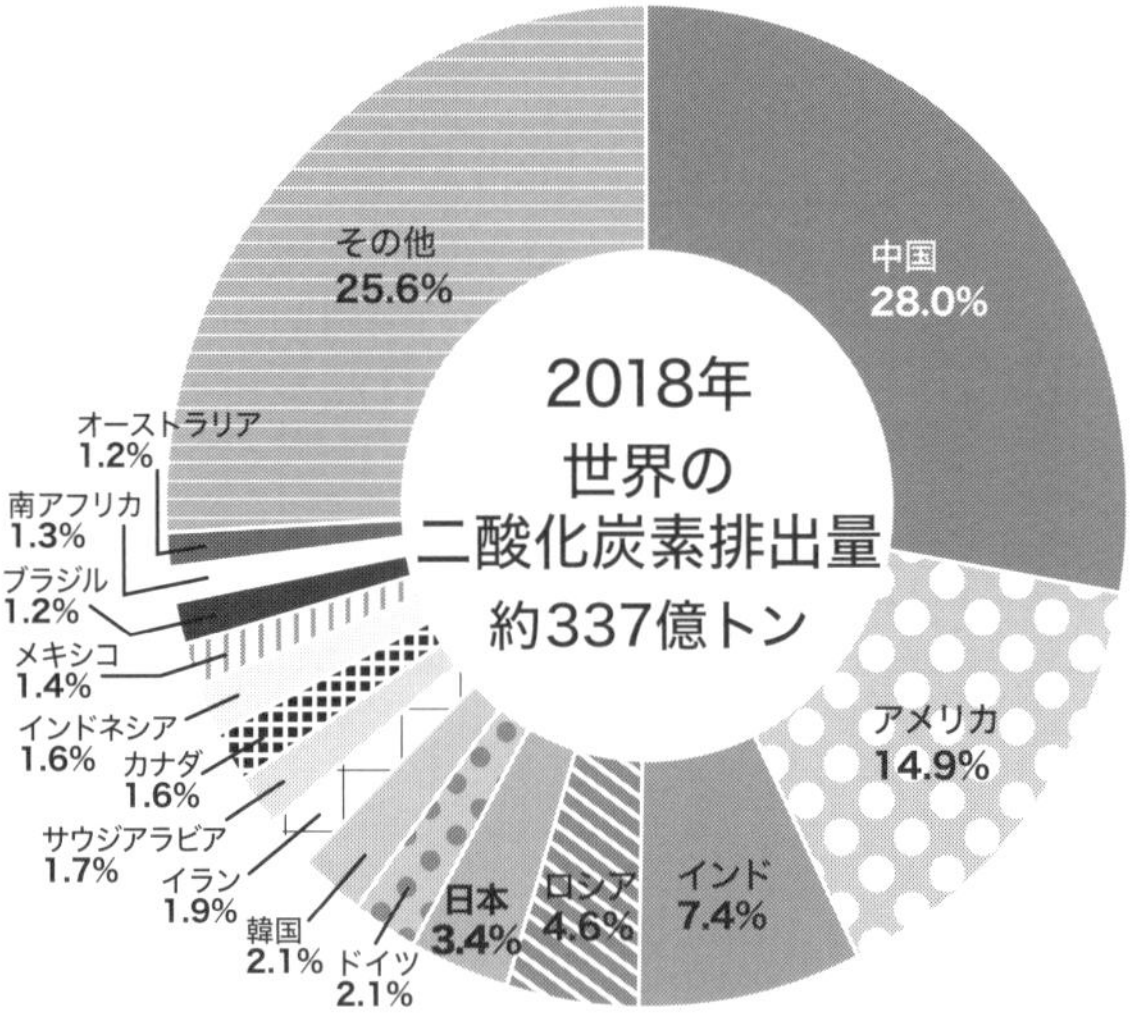

4-7　世界の国別二酸化炭素排出量（2018）　〈全国地球温暖化防止活動推進センター〉

ができない、パソコンと携帯電話の普及があるのです。Windows95やWindows98というＯＳの登場によって、パソコンは一気にオフィスや家庭へと普及しました。当然、これらの電子機器を動かすには電気が必要ですから、今までは存在しなかった電力需要が生まれたことになります。二酸化炭素排出量は、電力を作り出している発電源にさかのぼって算出されるため、化石燃料を利用する火力発電中心の日本では、発電からの二酸化炭素排出量が多くなってしまうのです。２０１１年の東日本大震災以降、総発電量のうち約４分の１を占めていた、発電段階では二酸化炭素を排出しない原子力発電所が停止しました。その結果、電力に依存する業務その他部門や家庭部門では著しい増加を見ることになりました。

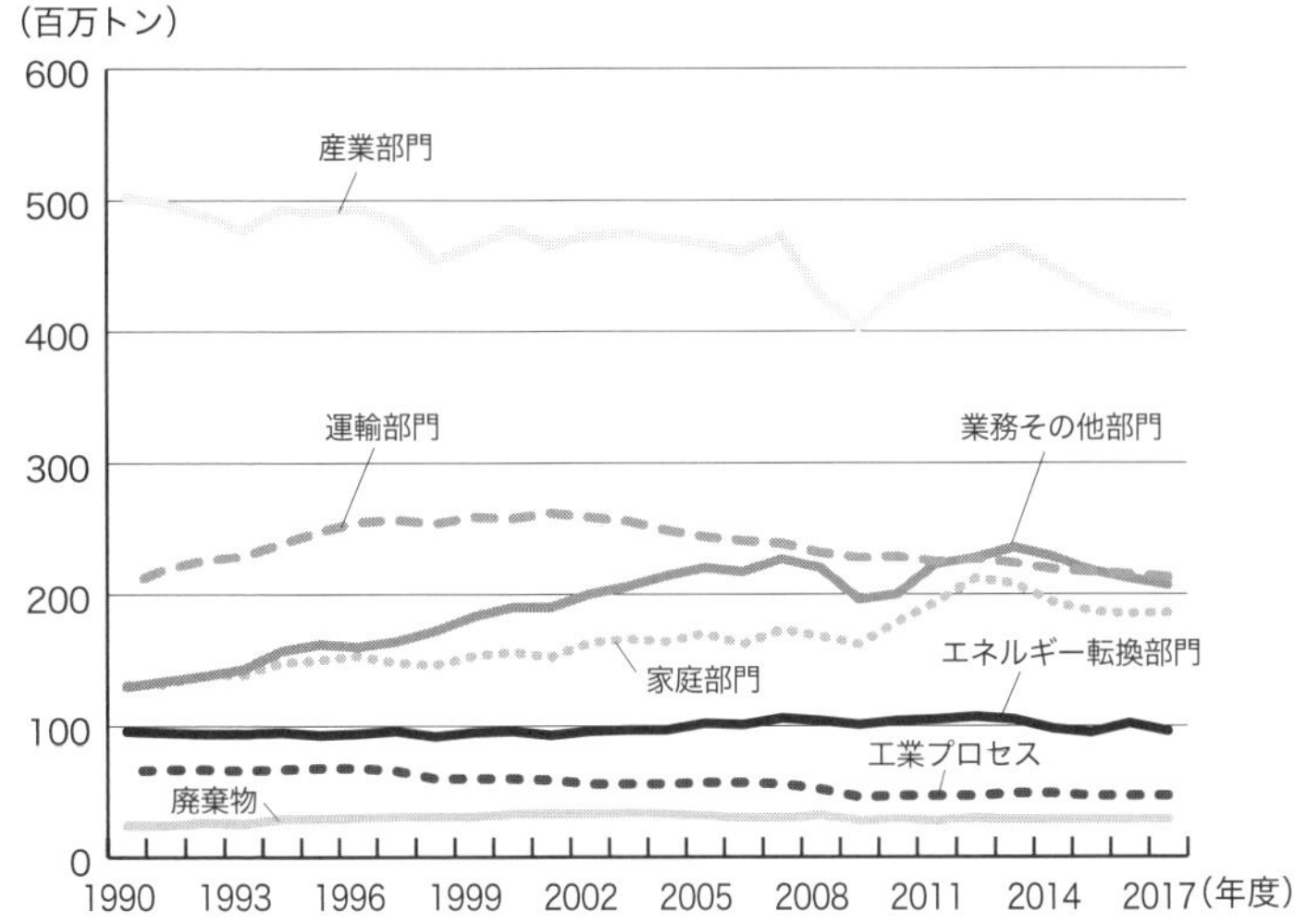

4-8 日本の部門別二酸化炭素排出量の推移 〈全国地球温暖化防止活動推進センター〉

◉京都議定書はどこへ行ったのか……

最近、耳にする機会がめっぽう減ってしまった感があるのが、京都議定書です。1997年に日本の京都で開かれた、気候変動枠組条約の第3回締約国会議で取り決められた、簡潔に言えば先進国に排出削減目標を義務化しようという試みです。1990年を基準年として、第一約束期間の2008~2012年までに、先進国全体では5・2%、アメリカ合衆国は7%、日本は6%、EUは8%の温室効果ガスを削減しようというものでした。2005年のロシアの批准を受けて、京都議定書は発効しましたが、発効当初から問題を抱えていました。それは、当時の世界最大の排出国であるアメリカ合衆国が批准せず離脱し、また、現在の世界最大の排出国である中国は、京都議定書は批准しているものの途上国扱いで、排出削減義務が課せられていないことです。この2か国だけで、世界の排出量の4割以上を占めているわけですから、野心的な取り組みとして期待された京都議定書は、形骸化しているのではないかと言われるようになっていました。そのような中にあって、日本は東日本大震災を経験しました。

当然、日本「国内」の排出量は、1990年比でマイナス6%どころかむしろ増加してしまいました。しかし、第一約束期間の目標はかろうじて達成しました。これは、「京都メカニズム」と呼ばれる、排出削減義務を課せられた先進国が金銭で排出量を売買できる排出量（権）取引や、途上国への援助によって削減された排出量を自国の排出量に割り当ててよいとする仕組みなどを活用した結果でした。どちらにしても、国内での排出削減努力を怠る可能性はありますが、温暖化という地球全体の問題として考えた場合には、特に後者のやり方は効果が大きいことは間違いありません。

2015年末に、京都議定書に代わる2020年以降の地球温暖化対策として採択されたのが、パリ協定です。196か国・地域が参加し、京都議定書にはなかった具体的な地球上の平均気温の上昇抑制目標が定められました（産業革命以前からの世界の平均気温の上昇を＋2℃未満、＋1・5℃以内にも努力する）。また達成義務はないものの、発展途上国も含めたすべての国・地域が自らの削減目標を作成・提出する義務を負うことになりました。この点は、京都議定書から大きく進歩しました。例えば、EUはGDPあたり二酸化炭素排出量を、2030年までに1990年比で40％削減、アメリカ合衆国は2025年までに2005年比26〜28％削減、中国は2030年までに2005年比で60〜65％削減（数値は大きいが、成長が続く同国の排出量は当面増加の可能性が高い）、日本は2030年までに2013年比で26％の削減（原子力の比率を全発電量の20〜22％、再生可能エネルギーを22〜24％）を目指します。しかし、既にアメリ

排出量取引	先進国が割り当てられた排出量の一部と取り引きできる仕組み。
共同実施	先進国同士が共同で削減プロジェクトを行った場合に、それで得られた削減量を参加国のあいだで分けあう仕組み。
クリーン開発メカニズム	先進国が途上国において削減・吸収プロジェクトなどを行った場合に、それによって得られた削減量・吸収量を自国の削減量・吸収量としてカウントする仕組み。

4-9　京都メカニズム　〈環境省資料より〉

カ合衆国は、２０１７年に離脱を表明（正式離脱は２０２０年11月以降）し、日本は福島第一原子力発電所の事故の影響からほとんどの原子力発電所が停止したため、代替された火力発電によって大量の二酸化炭素が排出されていた２０１３年を基準年とするなど、参加国・地域によって取り組みへの温度差が出始めています。既に「環境後進国」とまで言われるようになってしまった日本が、再び「環境先進国」としてリードする日がやってくるのを願ってやみません。

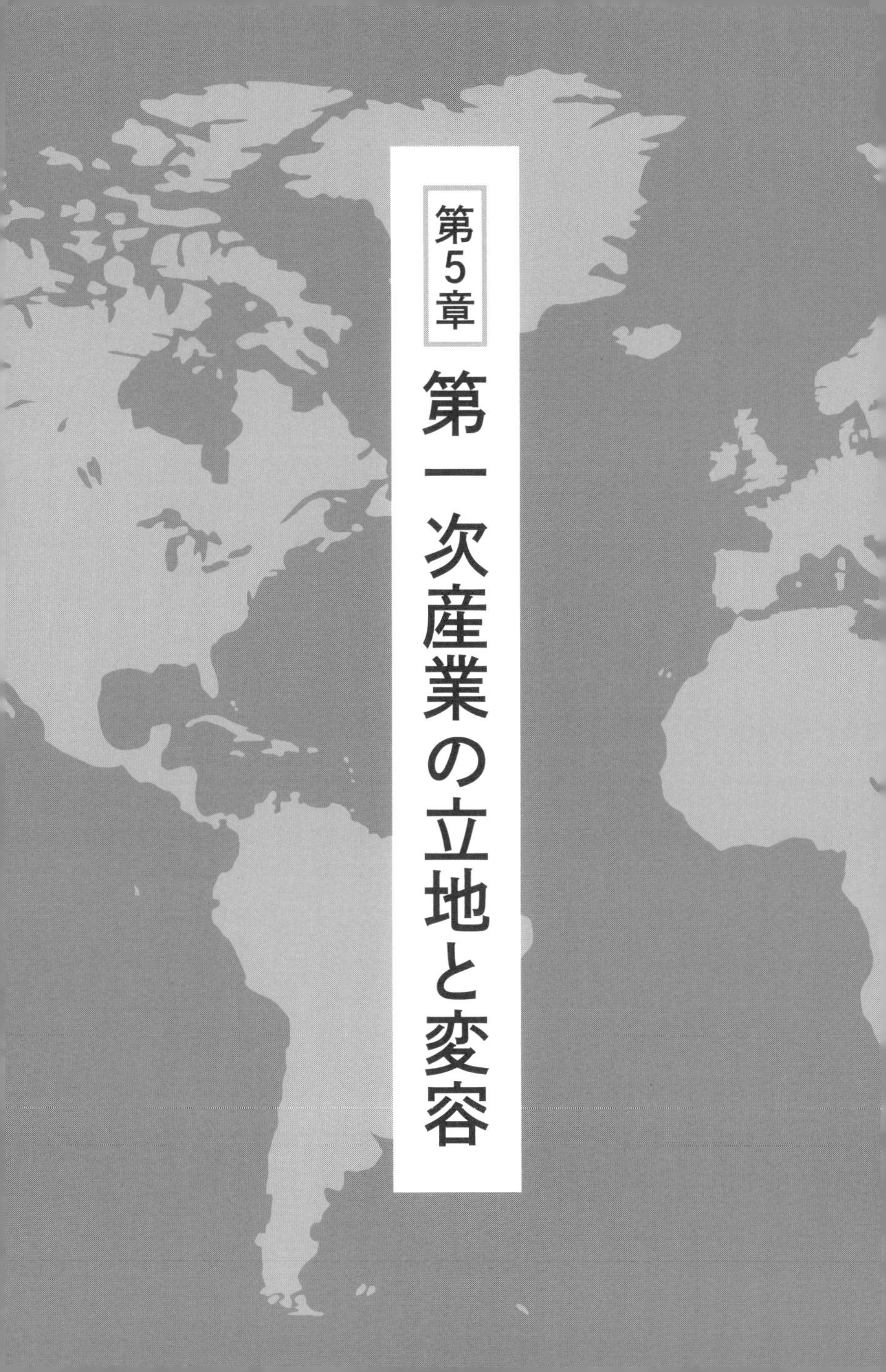

第5章

第一次産業の立地と変容

1 主な農作物の特徴

米料理はアジアだけじゃない！　環境か経済かで翻弄されるトウモロコシと大豆

1　三大穀物と大豆の特徴

◉変わる農牧業

最近の入試問題では、以前見られたようなホイットルセー（アメリカ合衆国の地理学者）の農牧業地域区分（図5－1）に基づいた出題が見られなくなってきました。理由は、その区分と現在の農牧業地域には、ズレが生じ始めているからです。

例えば、遊牧という言葉があります。遊牧とは、「家畜の餌や水を求めて、水平移動する牧畜」のことを言います。つまりは人は定住せず、移動式住居で生活することになります。しかし遊牧地域では、都市生活のような利便性を求めて定住する人も増えてきました。そのため、純粋な遊牧を行っている地域は減ってきているのです。試験でも以前は「遊牧」と表現していた場所も、現在では「放牧」と、かなり広義の言葉を使って表現せざるを得ない状況になってきており、農作物や家畜等の統計からどのような農牧業かを考察させる問題が増えているようです。そこでこの節では主な農作物についてご紹介してみたいと思います。

◉米

まず三大穀物と呼ばれるもののうち、私たちの生活に最も身近な米からご紹介していきましょう。

米の原産地は、中国雲南地方からインドのアッサム地方とされ、栽培に適した気候は高温多雨、特に年降水量が1000㎜以上と言われます。日本の場合、平均気温が約17℃、平均降水量が約1700㎜なので、米の栽培には好適であったことがわかります。ちなみに世界の米の生産量は、モンスーンアジア（東～南アジア）で9割と、生産地域には大きな偏りがあり、そのほとんどがアジア地域で消費

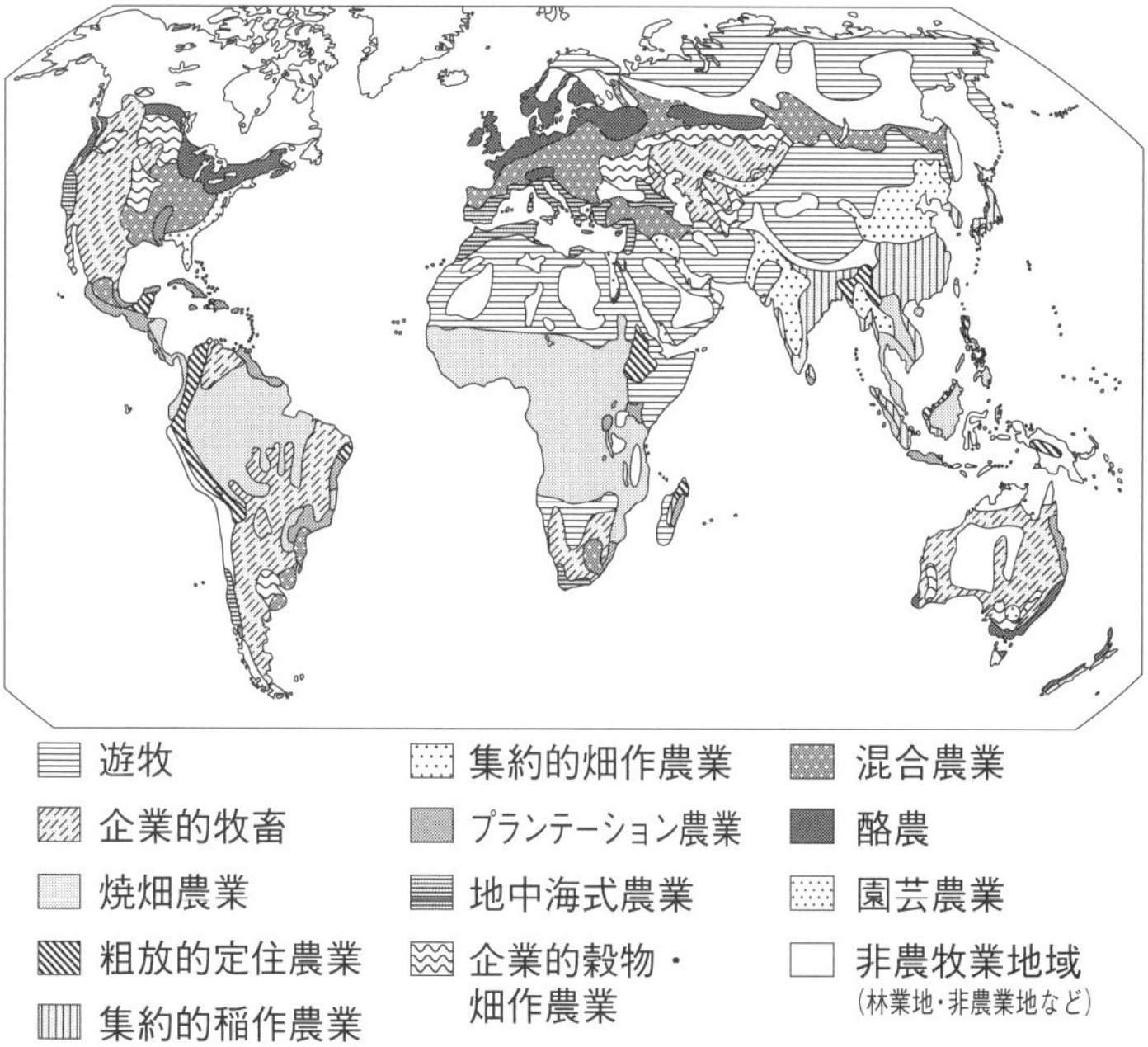

5-1　各農業地域と主な作物・家畜

されるため、貿易量は三大穀物中最少です。そのため、自給的作物などと呼ばれます。また、米は主食になる穀物ですから、生産上位国は、中国（約14億人）、インド（約13億人）、インドネシア（約2・5億人）と、アジアの人口順となっています。もちろん日本の伝統文化を語る上でも米は欠かすことができません。意外と忘れがちですが、全国各地で行われているお祭りも、米を中心とする五穀豊穣を願うものが多いことが知られています。もし私が外国の方から世界遺産に登録された「和食」の特徴の説明を求められたら、「主食の米に合う主菜・副菜、米から作った日本酒・調味料を利用するなど、米を中心とした料理」と、きっと伝えるだろうと思います。何でも米に結びつけるのはよくないのかもしれませんが、そう伝えたくなるのは私だけでしょうか。

さて、米食文化圏は、アジアは当然として、他にどこが挙げられるでしょう。おそらく読者の多くが、リゾット（米をバターで炒め、ブイヨンを加えて雑炊風にしたもの）やドリア（ピラフなどの上にホワイトソースをかけ、オーブンで焼いた料理）を食べるイタリア、パエリア（パエーリャ。米・肉・魚介・野菜などをオリーブ油で炒め、サフランで色と香りをつけて炊いたもの）で有名なスペインを挙げられるのではないかと思います。では一歩踏み込んで、アジアとヨーロッパ以外で他にはどこが挙げられるでしょうか。実は中南米諸国も米食の文化圏になります。この背景にあるのは、旧宗主国であるスペインやポルトガルの影響です。食文化が植民地化によって広まったからです。そのため、米の生産・輸出の上位国を見てみると、ウルグアイ、ブラジル、アルゼンチン、パラグアイといった南米の国々が挙がってきます。もちろん現地で独自の進化を遂げた米料理もたくさんあります。

●小麦

続いて小麦です。小麦は、西アジア原産とされ、栽培に適した気候は、冷涼乾燥で年降水量が500～750㎜と言われています。小麦は欧米諸国を中心に全世界で主食となっているため、貿易量は三大穀物の中で最大です。小麦の生産量も、1位と2位はそれぞれ人口大国の中国とインドですが、その他の生産上位国は欧米諸国（フランス、ロシア、カナダなど）が中心となっています。また小麦は、種を播く時期の違いから晩秋に種を播き初夏に収穫する冬小麦と、春に種を播き晩秋に収穫する春小麦に分けられます。その結果、一年中世界のどこかで小麦が栽培・収穫されており、小麦の安定供給につながっています。

米と同様に旧宗主国の食文化の影響が残った国としてベトナムが挙げられます。ベトナムは、ほとんど小麦を栽培できる環境下にありませんが、旧宗主国のフランスの影響で、バインミーという、フランスパン（バゲットが多い）を使ったサンドイッチが街中で売られている光景をよく目にします。東南アジア料理には欠かせないパクチー（コリアンダー、シャンサイ）が、具材と一緒にパンに挟んであるのも大きな特徴です。

日本で小麦栽培が始まった時期は定かではありませんが、弥生時代には既に小麦を食べていたようです。うどんやきしめんといった麺は、中国から製法が伝わってきました。そして、日本で独自の進化を遂げたラーメンや総菜パンが、現在、小麦文化の本場であるヨーロッパの人々に受け入れられつつあるとのいうのも興味深い話です。

●トウモロコシ

原産地は熱帯アメリカとされ、温暖湿潤地域を中心に栽培可能範囲が広い作物です。原産地の一つとされているメキシコは、現在でもトウモロコシを粉状にして、薄焼きにしたトルティーヤなどが有名です。

生産量の国別占有率は、アメリカ合衆国が約3割、中国が約2割となっており、流通量のうち約8割が飼料用、残りがアフリカ諸国などでの食用となっています。そこで、現在指摘されているのが、バイオエタノールの増産が引き起こす食料供給不足の問題です。世界最大の生産量を誇るアメリカ合衆国では、バイオエタノールの原料にトウモロコシが優先供給されるため、飼料用や食用への供給量が減少した結果、畜産品の価格上昇や、トウモロコシを主食とする地域において、供給不足による飢餓の可能性も指摘されています。

また中国では、2008年のリーマンショックによる世界金融危機で、トウモロコシ価格が大幅に下落（約半値まで低下）しましたが、その対応策として、2016年まで「備蓄政策」がとられました。これは、政府が主産地の東北地方でトウモロコシを買い取り、備蓄する保護政策です。その結果、中国ではトウモロコシの著しい増産によって、農地拡大による森林破壊や大豆からの転作による大豆生産量の減少、そしてトウモロコシの余剰在庫による政府の財政負担といった新たな問題を招いてしまいました。そのため、中国は大豆の輸入が激増し、現在では世界全体の輸入量の約6割を占めるという、異常な事態となっています。

日本は世界一のトウモロコシ輸入国であり、自給率は0%です。日本ではトウモロコシは、主に家畜の飼料作物やコーンスターチなどの工業原料として利用されています。ちなみに私たちが茹でたり、焼いたりして直接食する「トウモロコシ」はスイートコーンのため、穀物ではなく野菜の扱いとなります。

◉大豆

原産地は東アジアとされ、栽培に適した気候は、熱帯から寒冷地までと広いです。また、やせ地にも強く、農作業の負担が小さい作物とも言われています。生産量の上位は、アメリカ合衆国（約3割強）、ブラジル、アルゼンチンの順で、南北アメリカで世界の8割以上を生産しています。最近では前述のとおり、急速な経済成長を遂げ、食生活が欧米化しつつある中国での油糧種子《ゆりょうしゅし》需要の増大や、1996年から栽培が始まった遺伝子組み換え種の普及により、単収が増加していることになどで、大豆は増産傾向にあります。

遺伝子組み換え作物とは、遺伝子組み換え技術によって品種改良された作物のことで、害虫や農薬に強い品種を中心に、収量の高い品種、乾燥・塩害に強い品種など様々な種類がありますが、いわゆる高収量種の一つです。そして従来の掛け合わせによる高収量種よりも、時間を大幅に短縮して作物を作り出すことができます。これにより作物の増産につながることは間違いありませんが、一方で自然界の作物には本来含まれていなかった物質が作られることになるため、人体への悪影響や生態系への影響が懸念されています。そのため、国や地域によって、遺伝子組み換え種の導入には判断が分かれています。大規模に、とにかく効率を最優先に作物の生産を行う、新大陸のアメリカ合衆国やブラジル、アルゼンチンは導入に積極的です。アメリカ合衆国では既に大豆やトウモロコシ、綿の栽培面積の約9割が遺伝子組み換え種となっています。ただし、人間が主食として直接口にする小麦や米は、遺伝子組み換え種をほとんど導入していません。一方で日本やEUは、遺伝子組み換え作物の栽培には消極的です。また、遺伝子組み換え作物や食品に対する直接的な輸入制限は、各国ともほとんどありませんが、食品に対する表示義務による規制は存在します。特に厳しいのはEUです。遺伝子組み換え食品等のすべてを表示対象（日本は農産物8品目、加工品33品目のみ。2020年現在）として、最終製品のDNAやタンパク質の残留量に関係なく、遺伝子組み換え飼料、主要原材料に限定せず、すべてを表示義務の対象としています。ただし、日本で見るような「遺伝子組み換えでない」という、遺伝子組み換えでない食品についての表示規定はありません。読者の中でヨーロッパでの暮らしが長い方は、「遺伝子組み換え使用」のような表示は見たことがない、という方も多いかもしれません。それは、EUでは表示が義務づけられるようになった結果、もともと遺伝子組み換え食品に対する抵抗感が根強い消費者が多かったため、多くの食品加工業者や外食業者が、遺伝子組み換え作物を自覚的に使用しないようにしたからだと言われます。

ちなみに前述したとおり、大豆の輸入量は中国がダントツの世界一なのですが、他に油を抽出できる作物がある中で、中国がなぜ大豆を大量に輸入するのかというと、「一番おいしい」作物だからです。大豆は搾ると油成分を抽出できるだけでなく、搾りかす（大豆ミール）は高タンパクな飼料作物にもなります。同じ飼料作物のトウモロコシよりも価格は高いですが、家畜の肥育にも好適です。中国では食生活の欧米化による前述の油糧種子需要に加え、肉食需要も増大し、高品質化の需要も高まっていることから、大豆を大量に輸入するようになっています。

2 主なプランテーション作物の特徴

●プランテーション作物とは？

プランテーション作物とは、主に熱帯・亜熱帯で栽培される嗜好品や工芸作物のことで、欧米諸国による植民地化によって広まったとされる作物です。

●コーヒー豆

私も毎日飲んでいるコーヒーについてです。コーヒー豆の原産地はどこかご存じでしょうか。それは、エチオピアのカッファ地方です。「カッファ」という地名からもわかるとおり、「コーヒー」の語源ともなったと言われる場所です。正確には、コーヒー豆は大きく分けて2種類あり、そのうちの一つであるアラビカ種という高級種の原産地です。ちなみにもう一種類はロブスタ種と呼ばれるものです。現在世界最大の生産国はブラジルですが、ブラジルは栽培が難しいとされるアラビカ種の栽培に極めて好適だったこともあり、ポルトガルの植民地時代にコーヒー豆の栽培が急増しました。ちなみにその栽培条件の気候は、生育期には高温多雨ですが、年平均気温は16~22℃と、あまり高すぎてもいけません。また、年降水量1000~3000㎜で、収穫期には乾燥が必要となります。そして排水良好かつ日較差が大きい高原が良いとされます。これを聞くだけで、栽培が難しいのがよくわかるでしょう。

今後、コーヒー豆の生産国順位が大きく変わる可能性があります。世界一のブラジルを脅かしつつあるのが、東南アジアのベトナムです。ベトナムは、もともとフランスの植民地だったこともあり、コーヒー豆の栽培が拡大（1887年~）しました。フランス人といえば「パンとコーヒー」というイメージがありますが、そのようになったのは、フランスではかつて朝からワインが飲まれていたため、覚醒効果がある濃い目のコーヒーを飲む習慣ができたからと言われます。そのため現在でもベトナムでは、一般に味が濃く、風味が少ないロブスタ種を栽培しています。現地ではコンデンスミルクを入れて飲んだり、観光客向けに香り付けをしたフレーバーコーヒーが売られたりしています。

また、近年のベトナムにおけるコーヒー豆の生産拡大は、1986年から導入されたドイモイ政策で、農民の生産意欲が向上したことが背景にあります。ただ、ベトナムで栽培されるコーヒー豆は、先述のとおりインスタントコーヒーや缶コーヒー用の低価格なロブスタ種が主流です。このようなベトナムのコーヒー豆の栽培は、数十年後には大きく変わっているかもしれません。現在、ベトナムでは、政府支援の下、ネスレの指導で栽培法を改善したり、より高付加価値なアラビカ種のコーヒー豆の栽培を始めたりしています。量だけでなく質の点でもナンバーワンを目指す取り組みが始まっています。

●カカオ豆

カカオ豆の原産地は熱帯アメリカとされ、ギリシャ語の「テオブロマ・カカオ」に由来し、意味は「神様の食べ物」です。原産地であったメキシコに栄えていたアステカ国では、古代に王が飲んでいたとされ、貨幣の代用品として使われるほど貴重なものであったことからそう呼ばれるようになったとのことです。現在、カカオに含まれるポリフェノールが、血圧低下などの効果があるとされていることも、アステカ族の人々は古くから知っていたのかもしれません。

現在の主産地は、アフリカのギニア湾岸諸国となっています。植民地化の歴史の中で新大陸から持ち出され、同様の気候が見られるところで栽培されたのです。世界最大のカカオ豆生産国は、コートジボワールですが、日本は、同じギニア湾岸諸国のガーナから多く輸入しています。舌が肥えている日本の消費者を満足させるため、高品質なカカオ豆を多く生産するガーナ産でなければいけないからだそうです。

栽培に適した条件は、年平均気温27℃以上で、おおよそ南北20度の範囲内（「カカオベルト」）です。また、日除けや風除けのための「母の木」（シェイドツリー）が欠かせません。

カカオ豆の貿易統計で注目したい国があります。それはオランダです。オランダは輸出でも輸入でも上位に顔を出しています。もちろんオランダ国内の気候条件を考えると、カカオ豆など栽培できるはずもありません。ただ、17世紀に設立された世界初の多国籍企業と呼ばれる「オランダ東インド会社」を有したオランダには、現在でも世界的な多国籍企業が多くあります。その中で日本でも目にするココアのブランドに、「バンホーテンココア」というのがあるのをご存じでしょうか。「バンホーテン」は、もともとカカオ豆からココアパウダーを抽出すること（「ダッチプロセス」）に成功した、創業者の名前に由来したオランダの世界的食品会社の名です。そのオランダの植民地であったのがインドネシアです。インドネシアは、栽培適地であったため、オランダの植民地時代からカカオ豆のプランテーションが行われてきました。その関係から、オランダはインドネシアからカカオ豆を輸入し、チョコレートで有名な隣国のベルギーなど欧米諸国へ輸出したりしているのが、統計に表れているのです。

実は現在日本では、カカオ豆の本格的な商業生産を目指す取り組みが行われています。チョコレート菓子などをOEM製造している平塚製菓を中心としたグループが、亜熱帯性気候の広がる東京都小笠原諸島の母島で栽培を行っています。

●茶

茶の原産地は中国の南部(～インド北東部)とされています。そのため世界では、中国の言葉を語源とする二つの言い方しかないと言われます。北京語・広東語での「cha(チャ、チャイなど)」と、茶の生産地として知られる福建(フーチエン)省厦門(アモイ)の方言での「te(ティー、テなど)」です。主に北方や広東(コンワントン)省から広がったアジア地域では、日本を含め「cha(チャ、チャイなど)」の流れをくみ、オランダの東インド会社が拠点としていた厦門(アモイ)から伝わったヨーロッパ地域においては、「te(ティー、テなど)」の流れをくんでいます。

栽培には、高温多雨で、排水良好な傾斜地や高原・台地が良いとされています。茶は日本でも栽培されているとおり、他のプランテーション作物と比べると、比較的気温が低い環境下でも栽培可能です。日本における本格的な茶の栽培は、鎌倉期に中国より持ち込まれて始まったとされています。そして今日までに、茶は日本文化にすっかり定着しました。日本で茶栽培が盛んな場所といえば、静岡県の牧ノ原台地が知られています。牧ノ原台地に限らず日本の茶畑には、上部に扇風機の羽根のようなものが付いた柱が何本も立っている風景を目にします。この柱の目的は、地元の方であればよくご存じかと思いますが、茶は霜に弱いため、上層の比較的暖かい空気を防霜《ぼうそう》ファンで地表近くに送ることで、霜を付きにくくしているのです。ファンを下方ではなくあえて上方に付けているのは、大気の性質を考慮してのことなのです。

5-2　防霜ファン

2 林業

花粉症が広まった背景、割り箸は善か悪か

1 日本の林業

◉花粉症が広まった背景

日本は国土面積の約3分の2が森林に覆われており、世界的に見てもかなり割合が高いと言えます。一般に森林面積の割合が高い国は、人口が少ないと言われます。例えば、古くから森林保全や植林に取り組んできた北欧のフィンランドやスウェーデン、熱帯雨林が生い茂る赤道付近に位置するブラジルやコンゴ民主共和国などが挙げられます。ではなぜ、人口の多い日本は森林面積の割合が高いのかを考えてみたいと思います。

時は、1950年代後半から始まった高度経済成長期にさかのぼります。日本はこの時代、地方から働き口を求め、東京・大阪・名古屋という三大都市圏へと大量の人口が流れ込んでいました。その結果、住宅不足から、郊外を中心に宅地開発が急速に進められました。その際、国内の木材が住宅資材として大量に伐採・利用されていきました。

しかし、当時は戦後に植林された伐採適齢期ではない若木も多く、国産材だけでは不足し

がちとなり、1963年に外国産材の輸入が自由化されます。一方、日本では伐採された跡地に、将来の需要を見越して植林が同時に進められました。その際、多く植林されたのが、針葉樹のスギでした。針葉樹は一般に軟木が多く、加工しやすいことから付加価値が高いとされます。特に、真っ直ぐに伸びるスギは、針葉樹の中でも薪炭材から建築材まで用途が広く、生育も他と比べると早いため選ばれたのでした。

ところが、輸入自由化された外国産材の価格があまりに

国名	森林面積割合（%）	木材伐採高（千㎥）		うち針葉樹の割合（%）
		用材	薪炭材	
日本	66.1	17193	88	85.6
ザンビア	65.9	1325	9119	1.6
コンゴ民主共和国	65.9	4592	76602	0
フィンランド	65.5	45977	4975	79.6
スウェーデン	62.6	64300	5900	90.5
パプアニューギニア	62.4	4476	5533	0.6
マレーシア	62.1	19702	2810	0.9
ブラジル	61.3	128400	143101	18.3
ペルー	53	1352	7338	0
インドネシア	49.9	54106	59743	0.2
ロシア	47.3	132800	40200	65.6
カナダ	31.1	129558	2903	85.4
ドイツ	31	45388	9031	78
ニュージーランド	30.9	21956	0	97.6
アメリカ合衆国	30.9	300218	40437	61.3
中国	21.3	102428	188823	48.7
インド	20.8	23192	309307	3.7
オーストラリア	19.4	25133	4655	48.6

5-3　主な国の森林面積割合と用途別・樹種別木材伐採高（2010年）

〈『世界国勢図会』矢野恒太記念会より〉

も安かったため、専業農林家の林業離れがよりいっそう進み、植林されたスギの木は伐採されず放置されてしまいます。また、里山を実質的に管理していた山村の過疎化による人手不足・高齢化も事態を深刻化させました。スギは15～20年で伐採適齢期に入り、30年頃に最も多くの花粉を飛散するとされていますが、1976年と1979年に花粉症が社会問題化します。そして1990年代には、花粉症が「国民病」として定着することになりました。前述のとおり、スギが大量に植林された時期と対応することがよくわかります。

また、花粉症は都市部において顕著とされますが、その理由の一つには、アスファルト舗装やコンクリートなど人口構造物の被覆率の高さが挙げられます。地表が植生や土の場合には、花粉を吸着したり、土中へ染み込んだりするため、花粉の再飛散が少なくなります。ところが人口構造物の場合には、雨水等で地表が洗われない限り、花粉は再飛散を繰り返すため、私たちとも接触する機会が自ずと増えるわけです。

●割り箸は悪か善か

1990年代から2000年台に、マイ箸ブームというのがありました。それまで、ライフスタイルの変化から外食が増えた結果、日本人は割り箸を大量消費するようになっていました。そうした状況のなか、国民の環境問題への意識の高揚で、材料となる木材を大量伐採し荒廃してしまった海外の森林の惨状を嘆き、割り箸を利用するのをやめて、外出時にも箸を持ち歩こうということになったのです。ちなみに現在、日本が輸入している割り箸のほとんどが中国製です。

また、外食産業に対しても国民の目線が厳しくなり、割り箸から洗い箸に切り替えたところも増えました。確かに割り箸の大量消費は、環境破壊の一面があることも否めません。ただ、国内産の木材（切れ端材）を利用した割り箸生産は、私たちの命を守ることに少なからず貢献していることにも焦点を当ててみたいと思います。

前述のとおり、日本の森林は手つかずのまま放置され、「緑の砂漠」と呼ばれるまでに至っています。森林の密度が高くなると日光が地表に届きにくくなり、土中の養分生産力が乏しくなります。また、少ない養分を多くの樹木で奪い合うため、多くの樹木が栄養不足で枯死に瀕してしまうのです。さらに、植林された樹木は、年中、葉を生い茂らせる常緑の針葉樹が多いため、土中からの水分吸収が多くなります。それが「緑の砂漠」と呼ばれる所以です。

「健康な森林」を維持する方法の一つが間伐です。間伐とは、樹木を適度に伐採し、日光を地表に届きやすくしてあげる方法です。つまり間伐は、森林を維持していくために必要不可欠な伐採なのです。古くは薪を採取するために、無意識的な間伐が持続的に行われてきました。ところが現在では、化石燃料へと燃料の主役が代替された結果、間伐があまり行われなくなってしまいました。

ちなみに、割り箸へのイメージの誤解があるのかもしれませんが、割り箸に利用される木材の多くは、熱帯地域のものではなく、カナダやロシア、アメリカ合衆国の針葉樹のものです。それらが安価な労働力を豊富に持つ中国へと輸出され、中国で加工されて日本にやってきているのです。見方を変えれば、割り箸は中国での雇用を生み出しているということもできます。割り箸を悪とするか善とするかは各自の自由としても、世間の風潮に流されるのではなく、自分自身で確かめ考えて行動ができるようになるためにも、地理の学習というのは素晴らしいツールであると信じて止みません。

3 水産業

回転寿司普及の背景、人気の寿司ネタがマグロからサーモンへ

1 水産業

●好漁場となる場所

魚食嗜好が強いとされる私たち日本人ですが、好漁場となる場所は？と問われると、多くの方が水揚げされた漁港近くの地名や都市名を答える程度で、なぜ好漁場となったのかを知っている方は少ないと思います。

好漁場となるところには、大きく分けて二つあります。一つは潮目（潮境）と呼ばれる場所です。潮目（潮境）とは、海水温の異なる寒流と暖流がぶつかる場所で、特に寒流の海底には栄養塩類が豊富に存在しています。そのため、ぶつかった際に生じた渦流によって、栄養塩類が表層に湧昇し、魚の餌となるプランクトンが発生しやすくなります。また、暖流魚と寒流魚という異なる種類の魚が集まりやすいことも好漁場となっている一因です。

もう一つはバンク（浅堆《せんたい》）です。バンクとは、大陸から地続きで、かつ水深が２００ｍ以浅の、大陸棚の中でもさらに浅い場所を指します。大陸棚は、海底が浅いため海底まで太陽

光線が透過し、酸素やプランクトンに恵まれています。また、大陸の沿岸から河川水によって運ばれた栄養塩類が豊富に供給されるため、漁業資源に恵まれるのです。大陸棚の中でもバンクは、地形的には高まりになるため湧昇流が生じやすく、よりいっそう栄養塩類が豊富になるとされているのです。

日本近海には、これら潮目とバンク（主に日本海側）が存在し、世界的な好漁場となっています。なかでも岩手県や宮城県の三陸海岸沖に位置する、寒流の親潮（千島海流）と暖流の黒潮（日本海流）との潮目は、世界屈指の好漁場とされています。

また、ブランド魚である「関あじ」、「関さば」が獲れることで有名な、豊後水道を含む瀬戸内海の水域も、潮目であることが好漁場の一つの要因となって

5-4　北西太平洋漁場　〈『図解地図資料』帝国書院より作成〉

います。寒流域とされる瀬戸内海には、中国・四国地方の陸上から豊富な栄養塩類を含んだ河川水が流れ込み、そこに太平洋側から暖流の黒潮が流れ込んでいます。黒潮は潮流が速いため、魚はその潮流に負けまいと運動量を増やすので身が引き締まった魚になると言われています。また、瀬戸内海の海底は凹凸が激しく、小規模なバンクのような地形が数多くあることも、好漁場となっている要因です。

●日本人はマグロよりサーモンが好き!?

次の順位は、マルハニチロ株式会社が発表した「回転寿司に関する消費者実態調査2018」による「人気ネタランキング」です。1位はサーモンです。

1位：サーモン　2位：マグロ（赤身）　3位：ハマチ・ブリ　4位：マグロ（中トロ）　5位：エビ　6位：イカ　7位：ネギトロ　8位：えんがわ　9位：イクラ　9位：ホタテ

このアンケート結果を見て、読者はどのように思われたでしょうか？「あれ？　マグロじゃないの？」と思われた読者も多いかもしれません。サーモンが好まれる点として、他の魚種と比べて調理法がバラエティに富んでいるため、味が飽きないということが挙げられます。しかしその理由だけでは、サーモンが人気ネタランキングで1位を獲得できないでしょう。おそらく、世代が上の方ほど、このアンケート結果に疑問を抱いたのではないかと思います。そもそも「サーモンなんて寿司ネタとして食べない！」という方が多いかもしれません。サーモンは、１９８０年代までは生魚として食べることはほとんどなかったからです。

しかし、ある国の取り組みがその状況を変えました。それは北ヨーロッパのノルウェーです。

ノルウェー近海には、暖流の北大西洋海流と寒流の東グリーンランド海流の潮目があり、好漁場に恵まれていました。そんなノルウェーは、１９８０年代以降、水産資源の減少や漁獲規制が厳しくなる中で、新規市場の拡大を目指し、国を挙げて養殖業を推進し、企業化や大規模化を進めていきました。特に日本市場向けには、これまで寄生虫の問題等で難しかった生食用のサケ・マスの輸出を可能にする

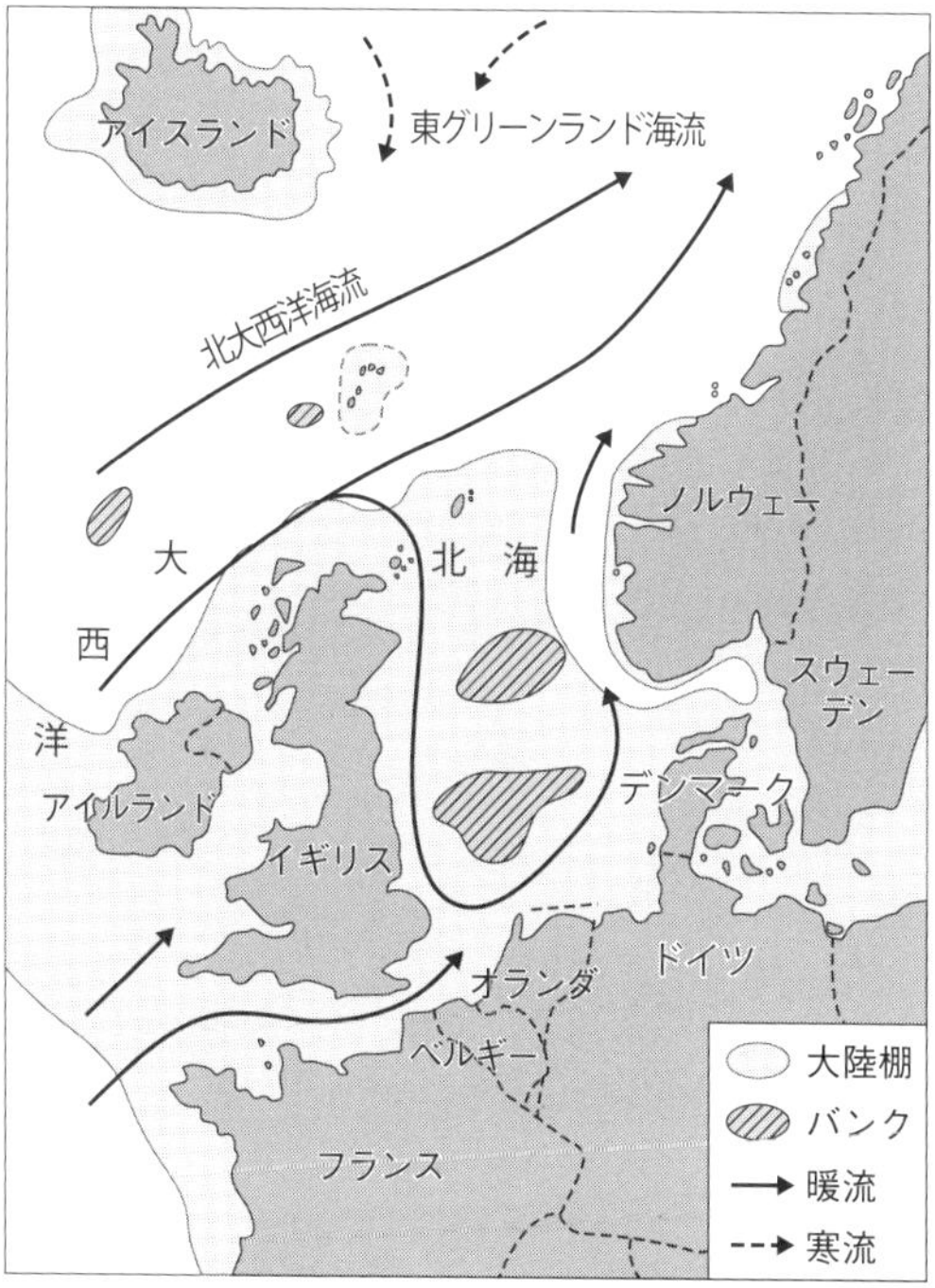

5-5　北東大西洋漁場　〈『図解地図資料』帝国書院より作成〉

など、徹底した衛生管理を行ってきました。こうして「ノルウェーサーモン」というブランドを確立することができました。日本人の好きな寿司ネタランキングで、サーモンがマグロを抜いて1位になったのは、ノルウェーのおかげと言っても過言ではないかもしれません。ちなみにノルウェーは、サバの養殖でも高い国際競争力を有しています。

また、回転寿司ではマグロの赤身と中トロがほぼ同じ値段で流れていることがあります。赤身よりも中トロの方が高級というイメージをお持ちの方は、「なぜ赤身と同じ値段で？」と思うかもしれません。背景にあるのは、マグロの畜養と呼ばれる養殖の手法です。畜養とは、本来は市場に出回らない若魚などを漁獲し、出荷前に生簀《いけす》などで短期間飼育することです。畜養場として、主にクロマグロを畜養する地中海（スペイン、クロアチア、マルタなど）や主にミナミマグロを畜養するオーストラリア、主にメバチマグロを畜養するメキシコ近海などが挙げられます。スーパーの鮮魚コーナーに置かれたパックのラベルには、これらの国をよく目にすると思います。畜養のマグロには大量の餌が与えられ、狭い生簀の中で飼われることで、脂身が多く作られます。そのため、ものによっては約7割がトロ部分になり、赤身の方がむしろ少ないマグロも育てられたりしているのです。これにより、寿司ネタとして不動の地位を持つマグロの安価な大量供給を可能にして、回転寿司を大きく普及させるきっかけになったことは間違いありません。しかし、畜養は前述のように、大量にサバなどを給餌するため、食物連鎖を崩し、天然の水産資源の減少につながるという問題や、畜養を行う海域にはいない餌となる外来種の魚介類の投下によって生態系の崩壊につながるという問題も抱えています。私たちの食の豊かさは、何らかの犠牲の上に成り立っているということも、知っておかなければなりません。既にマグロの大量消費国である日本に対する風当たりは厳しくなっており、天然のマグロだけでなく、畜養のマグロを含めた国際的な管理が進められています。

●居酒屋の定番が変わる!?

私の地元、北海道で、最もポピュラーな魚と言えばホッケです。1週間のうちに何度も食卓に並んでいたことを思い出します。焼ホッケはもちろん、ホッケのフライは北海道のスーパーで売られている定番のおかずです。

もちろん大衆居酒屋でも、焼き魚の定番と言えばホッケ！　とお答えになる方も多いように思います。ただ私は10年ほど前から居酒屋に行くと、「ホッケでこの値段？」、「このホッケ、ずいぶん小さくない？　脂ののりも悪いし……」と感じるようになり、正直最近は注文することとすらなくなりました。読者の中に同じご経験をされている方もいるのではないでしょうか。

もともとホッケは、北海道で乱獲によってニシンが激減してしまったため、代替魚として水揚げされるようになったものです。もちろん魚種によっては、環境要因も考えられますが、ここまで激減してしまった状況を考えると、ニシンやホッケの漁獲量の減少の主因は乱獲であることは否めません。残念なのは、近隣の国や地域での乱獲によって減少傾向にあるサンマのニュースはナショナリズムと相まって耳にするものの、日本国内での乱獲による水産資源減少のニュースはほとんど耳にしないことです。

このような経緯もあって、私が最近居酒屋でもっぱら注文する焼き魚と言えば、サバになりました。サバは近年日本近海で豊漁なこともありますが、養殖技術や後述のコールドチェーンと呼ばれる輸送・保冷技術の進歩もあって、海外産のサバが増えています。お店でも、以前よく見た締めサバが少なくなり、代わって生でサバが提供されることが増えています。またサバのように以前は生魚で食べることがなかった魚種の扱いが増えつつあり、衛生面に対する意識が薄れていることもあって、寄生虫の一つであるアニサキスによる食中毒の問題が生じるようになったとも言われています。

●減りゆく日本の漁獲量

日本はかつて世界一の漁獲高を誇ったものの、今日ではピーク時の3分の1近くまで減少してしまいました。第二次世界大戦後、日本の漁業が衰退に向かう大きな転機は2回ありました。

一度目は1973年です。この年は第一次石油危機が起こった年です。漁船は重油で動きますから、燃油代高騰の影響から、最も遠くまで船を出して漁業を行う遠洋漁業の漁獲高が著しく減少していきます。また、1960年代から急速に漁獲高を伸ばしてきた南米のペルーで、1970年代に入ってから著しい不漁が続き、その要因として、日本の漁船による乱獲と結びつけられてしまいました（漁獲量減少の要因は、海洋生態系の変動やエルニーニョ現象の影響もあったと言われます）。この時代、世界的に資源ナショナリズム（自国の資源を守ろうとする考えや動き）が高揚していたこともあり、ペルーなどの漁業国のいくつかは漁業専管水域を設け、外国船の締め出しを始めました。この影響で南東太平洋漁場での漁獲量が減少し、遠洋漁業の漁獲高が減少していきました。1970年代後半には、アメリカ合衆国や旧ソ連、カナダなど日本近海でも漁業専管水域を設定する国が拡大していき

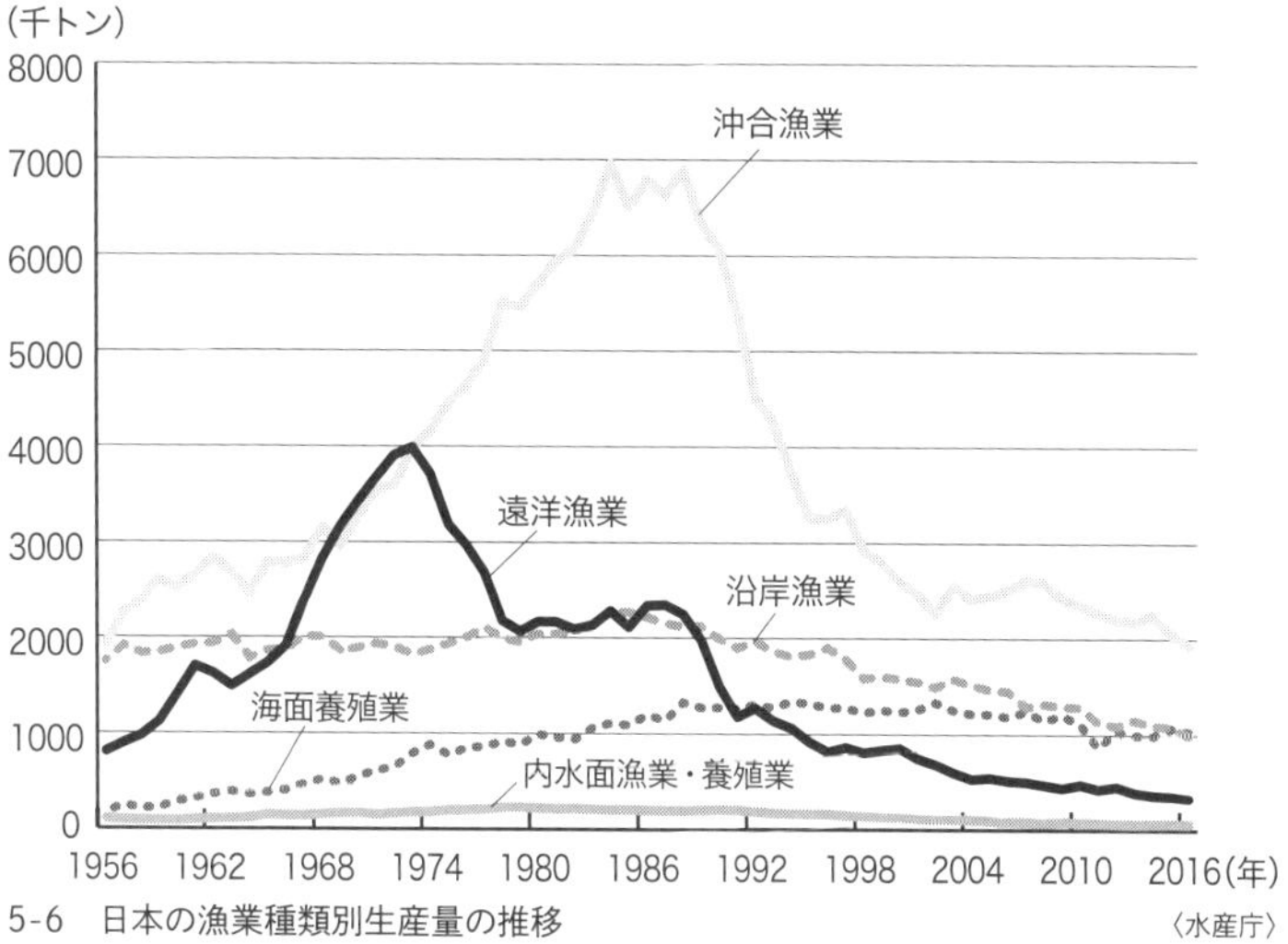

5-6　日本の漁業種類別生産量の推移　〈水産庁〉

ました。この時期を境に、漁業者は遠洋漁業が減少した分を補うため、日本の近海で漁をする沖合漁業を増やすことで、収入を確保しました。

しかし2度目の転機が訪れます。それが1980年代後半～1990年代にかけてです。この時期、1985年のプラザ合意によって円高が進行し、日本の業者は海外から割安な魚介類を入手することが可能になりました。また、コールドチェーンと呼ばれる、産地（水揚げ）から消費地までの一貫した保冷・輸送技術の発達により、海外産の魚介類を鮮度を保持したまま輸入できるようになったことも、日本の漁獲高減少の大きな要因です。さらに、これまで大量に水揚げされてきたマイワシが日本近海で大不漁に陥ります。気候・海洋変動、海洋生態系の変化に加え、やはり乱獲があったことは否めません。マイワシは、1988年のピーク時には約450万トンの漁獲量がありましたが、2005年には約2・8万トンと100分の1以下に急減しました（2016年は約37・8万トンと、2010年代からは回復傾向にあるが、ピーク時の10分の1程度）。1986年には商業捕鯨も禁止されました（調査捕鯨については1987年以降も継続中）。こうして、遠洋漁業は追い打ちをかけられて漁獲高が減少し、漁獲高の中心であった沖合漁業も減少を始めます。

そして1992年以降、母川回帰する遡可性魚類のサケ・マスなどは、公海においても母川のある国が漁獲権を有するという「母川国主義」により、日本付近の公海上でのサケ・マス漁も全面的に禁止されます。1996年には、日本がこれまで渋ってきた国連海洋法条約を批准したため、水産資源保護の観点からＴＡＣ（Total Allowable Catch、漁獲可能制限量）制度を実施するようになりました（対象魚種はサンマ、スケトウダラ、マアジ、マイワシ、マサバおよびゴマサバ、スルメイカ、ズワイガニの8魚種⇒全漁獲高の約5割。２０１８年からクロマグロも対象に）。こうしてさらに沖合漁業、沿岸漁業までも衰退していくことになりました。この影響が最も大きかったと言っても過言ではない漁港が、北海道の釧路港です。１９９０年頃までしばらく日本一の水揚げ量を誇ってきましたが、現在ではピーク時の10分の1近くまで漁獲高が減少し、静岡県の焼津や千葉県の銚子に抜かれています。

このような厳しい環境下にある日本の水産業において、今注目されているのが高級魚の養殖です。その代表例がクロマグロの完全養殖です。完全養殖とは、先述の畜養とは異なり、親も子も養殖魚で、第一世代を除いて天然資源に頼らない養殖のことを言います。その中でも特に難しいとされていたクロマグロの完全養殖に、２００２年に近畿大学水産研究所が世界で初めて成功し、現在は日本の水産業者がようやく商業ベースに乗せつつある段階まで来ています。近い将来、高嶺の花であったクロマグロが、安価に回転寿司でも食べられる日が来るのかもしれません。マグロ好きとしては、クロマグロの価値が落ちてしまうことは残念ではありますが……。

◉急速に発展する中国とインドネシアの水産業

最後に、漁獲量で現在1位、2位になっている中国とインドネシアの水産業についてお伝えしておきましょう。

現在、中国は世界最大の漁業生産国で、養殖業の割合が7割以上を占めています。さらに養殖業の生産量のうち約半分が、河川や湖、池、沼などにおける内水面養殖（淡水での養殖）となっています。中国は、1980年代以降、改革開放政策の推進もあって、農民が農業以外での収入を増やすため、長江流域で河川や湖沼、ため池などを利用して内水面養殖を行う人々が増えていきました。また、経済成長にともなう食生活の変化もあって、国内での水産需要が増えていることも、養殖業を含め漁業生産量を増やしてきた要因と言えます。

インドネシアは、1990年代以降、急速に

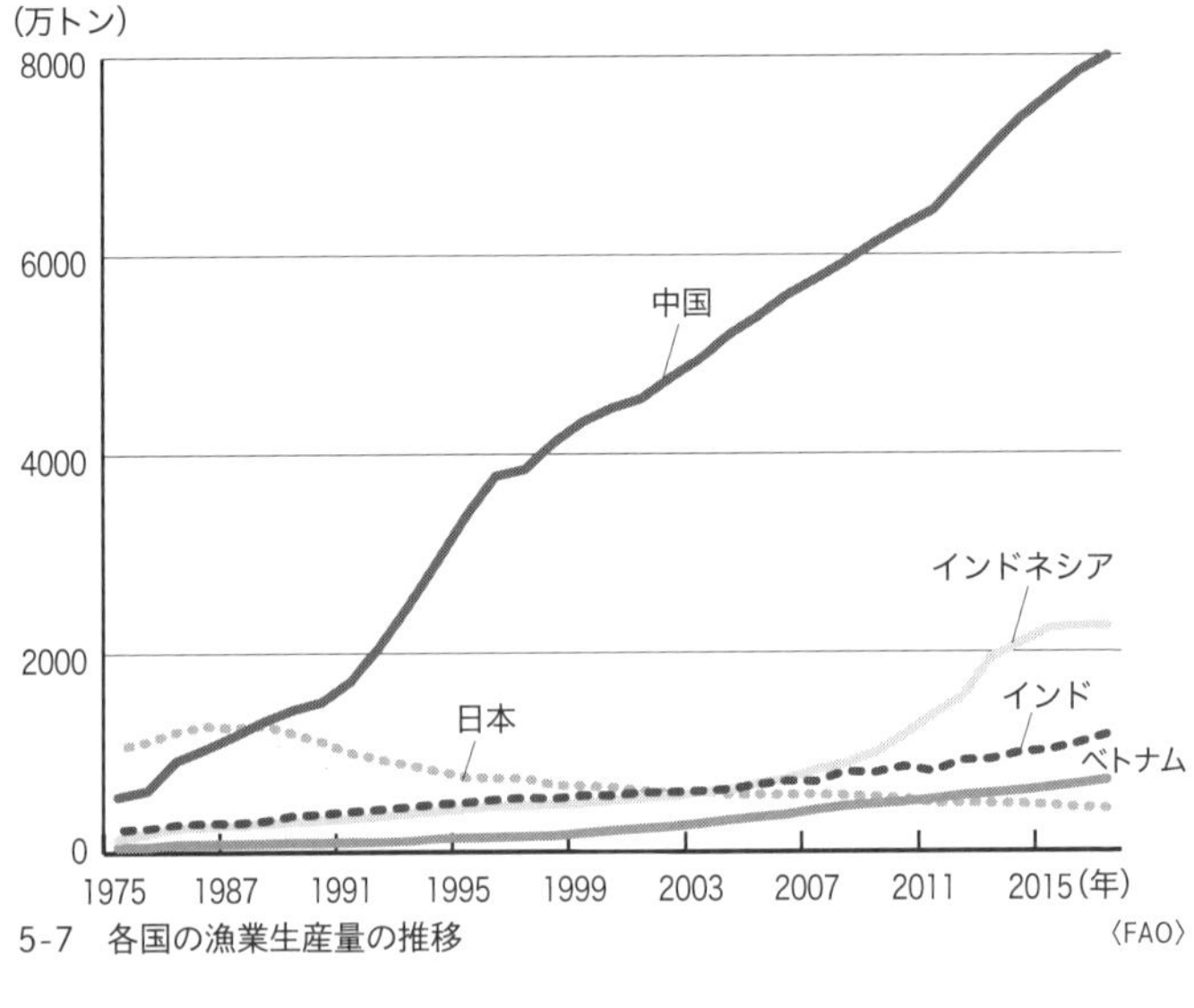

5-7　各国の漁業生産量の推移
〈FAO〉

漁業生産量を伸ばし、2006年以降は中国に次ぐ世界第2位の漁業生産量を誇っています。この国も中国と同様に、養殖業の割合が5割以上を占めています。東南アジア諸国での養殖と言えば、お馴染みのエビ（バナメイエビやブラックタイガーなど）に加え、食用・工業用の寒天の原料となるオゴノリなどの藻類、ティラピアなどの淡水魚の養殖が盛んです。エビの養殖については、養殖地造成のためのマングローブ林伐採が環境問題としても大きな問題になっています。現状、インドネシアでは、国内に水産加工場が発達していないこともあり、水揚げされた魚介類は、近隣の中国やタイなどに輸送され、そこで加工されて、日本などの先進国へ輸出されることが多くなっています。

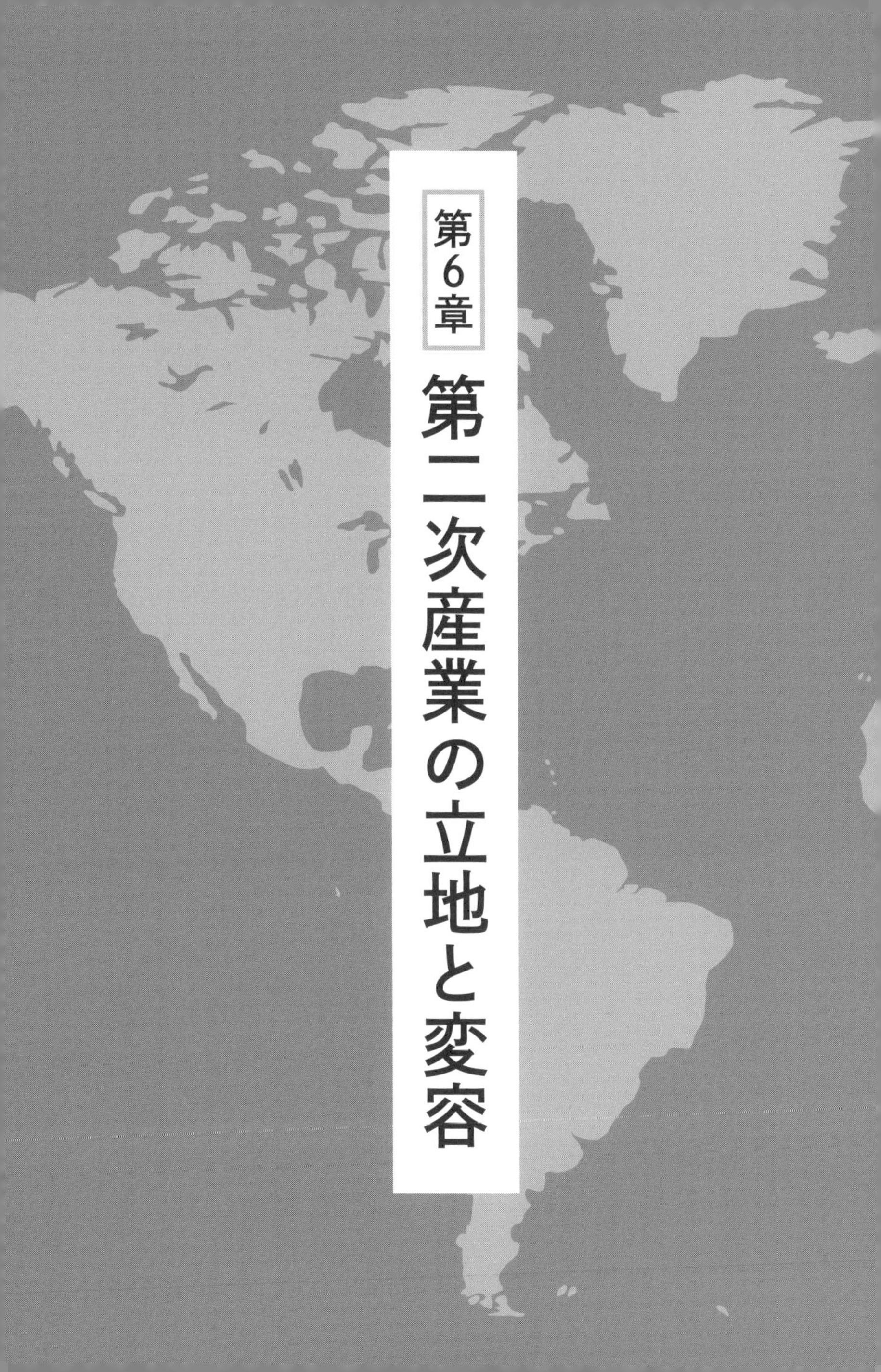

第6章

第二次産業の立地と変容

1 鉱産資源

石油や天然ガスをめぐる地政学、「ＯＰＥＣよ、さようなら」、ＢＲＩＣｓを支える資源

1 石油をめぐる動き

●エネルギー革命からオイルショックへ

20世紀は「石油の世紀」とも言われました。これは、20世紀初めから、メジャーと呼ばれる欧米の巨大多国籍企業が、圧倒的な資本力と技術力を背景に油田開発に着手したのが始まりでした。さらに第二次世界大戦後からは、石油をめぐってめまぐるしく世界が動くようになります。

そして、１９５０年代後半からは大油田の発見が相次ぎます。さらに、石油が液体燃料であるため扱いが容易であり、内燃機関の開発・普及もしやすく、化学工業など用途の幅が広かったことなどから、１９６０年代になると、これまでの主要エネルギーであった石炭から熱効率が高い石油への転換が進んでいきました。これをエネルギー革命と呼んでいます。このエネルギー革命を機に、石油需要が増大しましたが、石油価格は低く抑えられていました。これはもちろんそれは、欧米のメジャーが油田の権益を掌握していたからに他なりません。そのよ

うな中、油田のある産油国で、自国の資源を守ろうとする考えや動きが現れ始めます。これを、資源ナショナリズムと言います。そこで、1960年に結成されたのがOPEC（石油輸出国機構）であり、1967年のOAPEC（アラブ石油輸出国機構）でした。このことが、1970年代の二度のオイルショックへとつながっていきました。

1973年には、第四次中東戦争が勃発した結果、第一次オイルショックが起こりました。中東戦争はイスラエルと周辺のアラブ諸国との戦いですが、ユダヤ人を多く抱え、つながりが深いアメリカ合衆国やイギリスは、イスラエルを支持する立場をとります。その結果、中東の産油国は、アメリカ合衆国やイギリス側にいる西欧諸国や日本などに対しても、一種の経済制裁と言える対抗策を打ち出します。それが、OPEC加盟国による産出・輸出規制です。欧米や日本への石油供給量が急減し、石油価格の高騰により日常生活に大きな影響を与えることになってしまいました。当時を振り返る映像として、トイレットペーパーを買いに走る女性たちの姿を見た方も多いでしょう。この背景には、紙の製造や輸送用燃料として石油が不可欠で価格高騰が避けられないという状況がありました。さらに政府が紙の節約を呼びかけ、そうした報道をきっかけに、人々が切迫感に駆られたこともありました。その結果、日常生活で必要不可欠なトイレットペーパーを買い漁ってしまったわけです。私自身は、オイルショックの時代を経験していませんが、同様の行動が東日本大震災時にも起こってしまったことは記憶に新しいでしょう。

◉オイルショック後の石油をめぐる動き

このように大打撃を受けた欧米や日本は、翌年に対策をとります。それが、１９７４年に先進国を中心に結成されたＩＥＡ（国際エネルギー機関）です。具体的には、省エネの推進、代替エネルギー（当時は原子力や天然ガス）の開発、ＯＰＥＣ加盟国以外での油田開発（メキシコ湾岸や北海など）、石油備蓄基地の創設などを行いました。この結果、イラン革命を機に発生した１９７９年の二度目のオイルショックの際には、石油価格は高騰しましたが、先進国は大きな混乱なく乗り切ることができました。

１９８０年代に入ると、生産過剰で石油価格が下落していき、ＯＰＥＣの地位は次第に低下したと言われるようになっていきます。しかし、そのことが２０００年代に入ってからの石油価格の高止まりにつながるとは当時は予測できませんでした。

１９９０年代は、冷戦の終結や湾岸戦争などがあり、日本ではバブル経済の崩壊による失われた20年の始まりを迎えるなど、実に変動が大きい時代でした。石油に目を向けると、この時代は、新規の油田の開発が停滞します。理由は、大きく分けて二つありました。石油価格が低迷したため、供給量を増やすわけにはいかなかったこと。そして、リスクが低く開発コストが安価な、陸上や浅海底の油田の開発が限界に差しかかっていたことでした。

そして２０００年代です。１９９０年代後半から急成長が始まっていた中国が、予想以上の急成長を遂げ、石油需要が急増しました。また、「９・11」同時多発テロ後のアフガニスタン戦争、大量破壊兵器の疑惑を端緒とするイラク戦争など、需要の増大に石油供給が追いつかず、しかもアラブ諸国の政情不安などが露呈することになりました。さらにそこにマネーゲームによる投機資金が流れ込み、よりいっそう石油価格を上昇させ、２００８年7月には当時の史上最高値を記録しました。その直後のアメリカ合衆国発のリーマンショックによる金融危機を経て、投機資金の流入は止まり、一時的に石油価格は低下したものの、現在でも高止まりが続いています。この当時、日本はリーマンショック後に進んだ円高のおかげで、海外から安価に石油を調達できていたため、石油価格の高止まりは「見えない」状態にありました。しかし、民主党から自民党へと政権が代わった２０１２年末以降は、円安が進み、私たちの日常生活に物価上昇として現れ、石油価格の高止まりを実感するようになっています。その

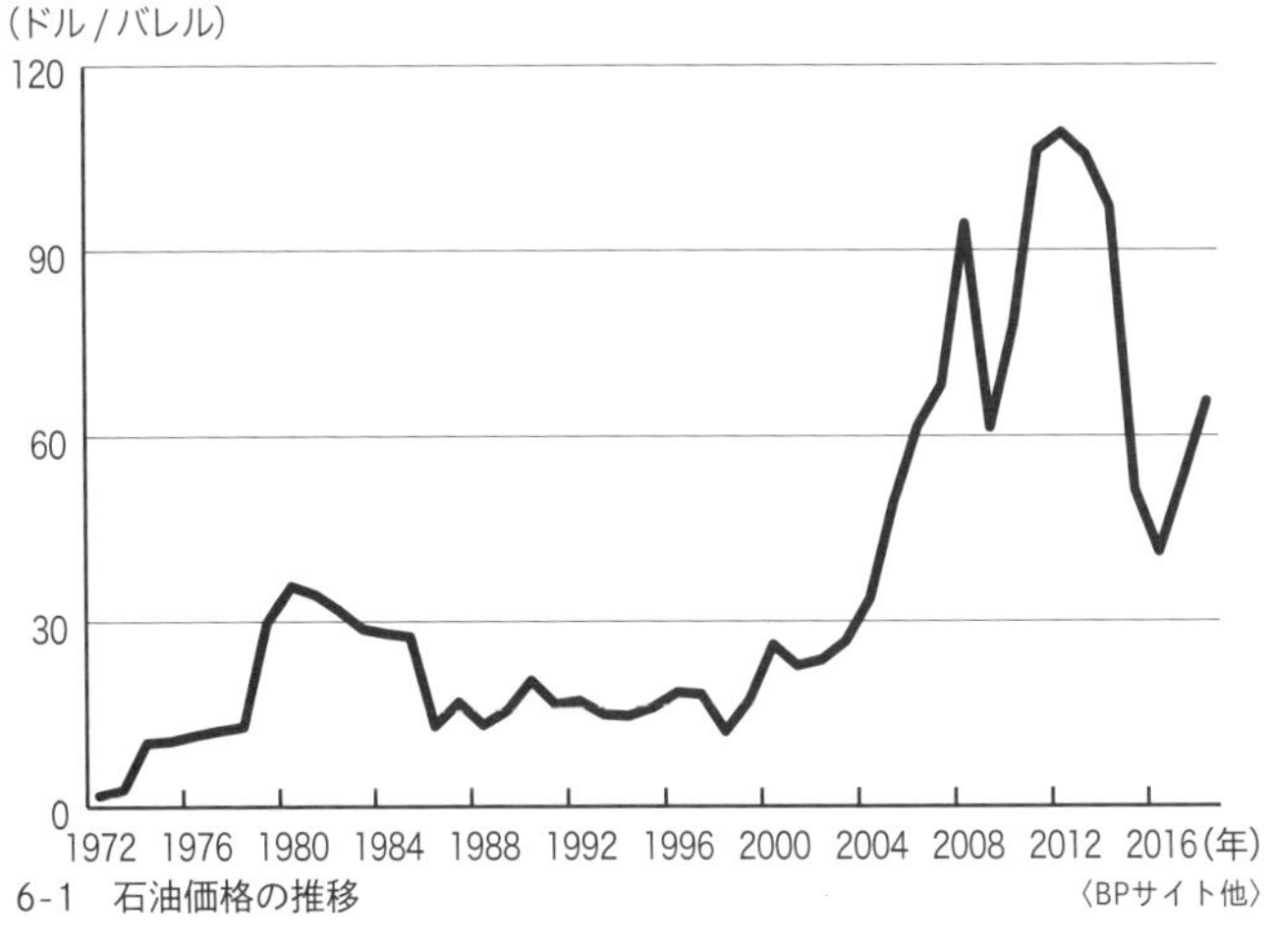

6-1　石油価格の推移　〈BPサイト他〉

他にも、中東地域における政情不安は今なお続き、世界最大級の産油国であるロシアと欧米諸国の関係悪化など、欧米と足並みを揃えざるを得ない日本にとっては、今後も石油供給が不安定な状況が続いていくことでしょう。

●メキシコ湾原油流出事故

このような状況の中、2010年に起こったのが、メキシコ湾の深海底油田における原油流出事故でした。この油田はメジャーの一つであるBP（ブリティッシュペトロリアウム）が開発していました。実に様々な要因が考えられますが、背景には、資源価格高騰で恩恵を受ける石油業界に焦りがあったのではないかとされています。前述のように1990年代には、既存の油田開発は限界を迎えていました。そこで、新たな油田開発が求められるようになり、石油価格高騰を好機と見て、メジャーは深海底での採掘技術や事故対策が確立されていないにもかかわらず、見切り発車で開発を進めてしまったとされています。この事故により、世界屈指の売上高を誇っていた石油メジャーのBPをもってしても、経営が大きく傾くほどの賠償責任がアメリカ合衆国から突きつけられました。なんとその賠償金の総額は約2兆円。この油田の権益を一部持つ日本の大手商社のグループ会社にもその賠償責任の一部が課せられることになりました（当時のレートで約870億円の支払い）。

また、2000年代からの石油価格高騰で、これまで存在は確認されていたものの、石油以外の不純物が多く混ざり、採掘・精製コストが高くつくため開発があまり進んでいなかった、オイルサンドやオリノコタールにも脚光が集まることとなりました。オイルサンドとは、「サンド＝砂」が混じったものであり、特にカナダのロッキー山脈周辺に多く存在しています。オリノコタール（ウルトラヘビーオイル）とは、南米北部に位置するベネズエラのオリノコ川流域に見られる、硫黄分・重金属を多量に含んだ重質油のことです。これらは採掘や精製・改質技術が向上したこともあり、手間暇かけて不純物を取り除いても、十二分に通常の石油より安く市場に流通させ、利益を出すことが可能となりました。その結果、ベネズエラはサウジアラビアを抜いて世界最大、カナダもサウジアラビアに次ぐ世界第3位の原油埋蔵国に突如躍り出ました。

2 シェールガス革命

●シェールガスとは何か

「シェールガスは天然ガスの一種だし、石油の流通には関係ない」と思われていた方もいるかもしれませんが、2000年代に入って本格的に採掘が始まったシェールガスも、石油の流通に大きな影響を与え始めています。

ニュースで耳にする機会が増えたシェールガスとは、これまで採掘・抽出が困難であった地中深くの泥土が堆積した頁岩《けつがん》層と呼ばれる部分から、高水圧によって岩盤層を破砕し、抽出された天然ガスの一種です。技術革新による生産コストの低減により、2006年頃よりアメリカ合衆国内で商業生産が本格化し、世界各地で採掘への動きが始まっています。シェールガスの登場により天然ガスの可採年数は、250年以上（これまでの2倍以上）となりました。また、石油や在来型の天然ガスと比べ偏在性が低いため、地政学的な意義も極めて大きいと言われています。世界の天然ガスの需給の変化や価格下落につながったり、資源が乏しい日本やヨーロッパ諸国にとっては輸入相手国の選択肢が拡大し、原油が天然ガスに代替されることで、産油国のロシアや中東・北アフリカへの依存度が低下することも挙げられます。そのことから、アメリカ合衆国では「シェールガス革命」という言葉が登場し、中東諸国への依存から脱却できるとのことで、「OPECよ、さようなら！」と言い始めるエネルギーの専門家まで現れ始めました。また、火力発電の燃料費も安くなることから電力価格の低下も期待されます。これまで海外流出が続いていた製造業の工場も再び誘致できる環境が整い、雇用の場も拡大するだろうという希望的観測も働いているように思います。

既に日本の液化天然ガスの輸入相手先にも変化が出始めています。天然ガスは日本が輸入する際には液化します。なぜなら、体積を600分の1まで縮小することができ、効率の良い輸送が可能となるからです。ただし、天然ガスを液化するためには、マイナス162℃

まで冷却しなければならず、輸送時間が長くなればなるほど輸送費が嵩《かさ》んでしまいます。そのため、日本のこれまでの液化天然ガスの輸入相手先は、近隣の東南アジア諸国（インドネシア、マレーシア）やオーストラリアが中心でした。しかし、近年はカタールやロシアからの液化天然ガスの輸入が増加傾向にあります。ここにアメリカ合衆国のシェールガス革命の影響を見ることができるのです。

アメリカ合衆国はこれまで世界一の液化天然ガス輸入国でした。しかし、自国でのシェールガスを含めた天然ガスの産出が増えた結果、輸入量を減らすことができるようになりました。そうなると、アメリカ合衆国に液化天然ガスを輸出していたカタールは、新たな輸出相手先を見つけ出さねばならず、それが日本とEU諸国でした。EU諸国は、これまでロシア産の天然ガスに依存してきたわけですが、ウクライナ情勢を含めた政情不安などから、天然ガスの脱ロシア依存を進めたいと思っていました。つまり、EU諸国にとってもアメリカ合衆国のシェールガス革命は、輸入相手先の多様化を図ることができ、願ったり叶ったりだったのです。そしてロシア側にとっても、今後の成長規模を考えると、EU諸国よりも成長著しいアジア諸国に向けた天然ガスの輸出を増やしたいとの思惑がありました。そうした、「玉突き」により日本は安く天然ガスを調達できる環境が整いつつあることから、これまで気にしていた輸送費をあまり考慮せずに済むようになり、液化天然ガスの輸入相手先が変化しつつあるのです。

さらに、日本は東日本大震災以降、原子力発電所が停止し、多くの原発で再稼働の目処がなかなか立たないため、火力発電の燃料としてはクリーンな天然ガスを、少しでも安価に調達することを目指しており、通常の天然ガスよりも大幅に価格が安いアメリカ合衆国産のシェールガスの輸入を急いでいます。アメリカ合衆国とＦＴＡ（自由貿易協定）を結んでいなかった日本は、アメリカ合衆国議会の承認を経て、ようやく２０１７年から輸入が開始されました。しかし、そこにも不安要素が存在します。それは輸入経路です。安価なアメリカ合衆国産のシェールガスを日本に輸入する場合、液化施設があるメキシコ湾岸の港から日本への最短経路は、パナマ運河を通るルートです。しかし、以前のパナマ運河の幅では、巨大な液化天然ガス船は通過できませんでした。通行量がパンク状態にあったパナマ運河では、ようやく２０１６年に拡張工事が完工し、日本への液化天然ガス船の通行が可能となりました。前述のように、輸送時間が長くなればなるほど輸送費は嵩むわけですから、最悪の場合には、安いとされるシェールガスが、現在、日本の輸入の中心で価格が高い東南アジア産天然ガスよりも高くつく可能性もあります。

このように注目されているシェールガスですが、問題も抱えています。頁岩から掘削・抽出する際に使用される化学物質による地下水汚染や技術者不足、天然ガス価格の大幅の低下などが挙げられます。なかでも化学物質による地下水汚染は、アメリカ合衆国でも大きな問題となっており、環境意識の高いヨーロッパ諸国では、埋蔵量は多いもののシェールガスの採掘がなかなか本格化しない一因となっています。

3 BRICsを支える鉱産資源

●なぜBRICsは注目されるのか

近年、急成長を遂げて注目を集めているBRICs。ゴールドマンサックス証券のレポートで2001年に発表されて以来、耳にする機会が増えました。そもそもなぜB＝Brazil（ブラジル）、R＝Russia（ロシア）、I＝India（インド）、C＝China（中国）の4か国が注目されるようになったのかというと、急速な経済成長に加え、人口大国であることと、鉱産資源が豊富であることが挙げられます。4か国とも1億人を超え、なかでもインドと中国は13億人を超えており、近い将来には巨大市場になる（中国は既に巨大市場となった）と言われています。また、資源が豊富ということは、工業化を進めて行く上で欠かすことのできない要素であり、特に4か国に共通するのは、鉄鉱石の産出では上位5位以内に入っているという点です（この4か国以外ではオーストラリアが上位）。鉄鉱石は、「産業のコメ」と呼ばれる鉄鋼業の主要原料です。鉄鋼は、建物や自動車などのインフラ整備やものづくりに絶対に欠かすことができない部材です。それらを安定して国内から調達できるのは、将来の工業化を保証されたも同然なわけです。かつて鉄鉱石や石炭資源を求めて戦争に突入してしまった国（ドイツやフランス、日本など）があることからも、鉄鉱石の資源としての重要性がよくわかります。

また、これまでＢＲＩＣｓの「ｓ」は小文字で４か国の複数形を表したものでしたが、最近では、Ｓ＝South Africa（南アフリカ共和国）を意味するものへと変わりつつあります。南アフリカ共和国は、１９９１年にアパルトヘイトと呼ばれた人種隔離政策が廃止され、世界各国が経済制裁を解除した結果、外国企業の進出が急速に進み、アフリカ最大の工業国に成長しました。特に自動車工業の発達には目を見張るものがあります。この背景には、南アフリカ共和国政府が、裾野産業を広く必要とし、多くの雇用機会につながる自動車産業を育成するための様々な優遇策を展開したことがあります。ただ、そのことに加えて鉱産資源、特に世界屈指の鉄鉱石産出国であることも、大きく寄与したことは間違いありません（レアメタルなど様々な鉱産資源も豊富）。このようにして順調に経済成長を遂げ、２０１０年にはワールドカップ開催も経験し、中間所得層も増えました。ＢＲＩＣｓ４か国は欧米に対抗する勢力を増やす意図もあり、熱烈なラブコールを送り、南アフリカが「仲間（会議や銀行設立への参加など）」に加わることとなり、ＢＲＩＣｓは5か国を指すようになっています。資源の有無が国力につながることは、今も昔も変わっていないことがよくわかります。

2 工業立地

なぜ工場はそこにあるのか、
日本で自動車が作られなくなる日

1 工業立地

●どこに工場を作るのがよいのか

ドイツの経済学者A・ウェーバーは、工場立地を決定づけるいくつかの因子がある中で、工場は原料や製品の重量を勘案して、輸送費を最小にする地点に立地するのが最も望ましいと考えました。

例えば、最終製品よりも原料の重量の方が重い場合は、原料産地で中間製品や最終製品に加工した方が輸送費用を小さくできるため、原料産地が工場の適地であるという考え方があります（原料指向型）。一方で、水などのように原料がどこでも手に入るような場合、最終製品の消費地である大都市の近郊で加工した方が輸送費を小さくできるため、大都市近郊が工場の適地であるという考え方もあります（市場指向型）。

ただし、今日では輸送費以上に工業の重要な立地因子となっているのは労働費です。特に技術力を必要としなくなった繊維品の縫製や家電などの電気機械品の組み立て工程は、安価な労働力を求め、立地を移動させ続けてきました。現在、その生産の中心となっているのが中国です。その工場立地をめぐっては、「チャイナプラスワン」という言葉が聞かれるようになりました。経済成長に加え中国政府の施策もあって、中国の労働費は著しく上昇してしまいました。そこで、現地に進出した日本などの多国籍企業は、現状の委託・提携先の工場を維持したまま、インフラが整った、より労働費が安い、ベトナムやミャンマー、カンボジア、バングラデシュなどへ新規の工場設立や委託・提携を進めています。このような動きを「チャイナプラスワン」と言います。日本企業には、現在、

分類	製品・工業の例	特徴
原料指向（立地）型	セメント、鉄鋼、紙・パルプ、食用品（バター・チーズ、水産品）加工	重量減損原料や変質しやすい原料を扱う場合
市場指向（立地）型	ビール・清涼飲料、食料品（加工乳、その他食料品）加工、出版・印刷、アパレル（ブランド品など高価格品）、IC産業	普遍原料、市場の情報を重視する場合
労働力指向（立地）型	繊維（既製服など低価格品）、簡易な電子部品、電気機器などの組立工業、地場産業	労働費用が生産費の多くを占める場合
臨海指向（立地）型	鉄鋼、石油化学、石油精製	海外からの原料輸入に便利な場合
交通指向（立地）型	IC産業	小型軽量で費用に占める輸送費が小さい場合
集積指向（立地）型	自動車、電気機器、石油化学、地場産業	集積による生産費節減の影響が大きい場合
用水指向（立地）型	醸造業、パルプ、液晶パネル	水が製品価値を決定、または水を大量に消費する場合
電力指向（立地）型	アルミニウム	電力を大量に消費する場合

6-2　工業立地の分類

中国企業からＡＩを活用したロボットや工作機械といった、人に代わる装置や機械の引き合いがもの凄く増えていると耳にします。このように今度は労働費に代わる別の立地因子が重要になっていくのかもしれません。

2 工業立地の事例

●鉄鋼業の立地の変化

原料産地に立地した事例で有名なのが、初期の鉄鋼業です。鉄鋼をつくるためには、もちろん鉄鉱石が必要ですが、あわせて石炭も必要となります。

表からわかるとおり、１ｔの鉄鋼をつくるために、20世紀初めには石炭が約４ｔ、鉄鉱石は約２ｔ必要でした。そのため、石炭産出地である炭田に立地する鉄鋼業が多くありました。例えば、アメリカ合衆国のアパラチア炭田に位置するピッツバーグ、ドイ

原料単位（t）（製品1tあたり使用量）	年	1901	1930	1960	1970	2000
	石炭	4.0	1.5	1.0	0.8	0.8
	鉄鉱石	2.0	1.6	1.6	1.6	1.5

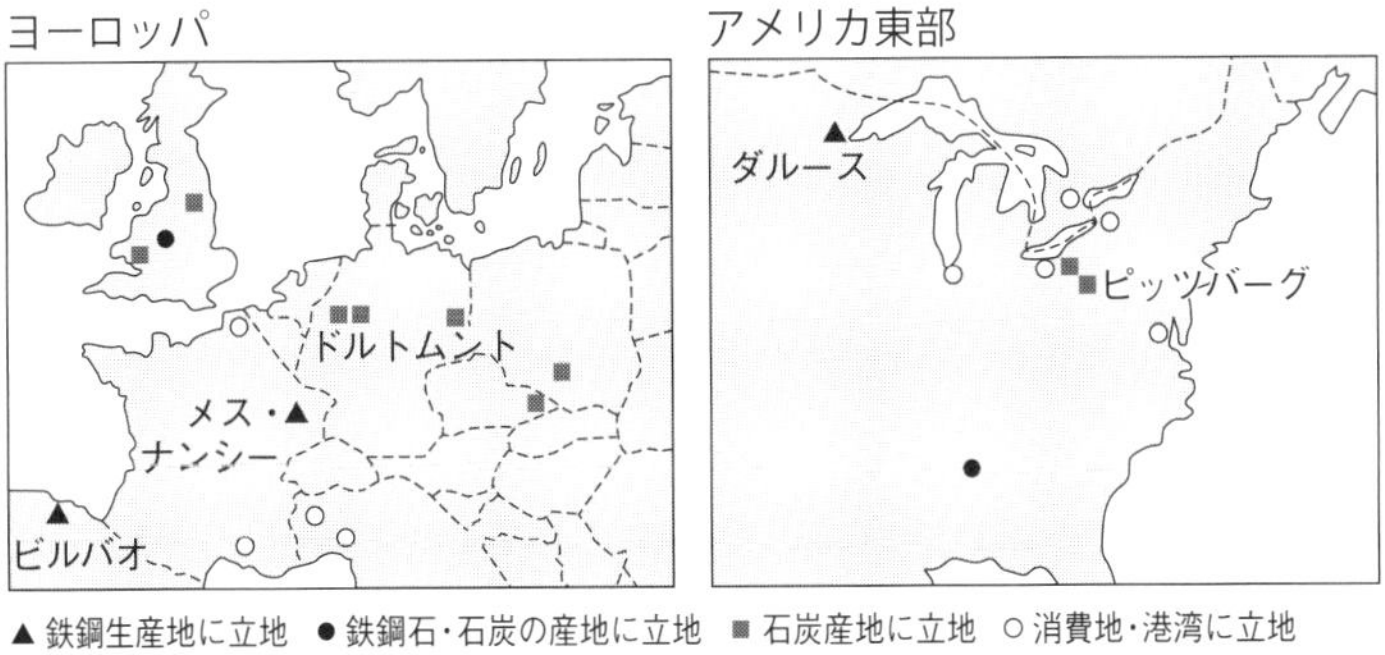

6-3 鉄鋼業の立地の変化 〈『図解地図資料』帝国書院より作成〉

ツのルール炭田に位置するエッセンやドルトムントが好例でしたし、日本の近代工業の幕開けとなった北九州の官営八幡製鉄所も筑豊炭田に近接していました。

しかし、石炭を高温乾留して得られる、炭素分がより多く発熱性も高いコークスの登場によって、原料としての石炭の使用量が大幅に減少しました。その結果、もう一つの主原料である鉄鉱石産地に、鉄鋼業の立地は移っていきました。アメリカ合衆国では、メサビ鉄山に近い五大湖周辺に鉄鋼業が立地していきました。一方、国内で鉄鉱石をほとんど産出しないドイツや日本は、他国へとその資源を求めていくことになりました。そのことが、ザール地方をめぐるドイツとフランスの戦争、日本の中国東北地方への進出による日中戦争へと発展し、世界大戦を引き起こした一因とされています。鉄鋼はかつて「産業の米」と呼ばれるくらい、ありとあらゆる産業に必要不可欠な部材であったため、工業化を進めるためにいかに大切であったかがわかります。

その後、第二次世界大戦が終わり1950年代に入ると、前述の先進国の炭田立地型の製鉄所は、設備の老朽化や石炭資源の枯渇、採掘コストの増大などにより、次第に衰退していきます。その結果、輸送費を考えても海外から原料を調達した方が安くなり、石炭や鉄鉱石の輸入に便利で、製品需要が多い大都市近郊の臨海部に新たな製鉄所がつくられていきました。また、自動車製造には素材として鉄鋼が欠かせないこともあり、自動車の組立工場の近くには大規模な製鉄所が立地する傾向があることが日本の例からもよくわかります。

6-4　高炉一貫製鉄所の所在地

6-5　自動車組立工場の所在地 〈『データで見る県勢』矢野恒太記念会より作成〉

◉もうシリコンアイランドではない

石油危機が収束した1980年代において、日本が重厚長大型から軽薄短小な加工組立型工業や先端技術産業を目指していく中で、空港周辺の工業団地にIC工場が立地するようになったのが、「シリコンアイランド」と呼ばれた九州でした。ただ現在九州は、以前の世界的IC産業集積地である「シリコンアイランド」ではなくなってしまっているというのが実態です。

ICとは一般に半導体、集積回路のことを指しますが、地理ではよく交通指向型の立地の事例として取り上げられます。その理由は、高価格製品ながら製品重量が極めて軽いため輸送費の割合が小さくて済み、技術革新が早い産業のため、製品価値を損なわないよう少しでも早く客先に納品しなければならないことから、高速輸送手段である航空機や高速道路を利用することが優先されるからです。特に地方は、大規模な工場用地を確保しやすく、用水にも恵まれ、人件費も安いです。その結果、日本では九州の空港周辺（「シリコンアイランド」）や東北地方の高速道路沿い（「シリコンロード」）に、数多く半導体工場が立地していくことになりました。このように学校で教わった読者も多いかもしれません。しかし、半導体工場の分布（図6－6）を見るとわかりますが、様相が変わっていることに気がつきます。

現在、日本の半導体工場の多くは大都市近郊に立地していることがわかります。実はR&

D（研究開発）部門は、大学や大学院からの優秀な技術者の確保が必要不可欠であり、企業の業績を左右する最先端の研究を行うため、企業のトップの目が行き届くように、本社（事務部門）からすぐに足を運べる大都市近郊に立地していることが多いのです。このように1990年代までは、R&D（研究開発）部門は大都市近郊、量産部門は地方という位置づけでした。しかし、大量一括生産を行う量産部門は、韓国や台湾企業、さらには急速に力を付けてきた中国企業との競争が2000年代に入り激しさを増した結果、日本企業は自前で半導体工場を持つのではなく、海外企業に委託生産するようになっていきました。その後、地方の量産工場は合理化が進められ、規模縮小や閉鎖が相次ぐようになってしまったのです。仮に残されたとしても、生産量が抑えられ、海外企業では生産できない高付加価値の半導体製品を作る目的や、海外企業に委託生産する前

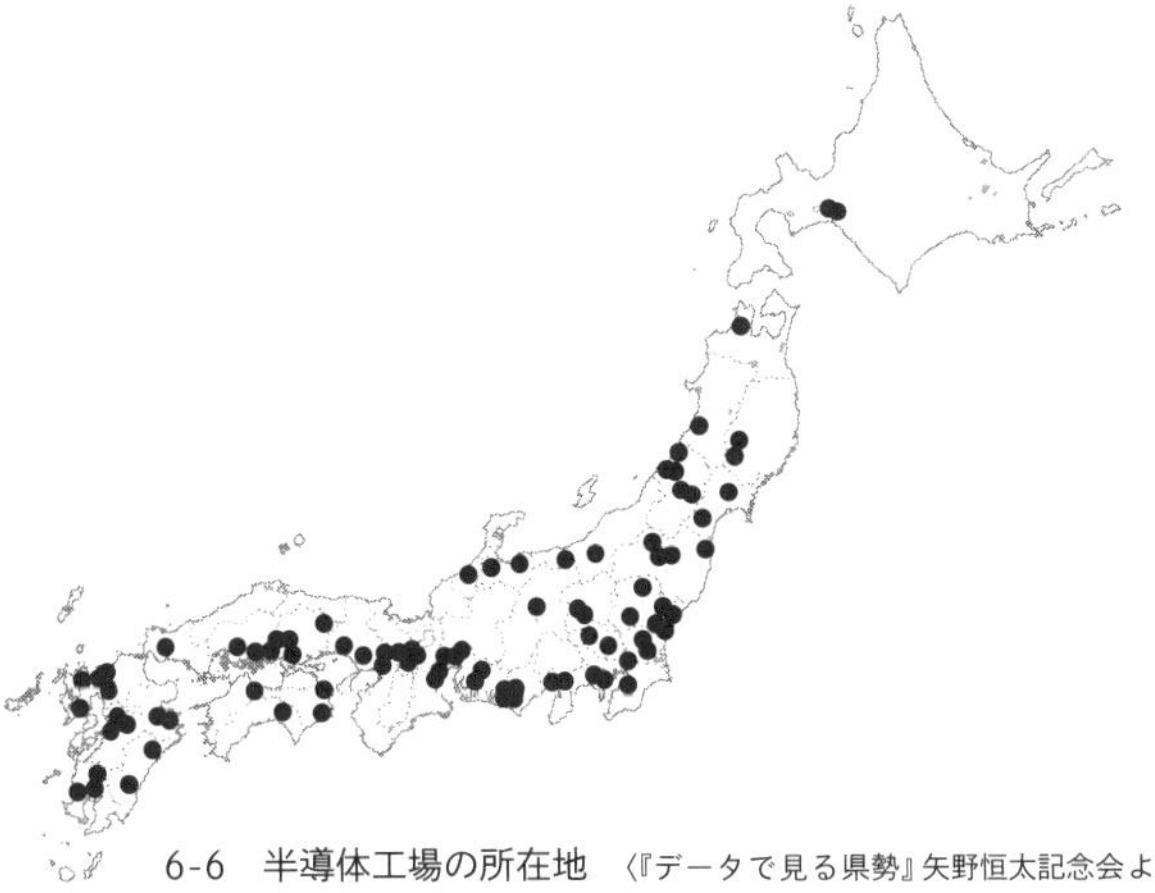

6-6　半導体工場の所在地　〈『データで見る県勢』矢野恒太記念会より作成〉

の生産設備の試作ラインという位置づけの母工場という目的を担うだけとなってしまいました。こうなると、地方の魅力であった大規模な敷地の必要性が薄れてきますから、大都市近郊のR＆D（研究開発）部門の工場で十分対応できることになります。こうして、次第に九州や東北から工場が減りつつあるのです。

●自動車工場はどこへ行く？

このように見てくると、輸送費は工場立地の最も重要な因子ではなくなりつつあること、そして日本の工業立地は、変化が激しくなっていることもわかります。日本で盛んなものづくりとして、すぐに自動車を思い浮かべる人も多いと思いますが、その自動車生産拠点もしかりです。

自動車はこれまで集積指向（立地）型の工業と呼ばれてきました。自動車は1台の車を作るのに数万点の部品を必要としますから、輸送費を最小にして部品メーカーから組立工場に部品を供給するために、中小企業の工場が集積する大都市の郊外（大規模工業地帯の近く）に立地することが多くなります。また、自動車は「摺り合わせ」の産業と呼ばれるように、完成品を見越して様々な部品を作っていくため、品質の高さを保証する高度な技術や企業間の情報交換が欠かせません。そのためこれまでは、部品供給から完成車の組み立てまでを行える工場は、ほとんど先進国にしか立地していない状態が続いてきました。しかし、中国やインドなどの新興国でも次第に自動車の需要が増え、廉価な車が求められるようになると、部品のモジュール化が進められていきます。モジュール化とは、「半製品」とも言うべきいくつかの部品を機械装置などで組み付けた状態のことで、組立工程において作業者の効率を飛躍的に向上させます。自動車よりも部品数を必要としない、家電などの電気機械製品は、早くからモジュール化が進み、安価な労働力を求めてアジアなど海外へと生産拠点を移動し、今日では自社で工場すら持たなくなり、現地企業への委託生産に切り替えている日本企業も多くなっています。こうして自動車工業においても、次第に熟練した作業者を必要としなくなるので、コスト削減のため安価な労働力が豊富にある新興国での生産も増えるようになっているのです。

現在のところ中国やインドなどにおいて自動車

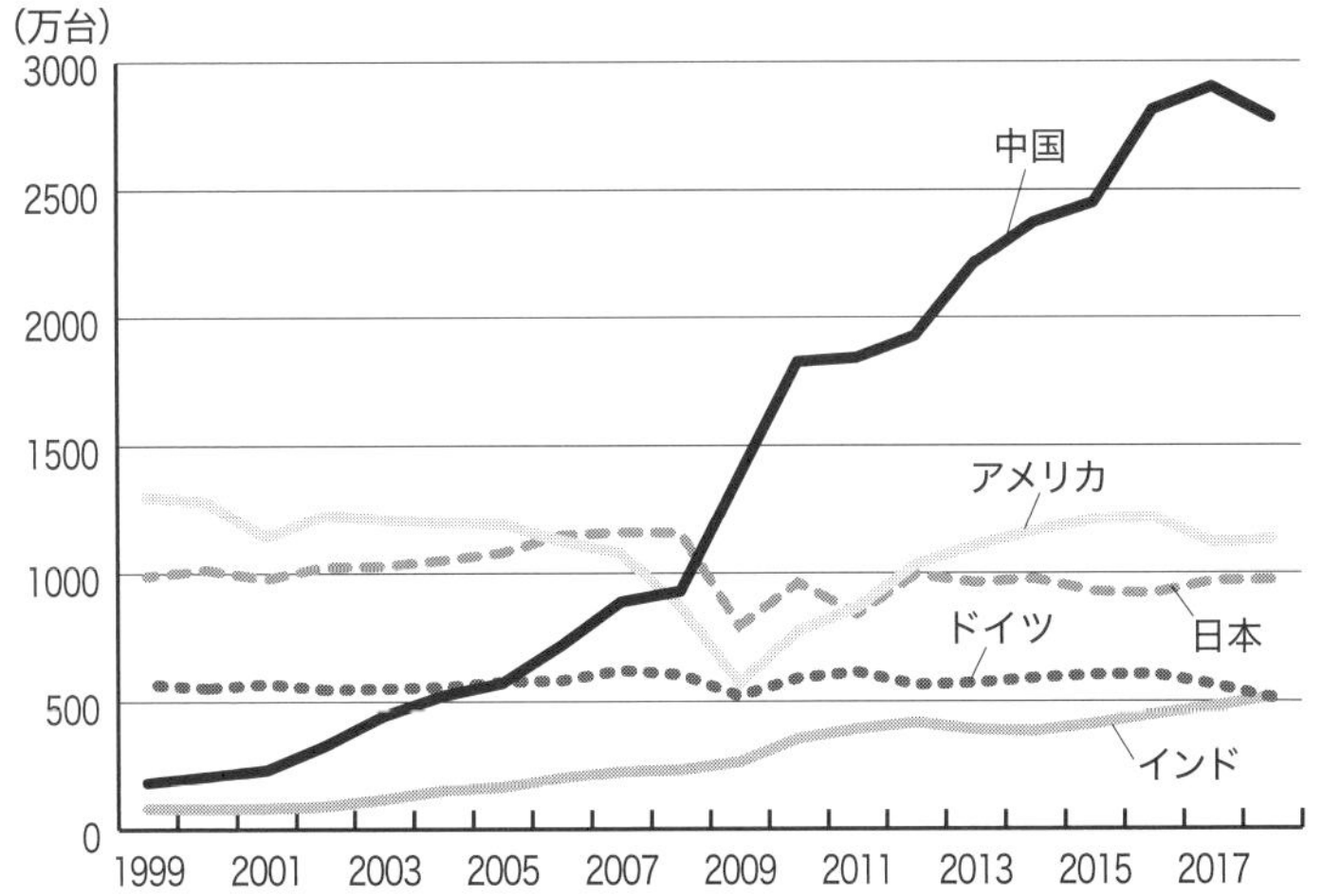

6-7　主な国の自動車生産台数の推移　〈OICA〉

市場を占有しているのは、先進国の多国籍企業（合弁企業）です。しかし今後、自動車企業の勢力図は大きく変化する可能性を秘めています。理由の一つが電気自動車です。電気自動車は、部品数が多く、高度な技術力を必要とする内燃機関であるエンジンが不要です。その結果、自動車生産は家電生産に近くなることを意味するからです。もう一つの理由は自動運転車です。世界中のＩＣＴ企業が、ＡＩを活用した自動運転技術への投資を活発化しており、これまで力を持っていた先進国の自動車メーカーの優位性が失われていく日が近づいているのかもしれません。こうして見てくると、近い将来、日本から自動車工場がなくなる可能性も十分にあります。日本にものづくりが残るか否かは、日本国内でしか製造できない付加価値の高いものを日本企業が作っていけるかどうかにかかっています。

3 世界の地域開発

ダム開発の目的と問題、中国の西部大開発のねらい、アラル海の悲劇

1 ダム開発

◉ダム開発の目的

20世紀に入って、大規模なダム開発が世界各地で行われるようになりました。ダムにはいくつかの目的があります。洪水防止としての治水や、水不足を解消するための利水（貯水）、そして電力を得るための水力発電です。また、ダムそのものではなく、ダム建設による経済効果を得る目的もあります。その代表例が、１９３０年代にアメリカ合衆国が世界恐慌から脱するために行ったニューディール政策の一つであったＴＶＡ（テネシー川河谷開発公社）による約30の多目的ダムの建設でした。これにより失業者に雇用の場を提供し、不況からの早い立ち直りを実現したとも言われています。このことをきっかけとして、不況に陥った際には公共事業の一環として「ダム建設」という手法が定着していきました。

また、ダムには次のような目的もあります。それは河川交通の発展です。ダム堤によって水がせき止められると、ダム堤より上流側においては水位が上昇し（水深が深くなる）、川幅

も広がります。その結果、それまでは水深が浅く、川幅も狭かったために船が遡航できなかった場所も、より上流側まで遡航できるようになります。これにより内陸部の経済発展につなげていくことを企図するものもあります。

◉アスワンハイダムの功罪

前述のダム開発について、地理の授業で最も多く取り上げられるのは、エジプトで1970年に完成したアスワンハイダムの建設による恩恵と問題点です。

古くからエジプトは「ナイルの賜《たまもの》」と呼ばれてきました。大部分が砂漠に覆われる国土に、ナイル川が流れているおかげで水に恵まれていたからと言われます。ただし、正確に言うと、水だけが「賜」なのではありません。ナイル川が毎年のように氾濫を起こすことで、乾燥地域特有の地表に集積した塩分を洗い流し、肥沃な土壌を流域一帯に供給してきたことこそが「賜」なのです。この土のおかげで、長年にわたり綿花や小麦の持続的生産が可能となったのです。

しかし、「賜」をもたらす毎年の「氾濫」は厄介なものでもありました。ナイル川の上流部（青ナイル川と白ナイル川の上流部）は、赤道近くの低緯度地域に位置し、雨季と乾季が明瞭です。そのため、雨季には流量が増大し、乾季には著しく流量が減少します。ナイル川下流部にあたるエジプトではほとんど雨が降りませんが、上流域の気候の影響を受けて、流量の変動が毎年のように激しくなるのです。それゆえ、流量が増加し溢流《いつりゅう》した際には水が供給されますが、流量が減少した際には干ばつに襲われることも多く、年間を通して安定した農業生産が難しかったのです。そこで、流量を調整し農業の安定生産や流域の電化のために建設されたのが、アスワンハイダムでした。

この巨大ダムの建設で、確かに綿花や小麦の生産は安定し、エジプトの電化に大きく貢献しました。また、前述のとおり、ダム堤によって水がせき止められ水位が上昇したことで、ナセル湖（当時のエジプト大統領にちなんで名付けられたダム湖）が誕生し、それにより周辺に広がるヌビア遺跡群のクルーズ旅行などの観光産業の発展にもつながりました。しかしその一方で、「成功」以上の問題を引き起こし、国連の世界遺産条約の考え方が生まれるきっかけとなりました。

巨大ダムの建設により、水と一緒に運ばれてくる土砂、栄養塩類、魚類などがダム堤でせき止められます。その結果、河口付近まで土砂が運搬されなくなり、海の波や潮流による侵食力が相対的に大きくなるため、海岸侵食が生じ、農地や宅地の減少につながってしまいました。また、氾濫が起こらなくなったことで、「賜」であった肥沃な土砂が流域に供給されなくなり、農薬や化学肥料の投入を増やさざるを得なくなってしまいました。そして、アスワンハイダムの下流側で起こったこれらの問題に加えて、上流側では水をせき止めた結果、巨大なダム湖のナセル湖が誕生し、水没する地域が広がってしまったのです。しかし、ナセル湖の周辺には、ヌビア遺跡と呼ばれる貴重な遺跡がありました。その中で最大の構造物であったアブシンベル神殿が水没の危機に瀕したのです。その時に、一つの国の行為によって人類の貴重な歴史的遺産が失われてしまうのはよくない、と世界的にアブシンベル神殿の保存に向けた動きが活発化しました。このような動きや考え方は、全世界が協力して貴重な遺産を保全していこうという風潮につながり、世界遺産条約の発効に至りました。最終的にアブシンベル神殿は、ナセル湖の満水時にも水没しない場所に移築され、水没は免れました。これ以降、世界ではダム開発の姿勢が変化していきました。

2　大規模開発

●中国の西部大開発と世界最大の三峡《サンシャ》ダム

中国では1978年から改革・開放政策が始められました。大きく見ると、社会主義を緩和し、一部に市場経済を導入しようという試みでした。中国は1960年代の文化大革命の影響で国民の労働意欲や生産性が低下し、欧米諸国や日本などの先進国に大きく取り残されていました。それを打開するために取られたのが改革・開放政策で、「四つの近代化」が推し進められます。「四つ」とは、農業・工業・国防・科学技術の4分野のことで、農業においては人民公社を解体し生産責任制を導入、工業においては経済特区や経済技術開発区を設置しました。これにより穀物や野菜の生産が飛躍的に伸び、外国企業の進出により輸出向けの繊維工業などが急速に発達しました。また、それにともなう経済成長によってインフラ整備が進められ、重厚長大型の鉄鋼業なども以前にも増して活発化していきました。ただ、この工業化による経済成長は沿岸部を中心に進み、西部の内陸部は経済成長から取り残され、沿岸部と西部内陸部の経済格差が拡大してしまいました。

経済成長にともなう歪みは、経済格差だけではありませんでした。農地が拡大された結果、森林が大量に伐採され、表土の流出や保水機能の低下のため洪水被害が以前にも増して頻発し、その被害もより大きなものになりました。ほかに、農業・工業・生活用水の使用量が増大した結果、水不足も深刻化し、1990年代には黄河の河口付近では「断流現象」と呼ばれる川の水が涸れてしまう現象が見られました。そのためこれらの問題を解決すべく2000年から「西部大開発」が行われるようになります。この「大開発」の「大」には、大規模開発という意味以外に、災害軽減や公害の改善、生活の質的改善といった人々の精神的な部分までをケアする幅広い開発という意味もあるのだそうです。

西部大開発は、西部の唯一の直轄市である重慶と四川・貴州・雲南・陝西・甘粛・青海・チベット自治区・シンチヤンウイグル自治区・ニンシヤホイ族自治区・内モンゴル自治区・コワンシーチョワン族自治区の6省・5自治区が対象となっており、中国の国土面積の実に約7割の地域を対象にしています。10年という期間をかけて中国全土の発展に寄与する計画であり、当初は「西気東輸」「西電東送」「青蔵鉄道」「南水北調」という四つの大事業が柱でした。後に「退耕還林」が加えられました。

「西気東輸」とは、西部のシンチャンウイグル自治区に多く埋蔵される天然ガス（気体）を、パイプラインでエネルギーが不足している東部の大都市へと輸送する計画のことで、2004年に全面稼働し、第2ラインも2011年に完成しました。「西電東送」とは、エネルギー資源豊かな西部において発電した電力を、東部の電力不足に悩む地域へ送電する計画で、北部・中部・南部の3ルートが敷設されました。このなかの中部ルートには、世界最大規模のダムであるサンシャ（三峡）ダム（2009年完工）からの水力発電も含まれています。「青蔵鉄道」とは、これまで鉄道や道路などの交通インフラの整備が不十分であった西部内陸部のチンハイ（青海）省のシーニン（西寧）とチベット（西蔵）自治区の区都ラサ（拉薩）を結ぶ、世界最高所の鉄道です。前倒しで完成していたシーニン（西寧）—ゴルムド間に加え、大部分が永久凍土上のため難工事であったゴルムド—ラサ（拉薩）間が、2006年に完成したことで、全線開通となりました。「南水北調」とは、降水に恵まれ流量豊富な長江など南部地域の河川水を、古くから水不足に悩むことが多かった北部の黄河流域へと導水する計画です。北部の慢性的な水不足を解消し、南部の洪水被害を軽減して、西部・中部・東部と3本の導水路を整備する計画で、東部の下流側の導水路は既に完成しています。「退耕還林」とは、表土の流出や洪水被害を軽減するために、傾斜地や乾燥地に広がった農地を、植林によって再び森林や草地に戻そうとする計画です。この計画によって、中国の国土面積の3％ほど（日本の本州と九州の面積にほぼ匹敵）の森林面積率が回復するに至りました。

◉アラル海の悲劇

前述のアスワンハイダムと並んで、地理の授業で取り上げる機会が多いのが、アラル海の面積縮小の問題です。なぜ日本の北海道ほどの面積を持っていたアラル海が、現在では5分の1以下の面積に縮小してしまったのかについて、ご説明いたします。

時は第二次世界大戦後のソ連時代にまでさかのぼります。ソ連では1940年代からスターリンの指導の下、「自然改造計画」と呼ばれる大規模な開発が進められていきました。その一つが、アラル海一帯に広がる広大な乾燥地域に水路などを引いて綿花栽培地を広げ、運河などの内陸水路交通を整備することでした。水路を引くために、ア

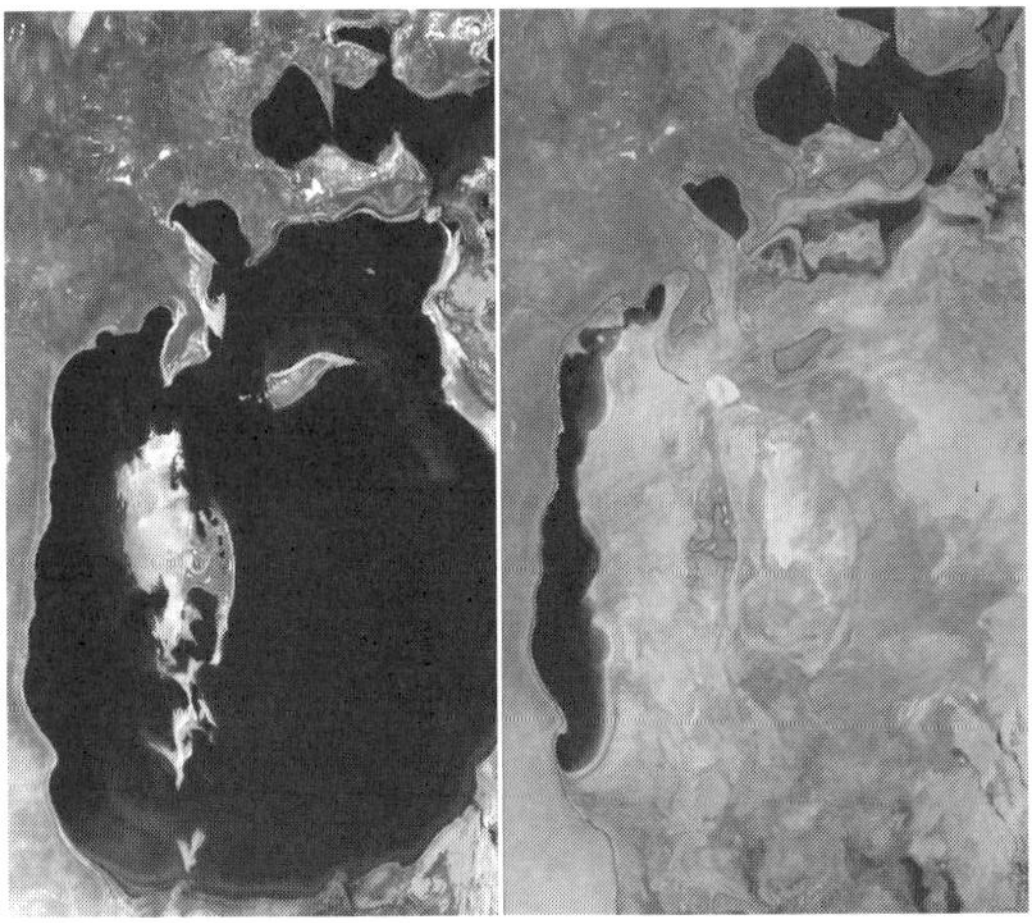

6-8　アラル海の湖岸線の変化　©NASA

ラル海に流入していたアムダリア（アム）川やシルダリア（シル）川から、大量に取水されました。なかでもアムダリア川から引かれたカラクーム運河は、綿花栽培地を広げるためだけでなく、最終的にはカスピ海へと接続し、その他の運河を経由して黒海や白海にも出られるように計画されていました。スターリンの死後は、資金難などで当初の計画は中止され、カスピ海へ接続されることはありませんでした。とはいえ、本来はアラル海に流れ込むはずだった大量の水が取られたため、アラル海への河川水の流入量は著しく減少していきました。一説では、取水が始まった当初は、一夜にしてアラル海の水位が数m低下したとされています。そのため、塩湖であったアラル海では、キャビアで有名なチョウザメ漁が盛んでしたが、朝起きてみると湖岸に係留していた漁民の船が陸に打ち上げられていたと言われています。錆び付いた状態で陸地に放置されている船の写真を見た方もいるかもしれませんが、アラル海の面積縮小の象徴としてよく使われてい

6-9　アラル海の「船の墓場」　©Staecker

ます。しかしながら、それ以上の大変な問題が起こっていたことを、読者の皆さんにぜひ知っていただかねばなりません。

アラル海は乾燥地域にあるため、湖水の蒸発量が多い地域です。淡水であるアムダリア川からの流入量が減少すると、相対的に湖水の塩分濃度が上昇していきました。現在では、海水の数倍の塩分濃度となっており、その結果、プランクトンが死滅し、漁業資源も死滅しました。前述の陸上に打ち上げられた船の写真の真意は、漁業ができなくなってしまったということなのです。

また、アラル海が干上がっていくにつれ、地表には湖水に含まれていた塩分が取り残されました。植生の乏しいアラル海周辺では偏西風が強く吹いており、アラル海から見て東寄り一帯に塩分が広範囲に飛散していきました。農作物への塩害はもちろん、人間の身体にも被害が及びました。大気中に舞った塩分が、アラル海に流入していた農業廃水に含まれる化学物質などと相まって、これらを吸い込んだ人の肺に著しいダメージを与え、肺炎や肺ガンを患う人が急増していったのです。つまり人間の生命を脅かすに至ったのです。その他にも、アムダリア川流域では過剰な灌漑による塩害も生じ、綿花栽培地は拡大したものの、綿花生産量は伸び悩んでいます。一体、何のための開発だったのか、甚だ疑問を感じざるを得ません。

現在、世界各国の援助に基づきアラル海の再生計画が行われています。この計画は、北部の小アラル海の南部にコーラル堤防を築き、南部の大アラル海側へ水が流れ込むのを防ぎ、小アラル海のみを何とか残そうというものです。また、高濃度の塩分にも耐えうる魚を放流し、少しでも漁業資源を戻そうとする取り組みも行われています。

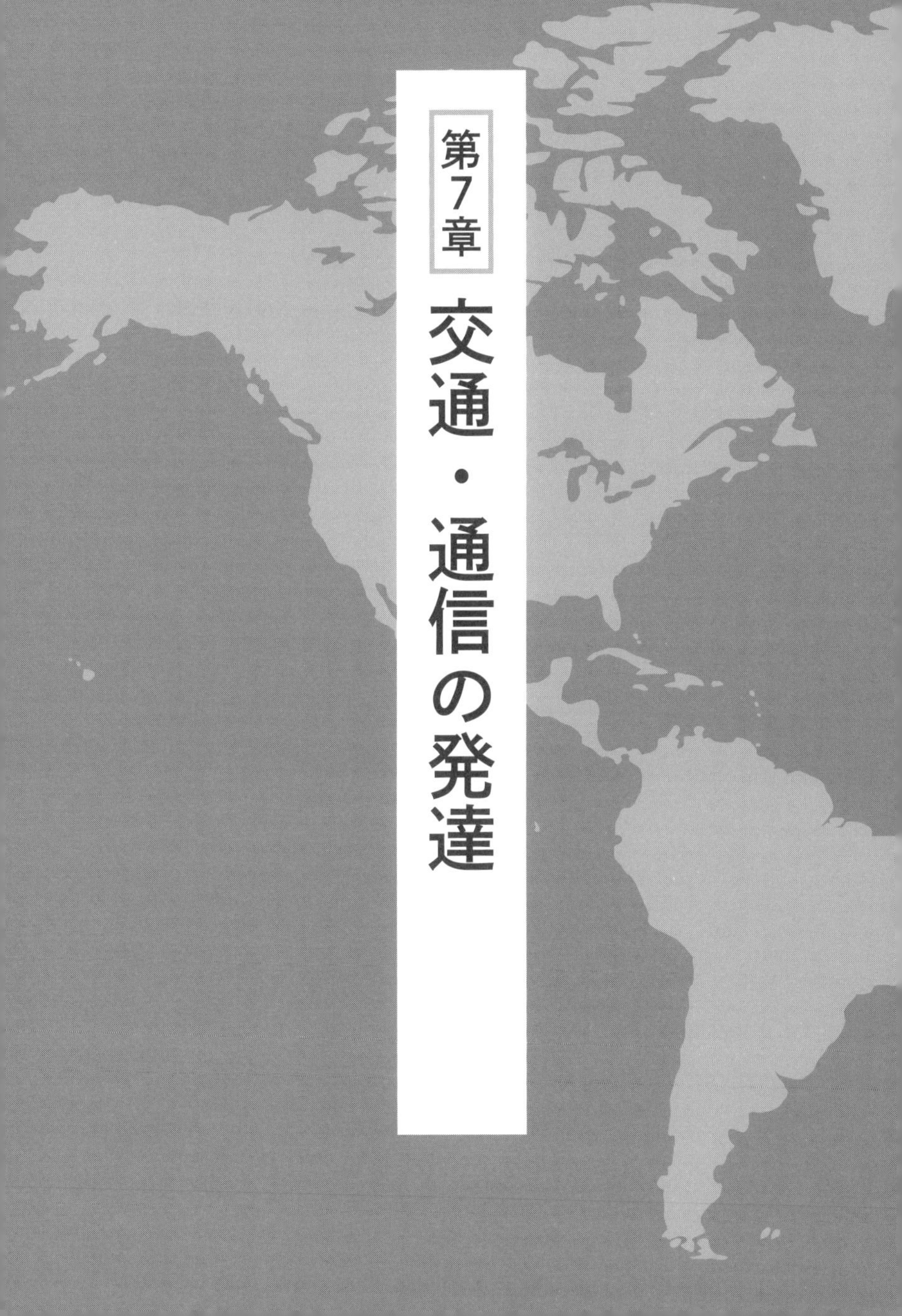

第7章 交通・通信の発達

1 交通・通信の発達

アラブ首長国はもう石油だけの国ではない

1 輸送機関の種類と特色

●輸送機関の長所と短所

通勤や通学、旅行の移動に欠かすことができないのが輸送機関です。旅好きの方にとっては、輸送機関にはそれぞれ一長一短があって味があり、移動自体が楽しみになったり、記憶に残ったりしているのではないでしょうか。私も仕事柄、1日に3か所（埼玉県→東京都→千葉県）を毎週移動することもありますし、仙台や浜松には新幹線で移動し、札幌には航空機で移動していました。私にとっては、常日頃からどの輸送機関も欠かすことができない身近な存在となっています。

好みは別として、客観的に各輸送機関の特徴を見ると、次のようになります。

①鉄道

長所…長距離、大量輸送、高速・定時性に優れる、環境負荷が小さい。

短所…輸送弾力性※が小さい、地形の制約が大きい、設備投資費用が大きい。
②自動車
長所…輸送弾力性が大きい、地形の制約が小さい、設備投資費用が小さい。
短所…短距離、少量輸送、低速、交通渋滞、環境負荷が大きい。
③船舶
長所…長距離、大量輸送、輸送費が安価。
短所…低速、設備投資費用が大きい、地形の制約が大きい、気象の制約が大きい。
④航空機
長所…長距離、高速、地形の制約が小さい。

短所…輸送費が高い、少量輸送、設備投資費用が大きい、気象の制約が大きい、環境負荷が大きい。

※輸送弾力性とは、その輸送手段を使って出発地と目的地にどこまで近づけるかの度合い。

このように見てみると、陸上輸送の中心である鉄道と自動車は、お互いが短所と長所を補うような関係にあることがわかります。それゆえ、輸送ルートの地形などの自然的要因や金銭面などの社会的事情も含めて、複数の輸送機関を組み合わせた輸送体系ができあがっています。
輸送量は、人を運ぶ旅客輸送量と荷物を運ぶ貨物輸送量に大きく分けられます。指標はそれぞれ人数×距離（＝人キロ）または重量×距離（＝トンキロ）で見ることができます。ですから一般には、人口が多かったり、国土面積が広かったりする場合に値は大きくなります。

今回は同じ先進国であるアメリカ合衆国と日本を比べてみます。絶対量ではどちらの指標もアメリカ合衆国が大きいことがわかりますが、輸送機関の内訳を見てみると、大きな違

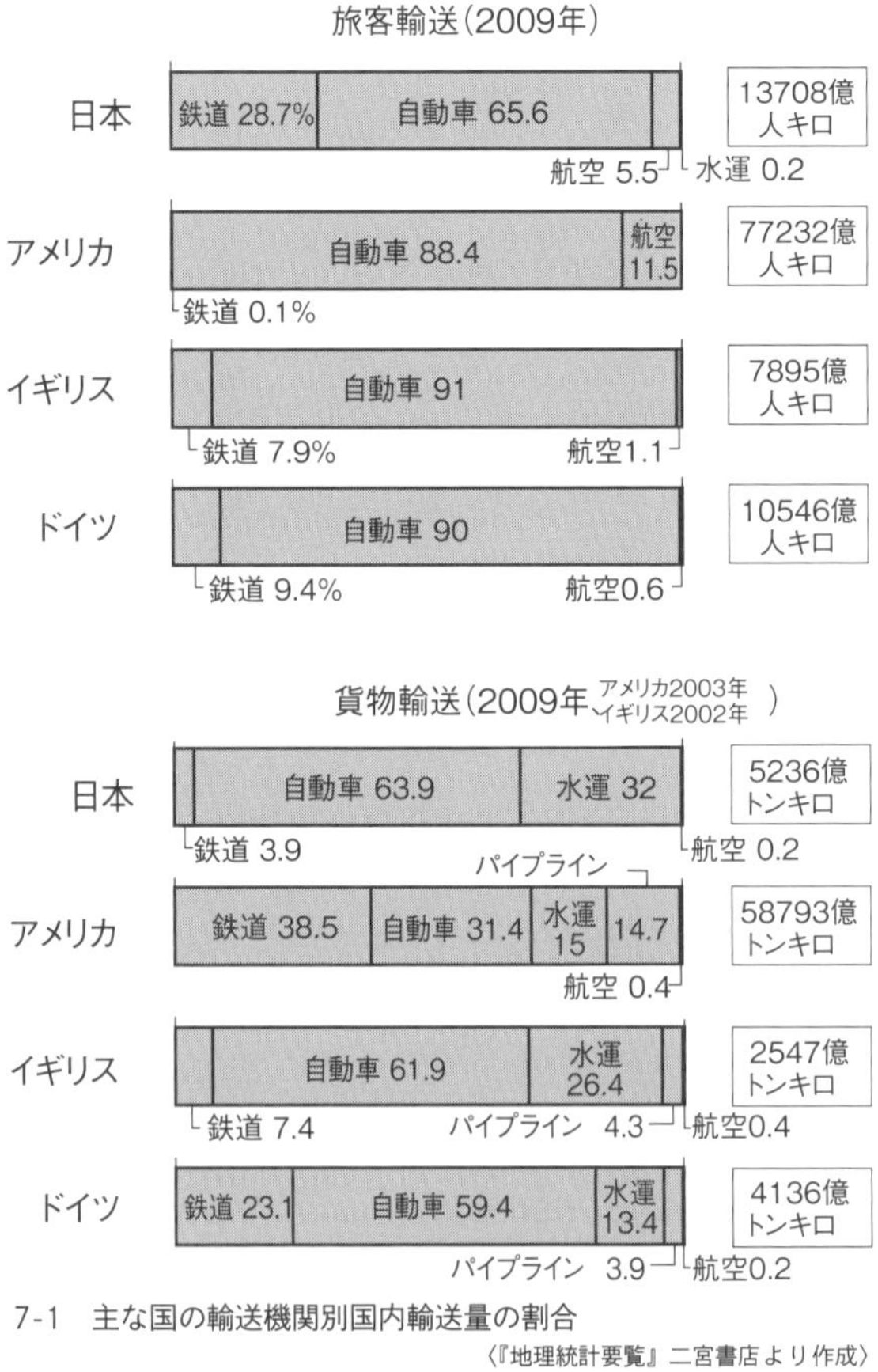

7-1　主な国の輸送機関別国内輸送量の割合

〈『地理統計要覧』二宮書店より作成〉

いを見て取ることができます。旅客はどちらも利便性が高い自動車による移動が中心です。ただしアメリカ合衆国は、顕著な点として、他国と比べ航空機の割合が高いことがわかります。アメリカ合衆国は、日本の約25倍もの面積を誇りますし、西海岸（ロサンゼルスなど）と東海岸（ニューヨークなど）の大都市は遠く離れて存在しています。この距離を移動するにはさすがに車では厳しいものがありますし、大山脈のロッキー山脈を貫き、人口密度が低い中央部を通って高速鉄道を敷設することは、費用対効果の点からも難しいものがあります。そのことが航空機の利用を高めている要因です。

一方の日本は、鉄道輸送の割合がとても高いという特徴があります。一般的に鉄道は初期段階の輸送機関であるため、旅客輸送では途上国でその割合が高くなります。ではなぜ先進国である日本は、そこまで鉄道輸送の割合が高いのか。それは、新幹線の存在が理由の一つとして挙げられます。東海道新幹線の場合、1編成が16両で、約1300人を時速270km超で運びます。この新幹線が約550kmも離れた東京—新大阪間を1日300本以上運航されているわけですから、「輸送人キロ」の値が上がることになります。その他に、日本の人口の約45%が集中する東京・大阪・名古屋の三大都市圏に地下鉄や私鉄などの鉄道網が張り巡らされていることも、鉄道輸送の割合が大きい理由として挙げられます。

貨物輸送でも両国の違いを見ることができます。島国である日本は周囲を海に囲まれていますから、大量輸送に最も適した船舶の割合が比較的高いと言えます。一方のアメリカ合衆国は、東西が海に接しているものの、大都市が集中し、貨物の輸送量が多い西海岸と東海岸のあいだを、わざわざ船舶を使って北極海やパナマ運河を経由して運ぶことはできません。そこでアメリカ合衆国の場合、貨物輸送においては陸上の大量輸送に最適な鉄道を活用しているわけです。また、石油や天然ガス資源が豊富なアメリカ合衆国は、少ないながらもパイプラインが国土に張り巡らされていることも見逃せません。このことは、アメリカ合衆国のエネルギー事情を変えた「シェールガス革命」につながりました（第6章第1節参照）。

以上のことから、グローバル化が進んでいる今日では、海外への企業進出に失敗しないためには、各輸送機関のメリットとデメリットを把握した上で、各国の輸送事情を熟慮することが大切です。しかし、鉄道など交通インフラの整備には莫大な資金を必要とするため、一企業が整備を行うのは到底困難です。そこで現在では、日本企業の進出が進みつつあるインドの地において、日本政府が後押しをして、日本の円借款を活用した貨物鉄道の整備（デリー〜ムンバイ、デリー〜コルカタ）が進められています。また、日本企業による２０２０年代前半の高速鉄道の整備も決定しました。今後はこのような官民一体となったインフラ整備と企業進出のパッケージ型の海外展開が増えていかないと、日本企業の国際競争力が低下していくことは言うまでもありません。

2 輸送機関の環境対策

◉環境対策の進む交通

今日、どの輸送機関にも共通して求められているのが環境対策です。環境問題への世界的な意識の高まりや化石燃料の枯渇が懸念されていることが背景にあります。身近な自動車分野では、ハイブリッドカーはもちろん、電気自動車、そして究極のエコカーと呼ばれる燃料電池車も登場してきました。また、鉄道は輸送効率が極めて高い乗り物です。通勤電車を例に取ってみると、確かによくわかります。1車両に約140人前後が定員とされており、大都市部でラッシュ時には200%近くなっていることを考えると、1車両には約250〜3００人が乗車している計算となります。東京都内を走る山手線の場合、1編成が11両ですから、たった1編成で約2750〜3300人、ラッシュ時には約2分半の間隔で運転されていますから、その輸送量は膨大であることは言うまでもありません。

鉄道の中でも注目を集めているのが、高速鉄道です。なかでも、日本の新幹線とフランスのTGVは、その技術力の高さで世界的に評価されており、先進国はもとより中国やインドなどの新興国においても、中距離の都市間移動の手段として導入や敷設計画が見られるようになっています。特に中国は急速に高速鉄道の整備を進め、既に総延長は2万kmを超え、日本を含めたその他の全世界の高速鉄道の総延長を超えています。現在では日本にやってくる観光客の多くが、東京～京都～大阪間（通称ゴールデンルート）の移動にも好んで乗るぐらい、新幹線は日本が誇る技術の結晶と言っても過言ではないでしょう。

●「Light」な輸送インフラ

これまで見てきたように、それぞれの輸送機関で環境対策が進んでいますが、輸送体系全体での対策としては、パークアンドライドやＬＲＴと呼ばれるものがあります。

パークアンドライドとは、都市郊外の大規模な駐車場に車を駐車（＝パーク）し、環境負荷の小さい鉄道やバスに乗り換えて（＝ライド）、都心部へと向かう輸送体系のことです。これにより都心部での渋滞緩和や大気汚染の改善が期待できます。

ＬＲＴとは、Light Rail Transit の頭文字を取ったも

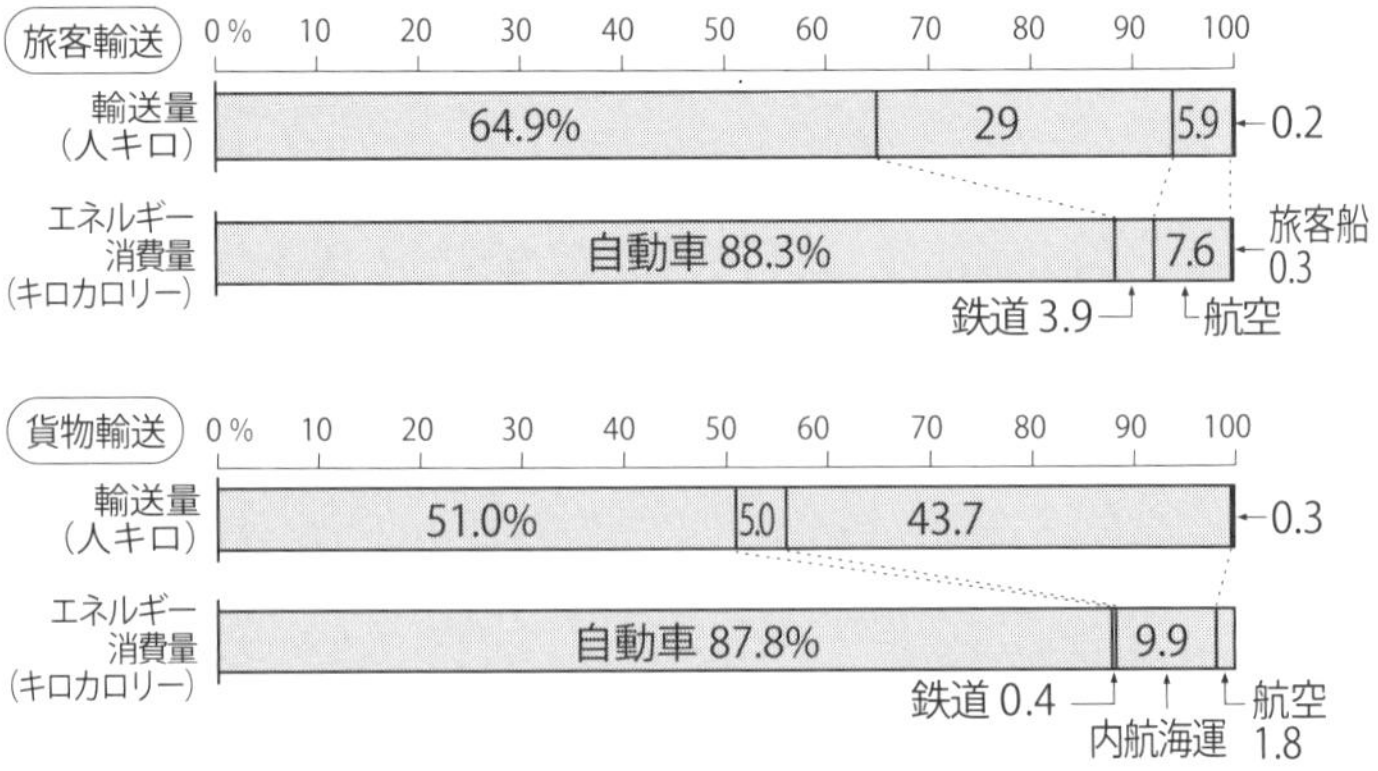

7-2　輸送機関別輸送量とエネルギー消費の割合（2013年度）〈『日本国勢図会』より作成〉

のであり、かつて日本でもよく見られた路面電車の進化版とでもいうべきものです。かつての路面電車は都心部のみに敷設されているのが一般的でした。ただ、都市化が進むにつれて、郊外に居住しながら、通勤・通学時には都心部へ向かう人々も増えてきました。当然、郊外からは複数の鉄道を乗り継いだり、自家用車で渋滞に巻き込まれたりしながら向かわなければならず、手間と時間がかかってしまいます。LRTは「Light＝軽い」という言葉から次のことがわかります。一つは、郊外から都心部に直接通じる鉄道を路面電車とすることで乗り継ぎがしやすく、さらに低床車両の利用により、高齢者でも乗り降りしやすいという特長があります。つまり「フットワークが軽い」ということになります。二つ目は、通常の鉄道と違い、路面電車は設備投資費用が安く済みます。つまり「金の負担が軽い」ということです。車よりも鉄道を使うことで、環境負荷の軽減になることはもちろん、超高齢社会を迎える日本では、バリアフリー対策にもなります。また、車を運転できない交通弱者へのサービス向上という要素も含んでいます。現在多くの自治体は財政難の状況下にあります。この「Light」な輸送インフラは、もともとは西ヨーロッパの中小都市で始まった取り組みでしたが、最近では日本の地方都市でも注目を集めています。その中で富山市は、おおむね成功している数少ない事例です。

3 航空交通

◉めまぐるしく変わる航空交通

次は技術の発達とともに身近な輸送手段となった航空機についてです。航空機は時間距離を大幅に縮めることに貢献した輸送機関であり、これまでは行くことができなかった土地へ行くことも容易にしました。

航空機には、自然的制約があります。例えば、日本からヨーロッパに向かう際には、中高緯度地方の上層を強く吹くジェット気流の向かい風を受けます。そのため、飛行時間が長くかかることになります。逆にヨーロッパから日本へ向かう際には追い風になるので、飛行時間は短くなります。また、この飛行時間という視点は、乗客の立場から見たものですが、航空会社側から見れば、費用の増減に大きく関わるものです。距離の概念で言えば、時間距離として見るか、経済的（費用）距離として見るか、の違いになります。そこで航空会社では、ディスパッチャーと呼ばれる専門職が活躍しています。ディスパッチャーとは、地上からパイロットに風向きや風速などの気象に関する情報を伝達し、安全かつ最短の時間距離で飛行できるようアドバイスする人です。

また、航空機は公害による制約も大きいです。騒音や振動の問題で夜間飛行の禁止や新空港建設が困難になるなどの問題が生じやすいことは周知のとおりです。特に日本の場合、山がちで平地が乏しいので、沿岸部の大都市に人口が集中しているため、これらの公害問題によって、後述するハブ空港整備に後れを取っています。

1970～1990年代は、大型旅客機が隆盛した時代でした。航空機にも大量輸送時代が到来していました。さらに、コンコルドで知られるような超音速旅客機（SST）も就航していた時代です。またソ連が解体する1991年頃まで、ソ連上空には飛行制限があったため、日本からヨーロッパに向かう際には、アメリカ合衆国のアラスカ州にあるアンカレジ国際空港を経由して向かったり（いわゆる北回り）、インドを経由して向かったり（いわゆる南回り）していました。北回りでは約16時間、南回りでは約23時間もかかっていました。読者の中には懐かしく感じられる方がいるかもしれません。

前述のアラスカ州のアンカレジは、旅客機の中継地としての地位を大きく低下させましたが、ヨーロッパ、北米、そして経済成長著しい東・東南アジアのほぼ中間地点にある地理的優位性を生かし、現在では世界屈指の貨物のハブ空港となっています。世界最大の物流会社であるFederal Express社が拠点を置き、さらにはその物流網を生かして世界最大級の通販サイトを運営するアマゾンドットコムが巨大倉庫を設けています。ヨーロッパ、北米、東・東南アジアの主要都市に、おおよそ12時間で物資を届けることができるわけですから、これ以上の場所はなかなか他に見当たりません。

２０００年代に入ると、原油需要の増大や世界的な環境意識の高揚があり、航空機は燃費の良い中・小型機中心へと変わりつつあります。また、経済成長を遂げた新興国での航空需要が増えたことや、欧米諸国におけるオープンスカイ協定（2か国間で国際線の路線設置や便数・運賃などの規制を撤廃し自由化する協定）の締結など、新航空路線の就航が容易になったこともあり、ＬＣＣ（格安航空会社）が台頭してくることになりました。

●ハブ空港とは何か

ハブ空港は、自転車の車輪部分の中心にあるハブを空港に、そこからタイヤ部分へと伸びるスポークを航空路線に見立てたハブ＆スポーク方式からそう呼ばれています。航空会社はハブ空港に発着路線を集約することで、乗務員や整備士を１か所にまとめられることなどにより輸送の効率化（＝コスト削減）を図ることができます。私たち利用者にとっては、ハブ空港に搭乗客が集まることで１機あたりの搭乗率が上がるため、運賃が低下するという利点につながります。また、地元自治体や政府にとっては、ハブ空港を持つことで税収等が増えますし、乗降客がハブ空港を持つ国に用がなくても、トランジット（乗り継ぎ）のついでに飲食や宿泊をしてもらえれば、経済的効果が期待できます。さらに、それにともない周辺のインフラ整備が進むことで、世界的なイベントや国際会議の開催など副次的な効果まで期待できます。

ただし、東アジアで生き残ることができる国際的なハブ空港は、二〜三つ程度とされています。ハブ空港も細かく見れば、旅客と貨物に分けることができますが、ハブ空港になるための共通条件として、十分な発着回数を確保できる滑走路、24時間運用可能、離着陸料が安い、国内線と国際線の乗り継ぎが便利、航空会社の運航方針と合致する、などが挙げられます。これらを考慮すると、日本の成田空港や東京国際（羽田）空港、関西国際空港、中部国際空港などが、東アジアで厳しい戦いを強いられているのは言うまでもありません。

なかでも成田空港は、かつて羽田空港との棲み分け（成田が国際線、羽田が国内線）策があり、国内線と国際線の乗り継ぎが不便でした。例えば以前、台湾の航空会社であるチャイナエアラインは、国内線専用であった羽田空港発着でした。これは、日本は台湾を国として認めていないため、「国際」線専用の成田空港発着にできなかった事情を反映したものでした。現在は、東京都心へのアクセスが圧倒的に優れる羽田空港の国際化もあって、そのような棲み分けが見られなくなりました。また成田空港は、計画段階から土地をめぐる政府と住民との対立があったため、「十分な発着回数を確保できる滑走路がない」「24時間運用不可能」「離着陸料が高い」など、ハブ空港化には極めて厳しい環境にあります。そこで、現在はＬＣＣ（格安航空会社）の誘致に生き残りをかけています。

今日、世界的ハブ空港としてその名を上げているのが、アラブ首長国連邦にあるドバイ国際空港です。２０１４年には国際線の乗降客数で、イギリスのロンドンにあるヒースロー国際空港を抜いて、ドバイ国際空港は世界一になりました。ドバイは、中東地域のほぼ中心に位置し、古くからペルシア湾の玄関口として栄えてきた港町です。また、ヨーロッパやアジア、アフリカの主要都市を約8時間以内で結ぶ好立地でもあります。このような地理的条件の優位性に加え、アラブ首長国連邦の国策があります。アラブ首長国連邦は早くから原油依存からの脱却を目指し、産業の多角化を図ってきました。その一つが航空運輸業です。現在は国営のエミレーツ航空の路線拡大、空港拡張・設備への投資などに加え、税金などを優遇するフリーゾーンを設け、ハブ空港と港湾を一体化させた物流拠点の推進も行っており、旅客、貨物とも世界最強のハブ空港を目指しています。

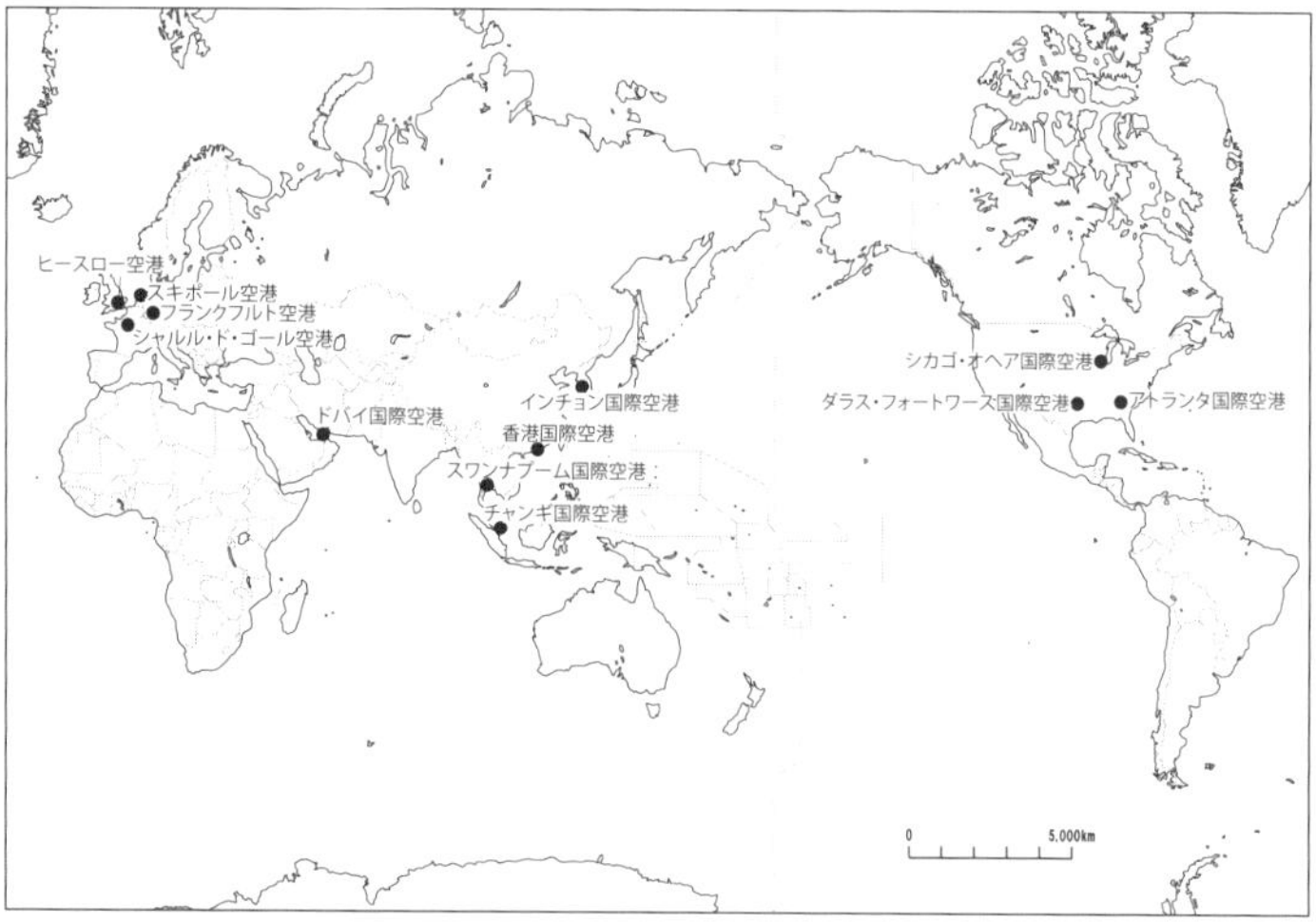

7-3　世界のハブ空港

第8章

行動空間の拡大

1 行動空間の拡大と生活意識の変化

シャッター通り商店街とコンパクトシティ構想

1 行動空間

●モータリゼーションの進行

1960年代のエネルギー革命（石炭から燃焼効率の高い石油への転換）を経て、日常生活の中に自動車が普及するモータリゼーションが世界的に進行していきました。他の輸送機関にはない自動車の一番のメリットは、ドア・ツー・ドア（戸口）輸送ができる点です。家族みんなで移動する場合などには、これほど便利な輸送機関はありません。日本でも1960年代の高度経済成長期に、モータリゼーションが急速に進みました。もちろん、その背景には所得水準が上昇し自家用車を手に入れられるようになったこと、また、それとともに全国で高速道路網をはじめとする道路整備が進められたことがありました。

1960年代において、1世帯あたりの自家用車の保有台数が最も多かったのが東京都であり、他にも所得水準が高い世帯が多く住む大都市圏の都府県が上位に名を連ねました。しかし、その後は急速に地方で自家用車が普及していきます。その結果、現在では1世帯あた

1975年	1980年	1990年	2000年	2010年	2018年
0.475	0.628	0.794	1.075	1.080	1.058

8-1　1世帯あたりの自家用車保有台数（台）　〈自動車検査登録情報協会〉

りの自家用車の保有台数が最も少ないのは東京都です。大都市の都心部では、土地が少ないため駐車スペースを確保するのが難しく、確保できたとしても駐車場代が高くなりがちです。また、渋滞に巻き込まれて時間が読めなかったり、行った先でも駐車場代が高くついてしまったりします。東京をはじめとする大都市圏では鉄道網が整備されており、そうした状況下では鉄道を使うほうが利便性は高いのです。そのことが保有台数が少ない背景となっています。

一方、地方では、自家用車の普及が人々の購買行動に大きく影響していくことになります。それに応じて店側も、自動車による移動を見据えた立地展開が起こっていきました。

最寄品と呼ばれる食料品や日用雑貨は、以前は近所の商店街やスーパーマーケットで購入されていました。それが、大型駐車場完備の専門店などが多く入ったショッピングセンター（映画館などの複合型施設も多い）が郊外にできると、ワンストップショッピング（1か所でまとめ買い）されるようになります。また、主要幹線道路沿いには全国展開するコンビニエンスストアやファミリーレストラン、専門スーパー（衣料、薬品、家電、書籍、ホームセンターなど）といったロードサイドショップが立地していきました。

さらに、買まわり品と呼ばれる宝飾品や高級衣服などの高価格商品も、都心の百貨店や専門店での購入に限られていたのが、最近ではデフレの影響から、大都市圏郊外のＩＣ（インターチェンジ）付近に立地したアウトレットモールで購入する人々も増えてきました。

◉地方都市で見られるシャッター通り

地方都市では、最近「シャッター通り」という言葉を耳にする機会が増えました。これは、郊外に大型ショッピングセンターが建設された結果、顧客離れが進み閉店に追い込まれた商店街を指す言葉です。こうした商店街を構成する店舗は、個人事業主が多く、資本力も小さいため、自前で駐車場を整備できなかったからです。

このようになった背景には、１９８０年代のアメリカ合衆国との貿易摩擦があります。１９８０年代、日本とアメリカ合衆国のあいだで、自動車をめぐる貿易摩擦が大きな問題となっていました。アメリカ

8-2 「シャッター通り」商店街（青森県青森市、2008年8月午後4時頃撮影）

合衆国は、アメリカ産農畜産物の購入を促す市場開放を迫っただけでなく、実は商業分野で外国企業の進出・参入を認める市場開放や規制緩和も求めたのでした。その結果、大規模小売店舗法という法律が2000年に廃止され、代わって大規模小売店舗立地法が施行されました。これにより店舗面積に関する規制が大幅に緩和され、アメリカ合衆国で見られるような巨大スーパーマーケットなどの出店が、都心部を除いて可能となったのです。

しかし今日、欧米の企業が日本に巨大スーパーを、という話はあまり聞きません。その理由は、日本人の購買行動が、欧米型のまとめ買いや毎日低価格といった販売方法に向かなかったからだとされています。日本は国土面積が狭く、日本人の多くは広く大きな家に住んでいるわけではないので、買った商品を置くスペースがありません。また、毎日安い商品が手に入ることよりも、期間限定「セール」の方が購買意欲をかきたてられる人が多いとされます。その結果、日本に進出してきた欧米資本の巨大な敷地を必要とする小売企業の多くが撤退に追い込まれました。外国企業が現地で成功するためには、各地域の市場のニーズを的確に捉えることが必要なのです。

話を「シャッター通り」商店街の話に戻しましょう。前述の法改正の恩恵を受けたのは、全国展開を行う巨大資本を持つ日本の小売企業でした。郊外の幹線道路沿いに大規模な敷地を安く確保し、大規模な駐車場を完備し、家族連れでも来店しやすいように、食料品スーパーだけでなく、服飾や本屋などの専門店や映画館、ゲームセンターなどのアミューズメント施設を併設し、「一つの街」として巨大ショッピングセンターを建設していきました。滞在時間が長くなると必然的に消費が多くなりますし、ショッピングセンターに行けば何でも揃うとなると、顧客は次第に囲い込まれていきます。このようにして、地方都市では「シャッター通り」が増えていったのです。

地方都市の場合には郊外の空き地の開発が中心でしたが、大都市圏においては、「産業の空洞化」と呼応するかたちで、海外へと移転した工場の跡地にショッピングセンターが開発・建設されていきました。1980年代の貿易摩擦や円高、さらには1990年代のバブル経済崩壊後の大不況で、大規模工業地帯の臨海部を中心に工場が閉鎖され、その跡地に建設されたショッピングセンターも多くありました。もともと臨海部は物流倉庫が多かったため、輸送の利便性に優れていたことも背景にありました。

●中心市街地の活性化に向けたコンパクトシティ構想

前述のとおり、「シャッター通り」と化してしまった地方都市の中心市街地を鑑みて、国は大規模小売店舗立地法を含む「まちづくり3法」と呼ばれた法律の一部を改正しました。再び中心市街地の活気を取り戻すべく、今度は郊外への大規模小売店の出店を規制し、中心市街地においては条件付きながら出店を緩和したのです。

ではなぜ今さらながらこのような法改正を行ったのかというと、背景にあるのは少子高齢化です。これまで日本の地方都市では、市街地の拡大にともない郊外化が進んできました。しかし、郊外化によって都心部から店がなくなると、移動手段を持たない都心部に居住する交通弱者の高齢者にとっては死活問題です。実際に「フードデザート（食の砂漠）」と呼ばれる食料調達が困難になる都心部も出始めています。また、郊外の拡大で広い範囲へインフラ整備・維持しなければならない自治体の費用負担の増加も重荷になってきました。そこで、少子高齢化によって、将来にさらなる財政難に陥る自治体も増えてくることから、市街地を小規模化して公共交通機関を整備し、徒歩や自転車でも移動可能な範囲に都市機能を集積し、コミュニティの再生や住みやすいまちづくりを目指そうとする動きが始まりつつあります。ちなみに、このような都市構想をコンパクトシティ構想と呼び、その流れを受けて少しずつ改善策が施され始めています。

第9章

人口問題

1 先進国と途上国の人口動向と人口問題

見かけなくなった「明るい家族計画」、フランスの三人っ子・中国の一人っ子政策

1 人口動態

●高まる人口問題への関心

今日では喫緊の課題となった、先進国と途上国における人口問題が顕在化してきたのは、1970年代のことでした。ローマ・クラブ（地球の有限性に共通の問題意識を持つ世界の知識人が結成した任意団体）が1972年に発表した『成長の限界』が一つのきっかけでした。『成長の限界』は、このまま途上国において出生率が低下しなければ、エネルギー資源が乏しくなって資源をめぐる戦争につながったり、深刻な環境破壊につながったりするという警鐘を鳴らすものでした。しかし、このレポートは、ある部分では的を射ていた一方で、資源価格の上昇につながっている背景を途上国のせいにした主張とも受け取れる内容でした。なぜなら、先進国がこれまで資源を求めて植民地化を進めるなどしてきた自分たちの行為を棚に上げていたからです。

１９７４年に開催された世界人口会議では、先進国と途上国の主張が対立を極めます。しかし、そのような対立は無用の長物であり、ようやく１９８４年の国際人口会議で両者は歩み寄ります。先進国と途上国は、途上国を含めた家族計画の必要性で合意し、先進国が最大限協力していくことが確認されました。そして、国家というマクロ単位で人口問題を考えるのではなく、もっとミクロな個人レベルで、取り組むべきだと宣言しました。１９９４年の国際人口開発会議では、「リプロダクティブ・ヘルス・アンド・ライツ（性と生殖に関する健康と権利）」を尊重し、女性の地位向上を目指すとともに、人口は「抑制」ではなく、女性の「選択」によるべきという考え方が確立されました。この背景には、人口問題と関連して国際社会の大きなテーマとなっていた環境問題の進展がありました。１９８０年代後半、初めて「持続可能な開発（sustainable development）」が提唱され、１９９２年にリオデジャネイロで開催された国連環境開発会議（通称地球サミット）でその理念が確認されました。これ以降、様々な国際会議のなかで「development」（日本語訳は「開発」）という単語が多用されるようになっていきました。

●人口革命―多産多死から少産少死へ

なぜ先進国のように経済成長を遂げると、出生率が低下し、人口減少という問題を抱えるようになるのでしょうか。

そもそも貧しい地域では、人々は家計を支えてもらおうと、子どもを労働力として期待したり、年金制度などがないことで老後に不安を感じたり、女性の地位が極めて低く多産を好む文化的価値観が強いことなどにより、出生率が高くなる傾向があります。また、その一方で、医療や衛生環境が悪いため死亡率、特に抵抗力の弱い乳幼児の死亡率が極めて高い傾向にあります。このような人口動態を多産多死型と言います。

貧しい国（開発途上国）は、資源をもとにした経済成長や先進国からの援助などにより次第に医療や衛生環境が改善してくると、死亡率が低下していきます。その時に生じるのが、人口爆発と呼ばれる急激な人口増加です。これを多産少死型と呼んでいます。多産を好む文化的価値観が強く、すぐにはたくさんの子どもを求める動きを変えることはできないため、出生率はしばらくのあいだは

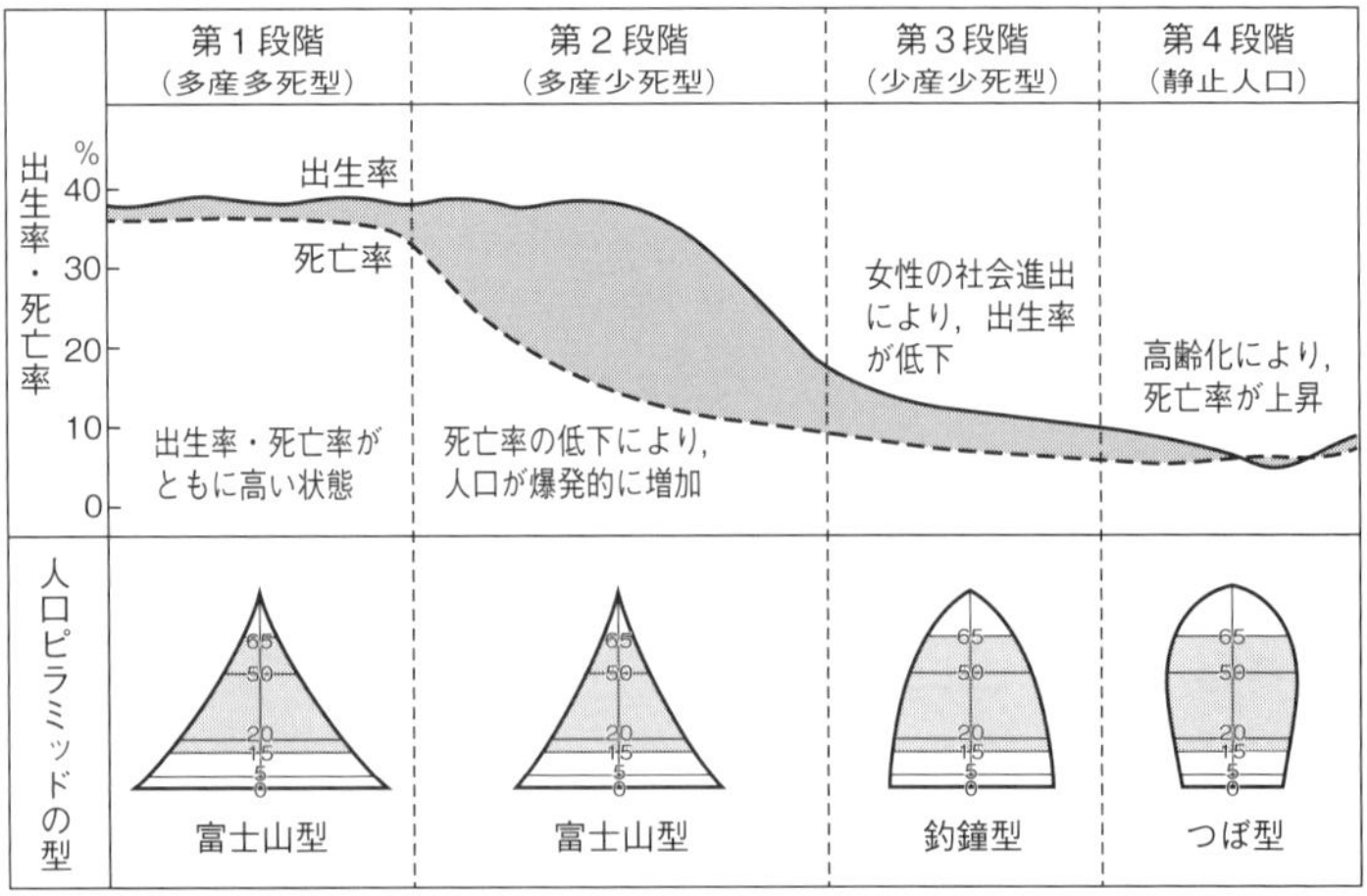

9-1　人口動態と人口ピラミッド　〈『図解地図資料』帝国書院より作成〉

高く推移するからです。

このように安定して健康な労働力を大量に維持することができれば、国を発展させることができます。その結果、次第に人々の中にも価値観の変化が生まれ始めます。具体的には、自給自足の生活から脱却し、貨幣経済によって金銭的余裕を持てるようになるので、自分たち自身の生活をより良くしようとする動きです。同時に、これまで低い地位に置かれてきた女性の地位向上を目指す動きも起こっていきます。そうなると、子どもをたくさんもうけるのを控え、1人か2人の子供に時間やお金をかけるようになります。女性も男性と同じく教育を受けられるようになり、高学歴化、社会進出が進み、晩婚や未婚を選択する女性にも社会が寛容になっていきます。これが、少子化が進んでいくメカニズムであり、この人口動態を少産少死型と呼んでいます。今から振り返ると、私のような1970年代生まれの世代が、幼少期に商店前で見かけ親にたずねて困らせた、「明るい家族計画！」というキャッチフレーズが書かれた避妊具の自販機は、この多産少死型から少産少死型へと変化していく時代の象徴だったのかもしれません。ここまでの人口の動きのことを、「人口革命」や「人口転換」と呼んでいます。

2 日本と主な国の人口動態

◉少子高齢化する日本

国だけでなく社会全体が少子化対策に本気で取り組まないと、少子化に歯止めがきかなくなります。少子化に歯止めがきかなくなる大きな理由として、本当の意味で女性の社会進出が進行していないことが挙げられます。つまり、実際に子どもを産む女性が、仕事と出産・育児を両立できる環境が整っていないということです。まさにその典型例が日本です。核家族化が顕著に進行してしまった日本においては、子どもを産んでも祖父母に預けるのは難しく、またその代わりとなる保育施設が不足しているのが現状です。また、仮に預けられたとしても保育料は決して安くなく、育児を考えるとフルタイム労働は難しいため、働いて得られる収入は限られ、差し引きすると何のために働いているのかわからない、という現実が待ち構えています。

この現実に直面するのは、多くの女性の場合、1人目の子どもをもうけたときです。それゆえ、2人目以降の子どもをもうけるべきか、それとも仕事を続けるべきか、大きな選択を迫られるのです。ですから、日本で保育施設の数の充実を図ろうとしている施策はすばらしいことではありますが、他にも施設の保育時間の延長と合わせて、労働時間が短くても正社員と同じ仕事をする女性に対しては、正社員と同様の給与や雇用保険を保障するなどの政策を、政府が強制力をもって進めていかなければならないと、私は考えています。ただ恥ずかしながら、このように考えるようになったのは、私自身が親になってからです。読者の男性の方の中にも、私と同様な境遇の方が多かれ少なかれいらっしゃると思います。

ちなみに現在の日本のように、少子高齢化によって死亡が出生を上回る人口動態（＝人口減少）を、静止人口と言い、男女別の年齢別人口構成の形が、壺を上下逆さにして伏せた形に似ていることから「つぼ型」とも言います（図9－1）。日本と同じ状況にある国としては、ドイツやイタリアが挙げられます。偶然かもしれませんが、すべて第二次世界大戦で敗戦した先進国です。その他の先進国は、概ね合計特殊出生率（1人の女性が生涯に産む子どもの数）が比較的高く推移しており、少産少死型の状況にあることから、人口ピラミッドの形も「釣鐘」型と呼ばれる状態にあります。

●日本と同じ先進国なのに人口を維持できている理由

日本より先に先進国となったアメリカ合衆国やフランスは、20世紀前半から少子化が進んでいました（日本は1970年代以降に本格化）。ところが、両国とも日本と違って人口減少に至っていません。それはなぜなのでしょう。

まずはアメリカ合衆国から見ていきましょう。アメリカ合衆国の人口増加の背景は、一言で言えば移民流入の影響です。特に1960年代以降、移民法が改正されたことで、アメリカ合衆国への移民は急増します。なかでもヒスパニックと呼ばれる移民が急増しました。ヒスパニックとは、スペイン語を話すラテンアメリカ諸国（メキシコ以南）出身者を指します。もちろんアメリカ合衆国と陸上で国境をなしているメキシコからの流入が圧倒的でした。移民の多くは婚期を迎える世代です。それゆえ、子どもをもうける可能性がある人々が数多く流入していることを意味しています。合計特殊出生率を見ると、白人は1・6と、日本（1・45、2015年）よりやや高い程度なのに対し、ヒスパニックは2を超えています。ここまでヒスパニックの合計特殊出生率が高いのは、ヒスパニックの多くの方がキリスト教のカトリックを信仰していることが背景にあります。カトリックには、「子どもは神からの授かりもの」という考えがあるため、避妊具の使用を避けたり、人工妊娠中絶を行わなかったりなど、言うならば多産を好む文化的価値観があるからです。つまり、アメリカ合衆国は移民の流入による高い社会増加と、その移民の高い出生率による自然増加によって、人口増加が支えられています。その点からすると、アメリカ合衆国の大統領選挙で、ヒスパニック票をどれだけ取り込めるかが焦点になるのもうなずけます。現在ではヒスパニックはアメリカ合衆国の総人口の15％を超え、黒人の人口割合を超えるまでに至っています。

同じく先進国のなかで人口増加率が高いフランスもその理由として、旧植民地で距離的に近いアルジェリアやモロッコなどからの移民の流入が多いことがまず挙げられます。一方で、フランスは、女性が働きながら子どもを産み育てやすい社会保障制度や環境が充実しています。通称「三人っ子政策」と呼ばれるこの制度により、3人以上の子どもがいる家族には、育児手当だけでなく、フランス国鉄や食料品を含めた生活雑貨などの割引パスの支給など、実に手厚い社会保障が与えられています。ここで重要なのは、2人以上ではなく3人以上から手厚くなるという点です。前述した合計特殊出生率は、おおよそ2・1を超えると、将来的にも自然増加によって人口を維持できるとされます（この数値を「人口の置換水準」と呼ぶ）。一般に親子の世代間で人口増加を見ると、両親2人に対して子どもが2人でようやく維持できる計算となります。しかし、子どもが事故や病気などで若いうちに亡くなる可能性は否定できません。よって、2人＋αとなっているのです。ただし国によって衛生環境など子どもが亡くなる可能性には違いがありますから、「人口の置換水準」には若干の違いがあります。

フランスの話に戻せば、以上の理由から、確実に人口を維持するために「2人ではなく3人から」というわけです。

●中国は一人っ子政策から二人っ子政策へ

これまで先進国が直面する人口減少という人口問題を見てきましたが、一方の途上国は「人口爆発」と呼ばれる人口増加の問題に直面しています。そのようななか、早くから人口抑制策をとってきたのが中国でした。中国は1950年代末頃から数年続けて起こった大飢饉や「大躍進運動」と呼ばれた政策の失敗によって、多くの餓死者が出てしまいました（一説には数千万人が死亡したとも言われる）。そこで、１９６０年代に入ってから多産奨励策をとったことで人口が爆発的に増加しました。そうなると今度は増えすぎたため、１９７０年代に入ってから晩婚奨励策をとり、少子化を促しました。ある程度、出生率は低下したものの、さらなる出生率低下を求めて、１９７９年から有名な「一人っ子政策」が始められました。一人っ子政策は、少数民族を除いた漢民族（全人口の約９割）を対象とし、原則一人っ子には優遇措置、２子以上の出産に対しては罰則、罰金が科せられました。これにより人口増加率が低下し、目的であった人口抑制を実現することができました。しかし、後になって様々な問題が生じるようになります。

一つ目の問題は、戸籍に載らない子どもが増えたことです。中国は未だに約3割が農民です（日本は約３％）。そのため、家計を支える労働力として多産を求めます。しかし前述のとおり2子以上は罰金・罰則となりますから、子どもをもうけても戸籍に載せないのです。もちろん戸籍に載っていない子どもたちは学校にも病院にも行けませんし、定職に就くこともできません。中国マフィアに足を踏み入れる子どもたちも多いと聞きます。現地では「闇っ子」（黒孩子《ヘイハイズ》）と呼ばれています。「黒孩子」の総数は、中国の総人口の約１％、日本の総人口の約１割にあたる約１３００万人もいるとされます。

二つ目の問題は、男女比率の不均衡が生じていることです。人口ピラミッドのスケールから見ても、明らかに40代以下の男性の割合が高いことがわかります。これには、中国は男の子を求める文化的価値観が強いという背景があります。ただ、いくら男の子がほしいと願っても、男の子が産まれるとは限りません。では、なぜそうなるかというと、人工妊娠中絶が関係しているのです。1人しか子どもをもうけてはいけないのであれば、一部の人々は男の子が産まれるまで、人工妊娠中絶を繰り返すとも言われています。これは国の施策によって、本来は女の子として産まれたはずの子どもの命を奪っているとも言えるのです。つまり倫理的な問題が指摘されています。現在、中国では20~30代のあいだでお見合いブームが起こっているようですが、このような男女比の不均衡を知っていれば納得できます。

三つ目の問題は、親の過保護です。過保護に育てられた子どもは現地では「小皇帝」とも呼ばれます。一人っ子政策によって急速に少子化が進んだため、今まで複数の子どもや孫たちにお金や目をかけていたのが1人になるわけですから、過保護になるのも当然と言えば当然です。また、親世代や祖父母世代は、1960年代から1970年代の文化大革命の厳しい時代を経験しており、子どもや孫に同じ嫌な思いをさせたくないという思いが強かったと言われます。こうして過保護に育てられたせいで、社会に出るようになった一人っ子政策の世代は、特に重労働である農業や製造業の職に就きたがらないと言われています。その結果、製造業の現場では労働力不足が既に生じており、中国の国際競争力低下につながっているという指摘もあります。家計消費に占める教育費の割合が日本以上に高いのも当然かもしれません。日本が尖閣諸島を国有化した際に暴動に参加したのはこれら一人っ子政策の世代が多かったとされており、これは一般には「反日教育」が背景にあるとされますが、一人っ子政策の影響による過保護が「切れやすい」ことにつながったと、一部の社会学者は見ています。

そして何よりも問題なのが、急速な少子高齢化です。起こって当然と言えば当然です。今日の日本と同様に、近い将来（２０２０年代後半頃）、現役世代の社会保障費の負担増加や若年労働力の不足などの厳しい状況が予想されています。そこで、現在、中国政府は一人っ子政策を緩和し始めています。２０１４年からは、都市部を除いて第二子まで容認されることになりました。さらに、２０１６年より事実上の二人っ子政策に変更しました（第三子以降の出産の制限は続き、人口増加が激しい大都市部では条件付きで第二子まで）。ただ政策を転換しても出生率に関しては、悲観的な見方が強いのが現状です。前述のとおり、中国では子どもにかける教育費や都市部での住居費の高さに加え、経済成長にともない女性の社会進出が進んでいるからです。今後の中国の人口動向に注視していきたいものです。

●人口ボーナスと人口オーナス

最後に、最近注目されている「人口ボーナス（オーナス）」という考え方をお話ししたいと思います。

まず「従属人口指数」と呼ばれるものからご紹介します。従属人口指数は、次ページ下の式のように定義されます。

年少人口（0～14歳）と老年人口（65歳以上）を足した、一般に働き手ではない人々（従属人口）と、働き手である生産年齢人口（15～64歳）を比べることで、現役世代（≒生産年齢人口）への負担を見ようという指標です。

この定義からわかるとおり、従属人口指数は値が低くなればなるほど、現役世代への負担が小さく、逆に値が高くなればなるほど、現役世帯への負担が大きいことを意味します。この考え方の中で、

（年少人口＋老年人口）×2＜生産年齢人口

の状態にあることを人口ボーナスと呼びます。人口ボーナス期は、現役世代（生産年齢人口）への負担が極めて小さい状態にあることを意味しますから、家計での貯蓄が増え、それをもとに金融機関は企業への融資を行い、企業は設備投資を活発化させます。その結果、企業は売り上げや利益を伸ばし、労働者の賃金を上げていく、という景気の好循環が生まれやすいと言われています。

また多くの国では、この人口ボーナス期を迎える数年前に高度経済成長期に入り、人口ボーナス期が終わる数年前に不景気もしくは低成長に入りやすいとされていま

$$\text{従属人口指数} = \frac{\text{年少人口(0～14歳)}+\text{老年人口(65歳以上)}}{\text{生産年齢人口(15～64歳)}} \times 100$$

る人口ボーナス期が終わり、従属人口指数が上昇していく状況を、負荷や重荷を意味する人口オーナスと呼んでいます。確かに人口ボーナスが終わりを迎える頃になると、現役世代への社会保障費などの負担増加の足音が近づき始め、次第に人々は消費を控えるようになるでしょう。その結果、企業の業績は伸び悩み始め、賃金も上がらなくなります。実際の景気動向はここまで単純とは思いませんが、人口ボーナス期が終わりを迎える数年前にはそのような社会心理が働き、不況に陥っていくというのは理にかなった話です。日本は人口ボーナス期を、1965~2000年に経験しています。このように人口統計から見てみると、日本の1960年代の高度経済成長期や1990年代から2000年代のバブル経済崩壊やその後の長引く不況は、人口ボーナス期が終焉を迎えたからだとする見方があります。つまり、人間の数そのものが、国の経済を支えている大きな一因であることは、ぜひ認識しておく必要があります。

2 人口移動

望まれた労働者の行く末、歪な男女構成を持つ国、日本の在留外国人の動向

1 世界の外国人労働力の移動

●人の移動の理由

人々が移動する理由は、大きく分けて三つあります。第一に、高所得や雇用の場を求めて途上国から先進国へ、また国内では、農村から都市へと移動する経済的理由によるものです。この理由による移動が最も多くなります。本節では経済的理由による国家間の移動、つまり国際労働力移動について詳説いたします。国内の永久的な移動については、アメリカ合衆国の西漸運動、ロシアのシベリア開拓、インドネシアのトランスミグラシ政策、北海道の屯田兵村などが挙げられます。また国内の季節的な移動については、冬季には長期にわたって雪に覆われ農業が全くできない時期（農閑期）に、北陸や東北地方の日本海側などから太平洋側の大都市へ出稼ぎ（土木作業）や杜氏（酒造り）として移動した例が挙げられます。

第二に、信教の自由を求めて移動する宗教的理由によるものです。パレスチナへと移動したユダヤ人のシオニズム運動、アメリカ合衆国北東部のニューイングランド地方へと移動し

たイギリスからの清教徒（ピューリタン）などが例に挙げられます。

第三は、罪人の流刑や、戦争・紛争によって移動せざるを得ない政治的理由によるものです。

◉1970年頃のドイツ・フランスへの移動

今日、世界的なグローバル化の進展によって、物だけでなく、人の移動も活発化していま す。日本でも観光だけでなく、働いたり、勉強しながら生活する外国人が増えています。ここでは、第二次世界大戦後、世界的にはどのような外国人労働力の移動があったのかについて焦点を当てて考えてみたいと思います。

まず1970年頃の移動についてです。この時期は、ヨーロッパのドイツやフランスに向かう移動が多いという特徴があります。その背景にあったのは、1960年代に日本と同じように戦後復興を遂げた結果もたらされた、高度経済成長による労働力不足です。日本と違って、ドイツやフランスでは戦前から少子化が始まっていたため、当時は人手が足りていませんでした。そこで、ドイツでは通称「ガストアルバイター」と呼ばれる制度を導入します。「ガスト」とは英語で言うところの「guest」＝「客」を意味します。つまり、「客人として手厚い保障をしてあげるから、ぜひドイツ国内で働きませんか」というものだったのです。これによって、ドイツには第二次世界大戦に参戦していなかったトルコや、同盟国であったイタリアから労働者が流入することになりました。ちなみにフランスも同様の政策をとり、旧植民地の北アフリカのアルジェリアやモロッコなどから移民を受け入れ、高度経済成長期を乗り越えることができました。

しかし、1970年代に入ると皆さんご存じの石油危機が起こります。当然、ドイツやヨーロッパも不況に陥りました。そうなると企業はリストラを進めざるを得ないわけですが、

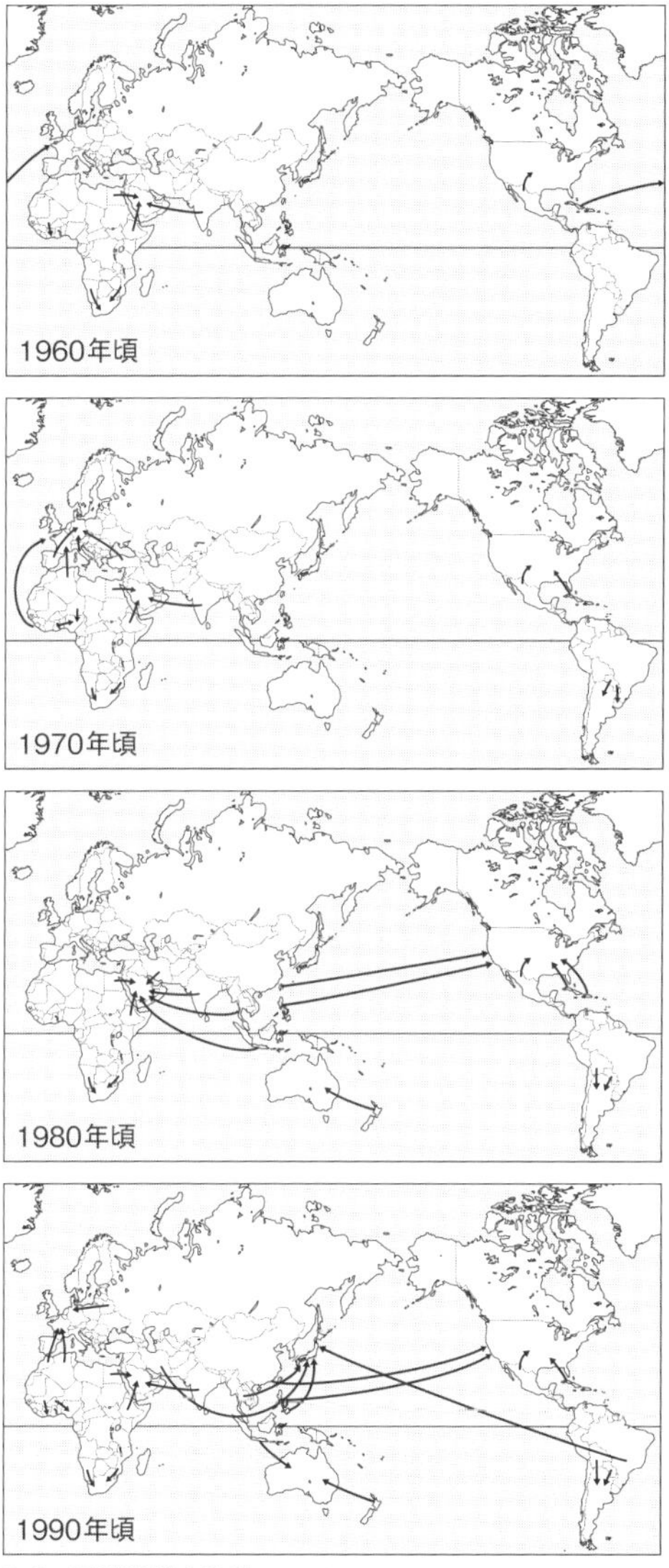

9-2　国際労働力移動　〈『図解地図資料』帝国書院より作成〉

真っ先に解雇されたのが外国人労働者でした。当然、外国人労働者は解雇されると通常であれば母国に戻るわけですが、戻る人はあまり多くありませんでした。なぜなら彼らは、「ガストアルバイター」であったからです。トルコなど母国に帰ってから仕事をしてもらえる賃金より、ドイツ国内に留まって失業手当をもらった方が収入が多かったと言われるほどだったのです。もちろん外国人労働者向けの失業手当は、ドイツ国民の税金によって賄われているわけですから、ドイツ人には次第に不満が高まっていきました。この時期からトルコ人などの外国人労働者に対する排斥運動が顕在化し、ネオナチと呼ばれる極右組織が台頭してきました。その後も不況になるたびにドイツでは、ネオナチなど極右系組織が台頭し、外国人排斥運動や外国人に対する暴行・殺人が起こるようになりました。

●1980年頃の中東の産油国への移動

1980年頃の移動で特に目を引くのは、中東の産油国への外国人労働者の移動です。この背景には、1970年代の石油危機の影響がありました。先進諸国が石油危機によって不況に陥る一方で、中東の産油国は石油価格の高騰によって、いわゆるオイルマネーが溢れ、好景気を謳歌することになりました。今でこそオイルマネーは、金融や観光、航空運輸業、アルミニウム精錬業などにも使われるようになっていますが、当時は、国内の道路や水道などのインフラ整備やビル建設に充てられていました。しかし、過酷な砂漠環境下で土木建設作業を行う労働者が不足していたため、近隣の北アフリカや南アジア諸国、さらには東南アジアなどからも外国人労働者が職を求めて、アラブの産油国に流入してきました。

その後、1980年代から1990年代には石油価格は一時下落しましたが、2000年代以降は石油価格の高止まりもあり、前述の流れは止まっていません。また、この外国人労働者の流入には一つの特徴があります。それは、流入者の多くが男性であることです。例えば、アラブ首長国連邦やカタールの男女別人口構成を見てみると、女性100人に対して、男性は200人を超えています。つまり、男性が2倍以上多いという、自然状態では考えにくい異質な状況となっています。なぜなら、雇用の場が厳しい自然環境下で過酷な土木建設作業をともない、また、イスラム文化圏では女性の地位が極めて低いからです。

2 日本の外国人労働力の移動

●1990年代から2000年代の日本

最後に、日本への外国人労働者の移動について見たいと思います。日本に外国人労働者が数多く流入してくるようになるのは、1990年代に入ってからです。もちろんこれには1980年代の日本の状況が影響しています。1980年代の日本では、アメリカ合衆国との自動車の貿易摩擦や円高、韓国など新興国の台頭によって、製造業の国際競争力の低下が叫ばれるようになっていました。特に自動車業界では、未熟練な労働者でも可能な作業については、人件費を抑えるために外国人労働者を求める声が強まっていました。そこで日本政府は１９９０年にようやく重い腰を上げます。出入国管理法を改正することにしたのです。この法改正により、日系二世・三世を対象に、日本国内での在留・就労資格が大幅に緩和され、事実上、日本国内に半永久的に留まれることになりました。その結果、ブラジルやペルーといった日本の対跡点（正反対の位置）近くに位置する遠く離れた国からも、多くの労働者が日本にやってくることになったのです。今から１００年ほど前に農業労働者として渡った日本人の子孫が多くいたからです。

当初は日本がどのようなところかもわからず、数年経ったら母国に戻ることが前提の出稼ぎ労働者として来日した人々が多かったと言われています。その後、次第にブラジル人コミュニティが形成され、日本での生活が安定してくると、家族とともに日本にやってくる人々が増えていきました。このことは、他の外国籍を持つ労働者と比べ、年齢別の人口構成を見てみるとよくわかります。子世代の0～10歳代の数が比較的多いことが、統計にも現れています。２０００年代後半にはブラジル国籍を持つ約30万人の人々が、自動車関連産業を中心に従事し、自動車関連産業が盛んな愛知県や静岡県、群馬県、埼玉県などに住むようになりました。現在、群馬県の大泉町では、リオのカーニバルを模したお祭りも行われるようになるほど、ブラジル人コミュニティが現地にも根付いてきています。しかし、その一方で日本の労働慣習や社会慣習に馴染めず母国に帰ったり、子どもたちが学校でいじめられたりするなどの問題も生じるようになっています。また、2012年にはブラジル国籍を持つ人々の登録数が大幅に減っています。これは2008年にアメリカ合衆国で起こった金融危機「リーマンショック」や、2011年の東日本大震災などの影響で日本の自動車関連産業の生産が減少し、それにともない職を失ったブラジル人が、家族を連れて帰国するケースが増えたのが理由です。

次に、日本へ流入している他の外国籍を持つ人々について見てみましょう。現在、最も多くの登録者数を誇るのが中国籍の人々です。彼らの多くは「留学」や「研修」目的で来日しています。1990年代以降の経済成長により、中国国内では富裕層が増え、より高度な教育を

	1990		2000	
	人	構成比％	人	構成比％
中国	150339	14.0	335575	19.9
韓国・朝鮮	687940	64.0	635269	37.7
ベトナム	6233	0.6	16908	1.0
フィリピン	49092	4.6	144871	8.6
ブラジル	56429	5.2	254394	15.1
ネパール			3649	0.2
その他	82874	7.7	225308	13.4
合計	1075317	100.0	1686444	100.0

	2010		2018	
	人	構成比％	人	構成比％
中国	687156	32.2	764720	28.0
韓国・朝鮮	565989	26.5	449634	16.5
ベトナム	41781	2.0	330835	12.1
フィリピン	210181	9.8	271289	9.9
ブラジル	230552	10.8	201865	7.4
ネパール	17525	0.8	88951	3.3
その他	334970	15.7	396946	14.5
合計	2134151	100.0	2731093	100.0

9-3　日本国内の在留外国人登録者数の推移

〈『地理統計要覧』二宮書店〉

求めて、日本に留学する人々が急増しました。また、日本企業の中国進出により、日本と中国との間の航空路線が拡充され、移動費用も安く済むようになったことから、「研修」という名の出稼ぎ目的の人々も急増しました。一方、1990年には最大の登録者数を誇った韓国・朝鮮籍の人々は減少傾

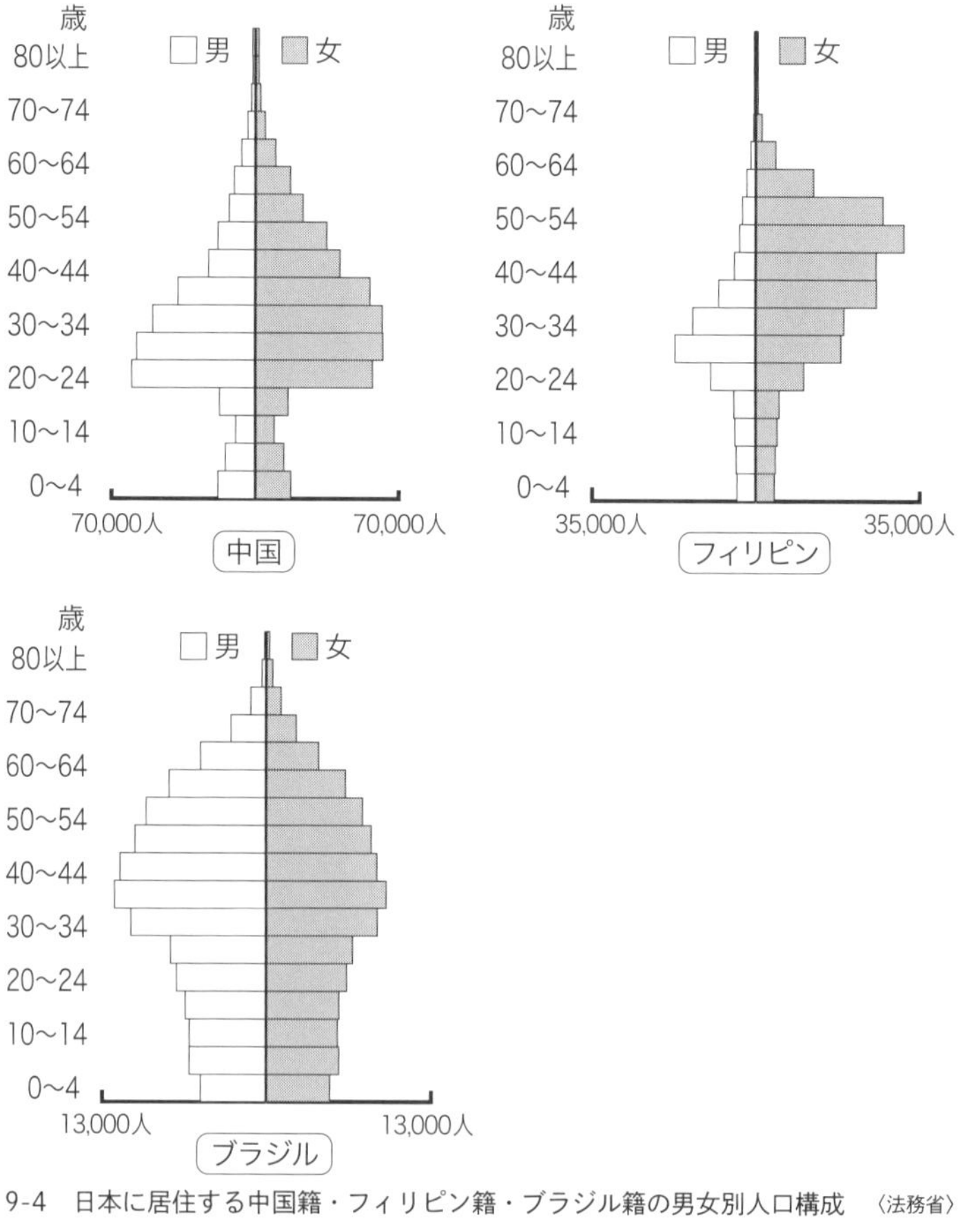

9-4　日本に居住する中国籍・フィリピン籍・ブラジル籍の男女別人口構成　〈法務省〉

向にあります。これには大きく分けて三つ理由があります。一つ目は、日本人の偏見や差別が根強いために、日本国籍へ変更する人々がいることです。二つ目は、韓国・朝鮮籍の人々には、日本の植民地時代に日本に渡った（または自分の意思に反して渡った）方が多く、高齢化によって亡くなる方が増えていることです。そして、三つ目に韓国が経済成長によって先進国となり、わざわざ出稼ぎ労働などで日本に行く必要がなくなったことです。統計数値の変化には様々な背景や理由があることがわかります。

最後にフィリピン籍を持つ人々の特徴についてです。フィリピン籍を持つ人々は、現在ではブラジル籍を持つ人々の登録数を抜いて、4番目に多くなっています。もともとフィリピンは英語が公用語となっており、英語圏のアメリカ合衆国などへの出稼ぎ移動の文化がありました。また、日本に比較的近く、日本とのつながりが深いこともあり、主に労働目的でやってくる人々が多くなっています。ただ、そのなかでフィリピン籍の人々に顕著なのが、飲食関係のサービス業などに従事する女性が多いことです。なかには日本人の悪しき経営者に騙されて日本へ連れて行かれ、風俗産業に低賃金で従事させられてしまうこともあると言います。

近年、日本では、外国人が技能実習制度や「留学生30万人計画」の活用もあって、2012年以降急増してきました。この技能実習生の約8割が製造業か建設業、留学生の5割以上が卸小売業かサービス業に従事しており、事実上の単純労働者となっています。また、20

19年4月に出入国管理法が改正され、深刻な人手不足の状況にある介護や建設、外食、宿泊、農業などの分野に、一定の専門性や技能を有し、即戦力となる外国人材を受け入れる「特定技能」が在留資格に追加されました（通算5年まで在留可、家族の帯同は認めず）。いよいよ観光客も含めた異文化への寛容さが試される時代が日本でも本格的に到来します。これから日本では人口減少が進み、近い将来には間違いなく今以上に外国人労働者に頼る機会が増えてくると思います。その時に外国人を排斥するような社会ではあってはなりませんし、不当な労働を強いるような労働環境であってもなりません。

第10章

村落・都市の機能と都市問題

1 集落・村落・都市

日常の何気ない風景や地名から見えてくる街の地形・歴史

1 集落

●集村と散村

人々は生きていくために、水が得やすい場所や自然災害の危険性が低い微高地などに住み着くのが一般的です。それゆえ、人々が集まって住む「集村」と呼ばれる形態をとることが多くなります。さらに日本など農耕が盛んな地域では、農作業の効率を求めた結果、「集住」になりやすかったと言われています。逆にどこでも水が得られ、自然災害の危険性が低い地域などでは、各家の周りに農地を確保しやすいため、家々が散在する「散村」と呼ばれる形態をとることが一般的です。

このように多くの場合、人々は地形的特色に根ざして住まいを構えてきたことから、日本に現在ある地名の多くが地形に由来するとされており、日本人の名字も約7割が地名に由来するとも言われています。

2 村落

◉条里集落

ここでは、集落が複数集まった村落について見ていくことにします。まずご紹介するのが、条里集落です。条里集落は645年の大化の改新時に行われた班田収授法による耕地制がもとになっています。現在に残る特徴としては、碁盤の目状の道路や農業用水としての溜池があります。地名には、条・里・面・坪・反などの単位が残されています。現在でも「○条△丁目」という住所表記が存在しますが、地名に「六条町」などの「条」が残されている場所は、条里集落があったことを示す大きな特徴と言えるでしょう。現在、条里集落の遺構を残すのは、奈良県の奈良盆地や香川県の讃岐平野です。街歩きの際は地名を意識して歩いてみると面白いかもしれません。そこが、1300年以上前から、人々が集住して農業を行ってきた場所であったと、想像するだけでもわくわくします。

◉新田集落

江戸時代には、土木技術が著しく進歩し、新田集落と呼ばれる村落が発達することになりました。江戸時代にはそれまで水利に恵まれなかった台地などの高燥地の開拓が可能になったからです。代表例は、関東に広がる武蔵野台地や下総台地です。現在では都市化の進展とともに宅地開発が進み、新田集落の名残はわかりにくくなってしまいましたが、今でも一部、「路村」と呼ばれる集村の形態が見られます。

路村とは、道路の「路」に「村」と書くとおり、道路沿いに集落が列状に発達し、それぞれの家屋の背後に短冊形の地割りを残している集村の一つです。新田・新開・新居などの地名が残っている場所がそれにあたります。新田集落というものの、水はけが良い場所であることから、水田よりも畑地としての利用がもっぱらでした。また、地名に「新」という文字がなくても、皆さんのご自宅の近くに「台」や「島」など、周辺より高い土地を意味する地名がある場所に、短冊形の細長い土地が残っている場合は、かつて新田集落があった可能性があります。

●屯田兵村

最後は、唯一北海道に見られる屯田兵村についてです。屯田兵村とは、北海道の開拓や北方の警備を担った屯田兵により計画的につくられた集落です。江戸時代が終わり、明治時代が始まって間もない明治8（1875）年から日露戦争が始まった明治37（1904）年のあいだにつくられました。ちなみに屯田兵は、明治政府の士族授産と呼ばれる雇用政策の一環で集まった人々が多く、その多くは江戸時代には武士で、失業してしまった人々です。この

10-1　条里集落（奈良県大和郡山市付近）　〈地理院地図〉

10-2　新田集落（埼玉県所沢市付近）　〈地理院地図〉

計画的な集落のもとになったのは、アメリカ合衆国のタウンシップ制です。タウンシップ制とは、アメリカ合衆国の西部開拓の際につくられた、6マイル（1マイル＝約1・6㎞）四方を1タウンシップとした格子状地割の土地区画制度のことで、整然とした碁盤目状の地割をなしています。北海道最大の都市である札幌も、私の地元である旭川も、その名残で中心市街地はキレイな碁盤の目状となっています。屯田兵村の場合は、入植者1戸あたり約5haの土地と共有地が与えられ、自作

10-3　屯田兵村（北海道旭川市東旭川付近）　〈地理院地図〉

農として自立することが認められました。また戦時に備えて、約２００戸を1中隊とする、一つの屯田兵村が形成されました。初の屯田兵村は琴似兵村（現在の札幌市西区）でした。

3 都市

◉都市の種類

村落よりもさらに規模が大きい都市について見ていきます。まず初めは門前町と宿場町です。

門前町と宿場町は、共通した街並みが広がることが多いです。それは、「街村」と呼ばれるものです。街村とは、参道や街道沿いの両側または片側に、列状に密集して発達した商業的機能が強い集落を指します。今でこそ周辺地域の市街地化によって、街村の形態は地図からはわかりにくくなっていることも多いですが、古い地形図で見てみると、そのことがよくわかります。

◉門前町

門前町は中世から見られ始めたと言われます。当時は有力な寺社が力を誇示していたため、寺社前や参道沿いに大きな市などが特権として設けられ、参拝客のためというより、地元経済の中心地としての役割が大きかったとされます。その後、門前町は、近世の江戸時代にかけて全国各地に形成されるようになっていきました。なぜなら江戸時代に入ると、社会が安定し、庶民のあいだで巡礼や講参りが盛んになっていったからです。この時代からいわゆる物見遊山も兼ねた観光が始まったと言われます。今風に言えば、「パワースポットを求めて旅に出る」となるでしょうか。こうして、江戸時代には急激に旅に出る人々が増えましたから、それに応じて街道沿いに宿場の整備が進んでいきました。門前町にも同様の宿場の機能を有するものが登場し、土産物などを販売する商店や手工業者の店が

10-4　善光寺（長野県長野市）

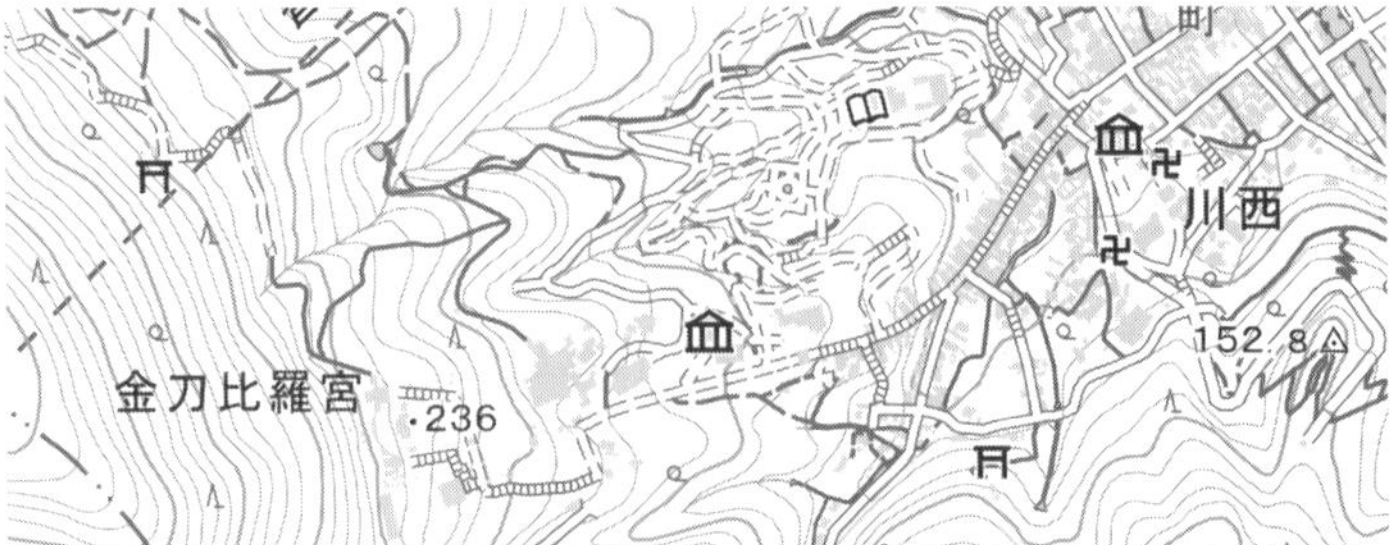

10-5　門前町（香川県仲多度郡琴平町付近）　〈地理院地図〉

集まっていきました。そうして門前町は、今日あるような観光都市のような性格へと変わっていったのです。

　門前町が見られる代表的な寺社としては、伊勢神宮（三重県伊勢市）、出雲大社（島根県出雲市）、厳島神社（広島県廿日市市）、金刀比羅宮（香川県仲多度郡琴平町）、善光寺（長野県長野市）、新勝寺（千葉県成田市）、金剛峯寺（和歌山県伊那郡高野町）などがあります。現在でも日本を代表する観光名所であることがよくわかります。

◉宿場町

　宿場町とは、街道などの交通の要衝にあり、休泊や運輸などの便を持つ集落というのが一般的な定義です。宿場町の始まりは、古くは平安時代にさかのぼりますが、本格的に発達したのは、戦国時代に入ってからと言われています。戦国時代の各大名は、自分の領地内の本城と支城のあいだを行き来する通信係として、伝馬（人と馬を常駐させる場所）を街道沿いに設けていきました。そして江戸時代に入ると、

10-6　東宿場町（三重県亀山市関町付近）　〈地理院地図〉

幕府が参勤交代制を行ったり、五街道（東海道、中山道、日光道中、奥州道中、甲州道中）に宿を置いて直轄管理するようになり、よりいっそう宿場町が発達しました。宿場町には、参勤交代の大名やお付きの人が泊まる本陣や脇本陣、一般の旅人が泊まる旅籠《はたご》、休憩場所として茶屋などが設けられました。一部の宿場町では、城下町に典型的に見られる、防御的な機能を持つ見通しの悪い街路（遠見遮断形式）を有しているところもあります。

現在、宿場町で、かつての街並みを残しているところは大変少なくなりました。大きな理由として、明治時代以降の鉄道の発達や、第二次世界大戦後の自動車の普及によって、街道沿いの宿場の機能が著しく低下してしまったことが挙げられます。そのような中で、早くから景観保全に取り組んできた長野県木曽郡南木曽町にある妻籠宿（中山道）や三重県亀山市にある関宿（東海道）などには、かつての宿場の面影を見ることができます。

10-7　宿場町のようす（三重県亀山市関町）

◉城下町

城下町とは、城を中心に、武家屋敷や商工業ごとの職人町、寺社によって構成された、計画性をもってつくられた都市のことを言います。かつての職人町は、鍛冶町や呉服町、紺屋町、材木町、肴町、大工町などといった地名からわかります。城下町の多くが戦国時代に建設され、江戸時代には幕府による一国一城令によりその一部が整理されました。幕藩体制が終わった明治時代以降、城郭は解体され、城下町の特権も消失していきましたが、もともとの立地条件の良さや、近代化を目指す日本で商工業が既に発達していたことなどから、今日まで地域の中心都市となっているところが少なくありません。現在の県庁所在地の多くが、城下町を起源としていることが、そのことをよく物語っています。

城下町は城ばかりに目が行きがちですが、地理的に見てみると、先人の知恵が詰まっていることがよくわかります。城下町は、平野や盆地の中央部、河川の合流点、扇状に広がった三角州の要部分に多くが立地しています。もちろんこれは、水利や広大な後背地に恵まれ、交通の要衝として優れた利点を持っていたからです。さらに城の建設地は、丘陵やその先端といった、防御に好適であった場所が選ばれました。

城下町の内部に目を向けてみると、外縁部の要所に寺院を集中させた寺町を設けたり、街道の城下町への出入口付近に足軽屋敷を設けたりして、防御的機能を高める工夫がされていたことがわかります。また、城下町の町割や街路形態を見ると、格子状の街路を基礎としつつも、防御的機能を高めるために、丁字型や鉤型などの袋小路が多い迷路型の街路にしたり、城下町の出入口付近を湾曲させたり、升形の道路を設けるなどしていたことがわかります。内部に入っても、容易に城まで到達できない様々な工夫がなされていたわけです。

10-8　城下町（群馬県沼田市付近）　〈地理院地図〉

2 先進国と途上国の都市問題

なぜ先進国と途上国ではスラムの場所に違いがあるのか

1 都市問題

◉都市問題とは

都市問題とは、都市の産業構造が進展または変質したり、農村から都市へと人々が流入したりして生じる様々な問題のことです。そもそも都市の定義は各国まちまちですが、一般的には、ある区画（例えば1㎢など）の中で、農地以外の住宅地、商業地、工業地の比重が高い場合を都市とみなし、その区画に居住する人口を都市人口と呼びます。

都市問題は、先進国と途上国では、まず人の流れに違いがあります。先進国における都市への人口流入はpull要因と呼ばれます。農村でも十分生活できる人々が、より高い賃金の仕事や教育を求めたり、買い物や娯楽といった都市の魅力に引き付けられたりして、農村から都市へと流入する動きです。一方、途上国における都市への人口流入は、対照的にpush要因と呼ばれます。農村では生活が困難な状況下にある人々が、仕方なく、低賃金でも働いて収入が得られる機会が多い都市へ押し出されるようにして流入する動きです。

●先進国の都市問題

先進国の都市問題で代表的なものは、ドーナツ化現象です。ドーナツ化現象とは、都心部では地価の高騰、都心周辺部では建物の老朽化や大気汚染などの居住環境の悪化により、人々が郊外へと流出し、都心部や都心周辺部（旧市街地）で人口が減少する現象のことです。

では、なぜ人口が減少することが問題なのか考えてみたいと思います。まず人口が減少すると、その都市の自治体の税収が減少します。これは自治体を運営していく上で大きなデメリットです。また、住宅地と商業地、さらには工業地も混在してきた都心周辺部は、土地や建物の所有者が個人であることが多く、老朽化した建物を再開発等によって更新するのが困難です。そうなると空室も増え、次第に家賃を下げていかざるを得なくなります。その結果、職場への移動費が安く、移動時間も短く済むこともあって、定職に就けない外国人労働者や低所得者層が利便性を求めて流入するようになり、次第に治安が悪化していきます。このようにして、都心周辺部の旧市街地が衰退・悪化していくことをインナーシティ問題と言い、劣悪な居住地区を形成するようになった場所をスラムと言います。日本ではスラムのような劣悪な居住地区を持つ都市はありませんが、海外に目を向けると、先進国でもスラムを持つ都市を抱える国が、数多くあります。なかでも移民大国であり、所得格差が大きいアメリカ合衆国では、ニューヨークをはじめとする大都市には、必ずと言っていいほどスラムがあります。富裕層である白人や一部のアジア系の人々は、郊外の大規模な敷地を持つ一軒家が集まる地域に集住しており、最近では治安の悪化から、自分たちの居住地区を守るため塀などで囲んだゲーテッドコミュニティと呼ばれる街も増えています。このように、人種や民族、所得水準などによって都市内部で住み分けがなされていく現象をセグリゲーションと言いま

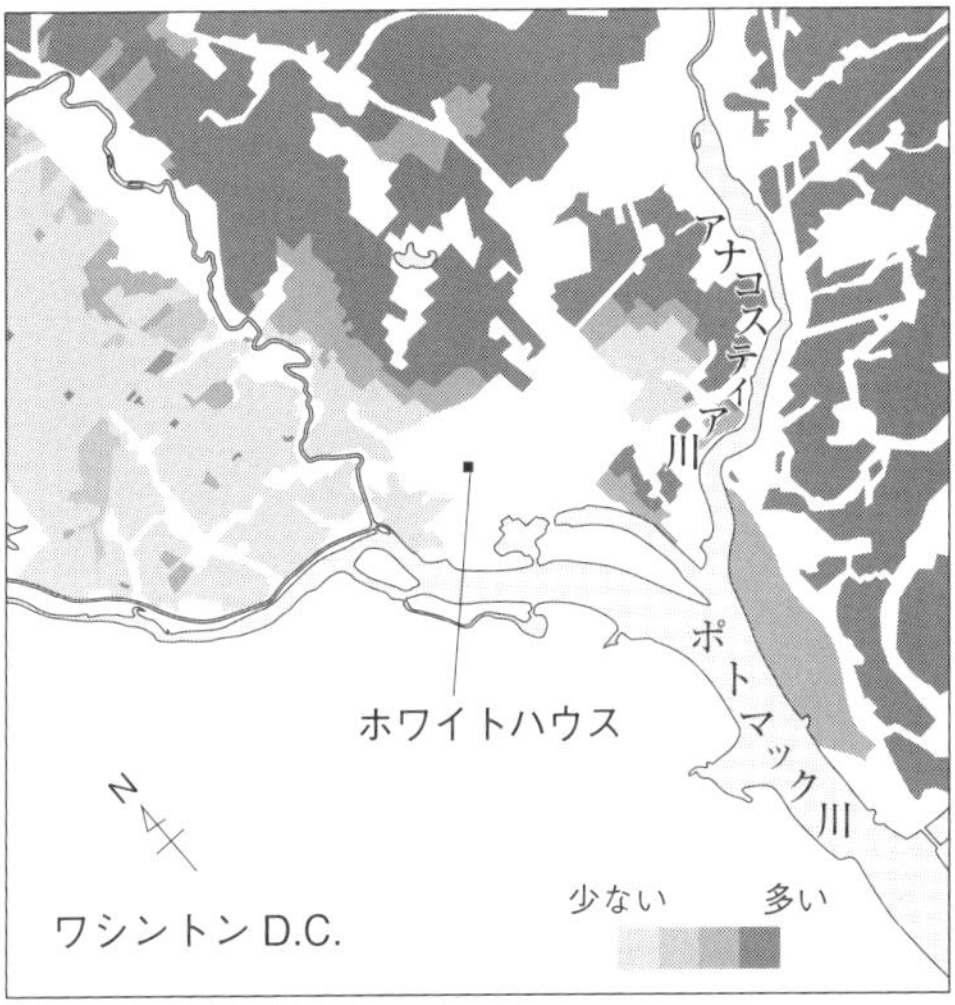

10-9　ワシントンD.C.の内部構造（居住区の人口に黒人が占める割合）

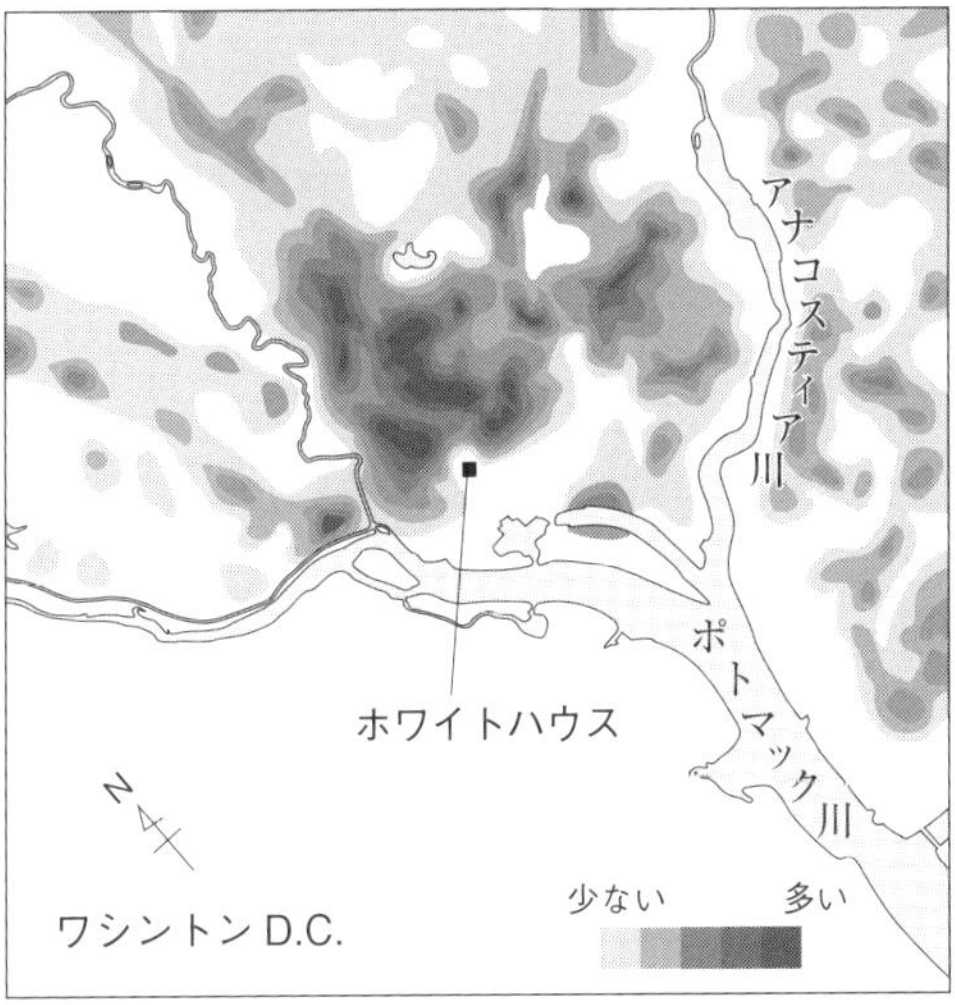

10-10　ワシントンD.C.の内部構造（盗難（窃盗）の発生の空間的分布）
〈Radical Cartographyより作成〉

す。図10－9と図10－10は、アメリカ合衆国のワシントンD.C.の黒人の居住割合と盗難（窃盗）の発生状況を示したものです。ワシントンD.C.の場合、所得水準があまり高くはない黒人の居住地区が北東部に広範囲に広がっています。この黒人の都心周辺部の集住地区は、盗難（窃盗）の発生件数が多くなっているのがわかります。この資料を見て過剰に警戒感や差別意識を持つことは避けるべきですが、人種・民族・所得水準・教育水準が様々な社会状況に関連しているという厳しい現実があることは事実です。

●ジェントリフィケーションによる再開発

1990年代以降、都市地理学の世界において、再開発の手法の一つとして、ジェントリフィケーションという言葉が頻繁に登場するようになりました。ジェントリフィケーションとは、前述のインナーシティ問題を抱えるようになった都心や都心周辺部（旧市街地）において、富裕層を呼び込み、地域経済の活性化や治安の回復を図る再開発のことで、「再開発の高級化」と呼ばれる手法です。この事例で世界的に有名なのが、ニューヨークのソーホー地区です。かつて荒廃していたソーホー地区に、若い芸術家やデザイナーが次第に集住するようになり、街全体がオシャレに変貌していくにつれ、高級ブティックや高級レストランが出店し、その後、流行に敏感な富裕層が好んで住み着くようになっていきました。

こうして見ると、ジェントリフィケーションは素晴らしい再開発の手法のように見えます。

しかし、地価や家賃が急激に上昇するため、既存の住民である高齢者や低所得者が締め出され、住民どうしの対立につながる可能性があります。また、古き良き地域コミュニティが崩壊し、高級商店ばかりで、日常の食料調達が困難になる問題（「フードデザート」）や、歴史的建物と近代的建物が混在して街全体の景観が悪化する問題などが生じる可能性もあります。それゆえ再開発は、開発業者に委ねるのではなく、政府や自治体が積極的に関わって進めていく必要があります。

●ニュータウンの「オールドタウン化」

最後に、日本のニュータウンの「オールドタウン化」についてご紹介します。日本では1960年代の高度経済成長期に、農村から都市へと雇用機会を求めて大量の人口が流入したことで（「向都離村」）、特に東京や大阪などの大都市では住宅不足が深刻化していました。そこで、当時は開発規制が少なかった郊外に、ニュータウンが1960年代から1980年代にかけて次々に開発されていきました。鉄道会社の沿線での不動産開発も盛んで、職場や学校がある都心から住宅が遠く離れた「職住分離」型の街が多くつくられていったのです。このニュータウンに入居した多くの方は、当時家族を持つようになっていた、持ち家志向が強い若年層（20～30代）でした。

それから数えて約40～50年が経過しました。その結果、当時の入居者の中心であった若年層（20〜30代）は、現在60〜80代と高齢化が進み、建物も老朽化が進んでいます。これをニュータウンの「オールドタウン化」と呼んでいます。

以前、ある新聞に、このニュータウンの「オールドタウン化」の例として、東京都板橋区の高島平団地が取り上げられました。その際、現在再開発によって急速な人口流入が進む東京都江東区の豊洲地区と比較していました。高島平団地の１９８５年の居住者の人口構成と豊洲地区の現在の居住者の人口構成は似ている。つまりいずれ豊洲地区も高島平団地のように「オールドタウン化」する可能性があるのではないかとの記事でした。恐らくそうはならないでしょう。それは、高島平団地は「職住分離」、豊洲地区は「職住隣接」という違いがあるからです。先述の「職住分離」のニュータウンの場合は、通勤・通学が不便です。その結果、居住者のうち若年層は、親世代との同居を避ける価値観を持つようになったこともあって、就職や結婚などを機にニュータウンから流出する傾向にあります。さらに１９９０年代前半にバブル経済が崩壊し、地価が下落した都心や都心周辺部では、再開発による住宅供給が大幅に増えたことで、よりいっそう居住者の流出が進みました。こうなると、「職住分離」のニュータウンには、新規の入居者はほとんどいなくなります。こうして見てくると、日本のニュータウンは「職住分離」であったために衰退したわけであり、「職住隣接」の豊洲地区の場合、その利便性の高さから新規の入居者が今後も流入し続ける可能性が高く、居住者や建物が更新されていく可能性も高いと言えます。

◉「途上国」の都市問題

今から30年ほど前までは、貧しい発展途上国と豊かな先進国をはっきり区分できましたが、最近では発展途上国の中にも様々な差があり、一括りにはできなくなってきました。ここで対象とする「途上国」とは、工業が興り、経済成長が始まった新興国とします。

このような新興国では、先進国の企業が次第に安価な労働力を求めて生産拠点を立ち上げたり、将来の市場を見越して販売拠点や情報拠点を設けたりするようになっていきます。また、先進国は外交の拠点として大使館や領事館を設けるようになります。こうして製造業や外国人を相手にした飲食や宿泊などのサービス業の雇用の場が発達していくのです。特に先進国の企業は、植民地時代に開発された都市や、インフラが整備されている大都市に進出するのが一般的です。その結果、都市機能が一つの都市に一極集中するようになり、人口規模でその他の都市を大きく引き離した大都市が生まれます。このような大都市のことを、プライメートシティ（首位都市）と言います。

プライメートシティでは、急速に人口が増加し過密化することで、様々な都市問題が生じやすくなります。特に道路や鉄道などの交通インフラが未整備なところに、モータリゼーションが進展し、深刻な交通渋滞や大気汚染を招きやすくなります。新興国に滞在したご経験をお持ちの方は、鮮明にその時の印象が残っているのではないでしょうか。また、古くから発達してきた都心部や都心周辺部を除いて、電気やガス、水道などの整備も追いつかず、農村から働く場を求めてやって来た貧しい人々が住める場所はほとんどありません。その結果、貧しい人々はインフラが未整備な都市の郊外、なかでも通常は居住場所として選ばないような洪水が生じやすい川沿いの低地や土砂災害が生じやすい急傾斜地を不法占拠して居住していくことになります。こうして発展途上国では、劣悪な居住環境を持つスラムが、都市の郊外に形成されやすくなっていきます。

●メキシコシティ――大気汚染を生み出す事情

プライメートシティの例として、メキシコの首都であるメキシコシティを取り上げてみたいと思います。

メキシコは1970年代にNIEs（新興工業経済地域群）の一つとして、急速に工業化やモータリゼーションが進み、なかでも最大都市で首都でもあるメキシコシティでは、深刻な都市問題が生じました。その一つが大気汚染です。かつて先進国のどの都市も大気汚染を経験しました。メキシコシティの場合には、他に大気汚染を深刻化させる原因がありました。それはメキシコシティが位置する地形です。メキシコシティは、標高が2000mを超えるメキシコ高原南部にあるメキシコ盆地の西端に位置します。一般的に、標高が高い地域では酸素が薄くなります。その結果、化石燃料を燃やした際には不完全燃焼を起こしやすく、大気汚染物質の発生が多くなります。さらにメキシコシティは、周辺を山に囲まれているため、大気汚染物質が拡散せずに溜まってしまう傾向があるのです。しかし近年は、車両通行規制や工場の郊外移転など公害対策をとってきたことで、大気汚染は改善に向かっていると言われています。NAFTA締結後、アメリカ合衆国を中心とする先進国向けの自動車産業が発達したことで、厳しい環境規制にも対応した自動車がメキシコ国内でも普及するように

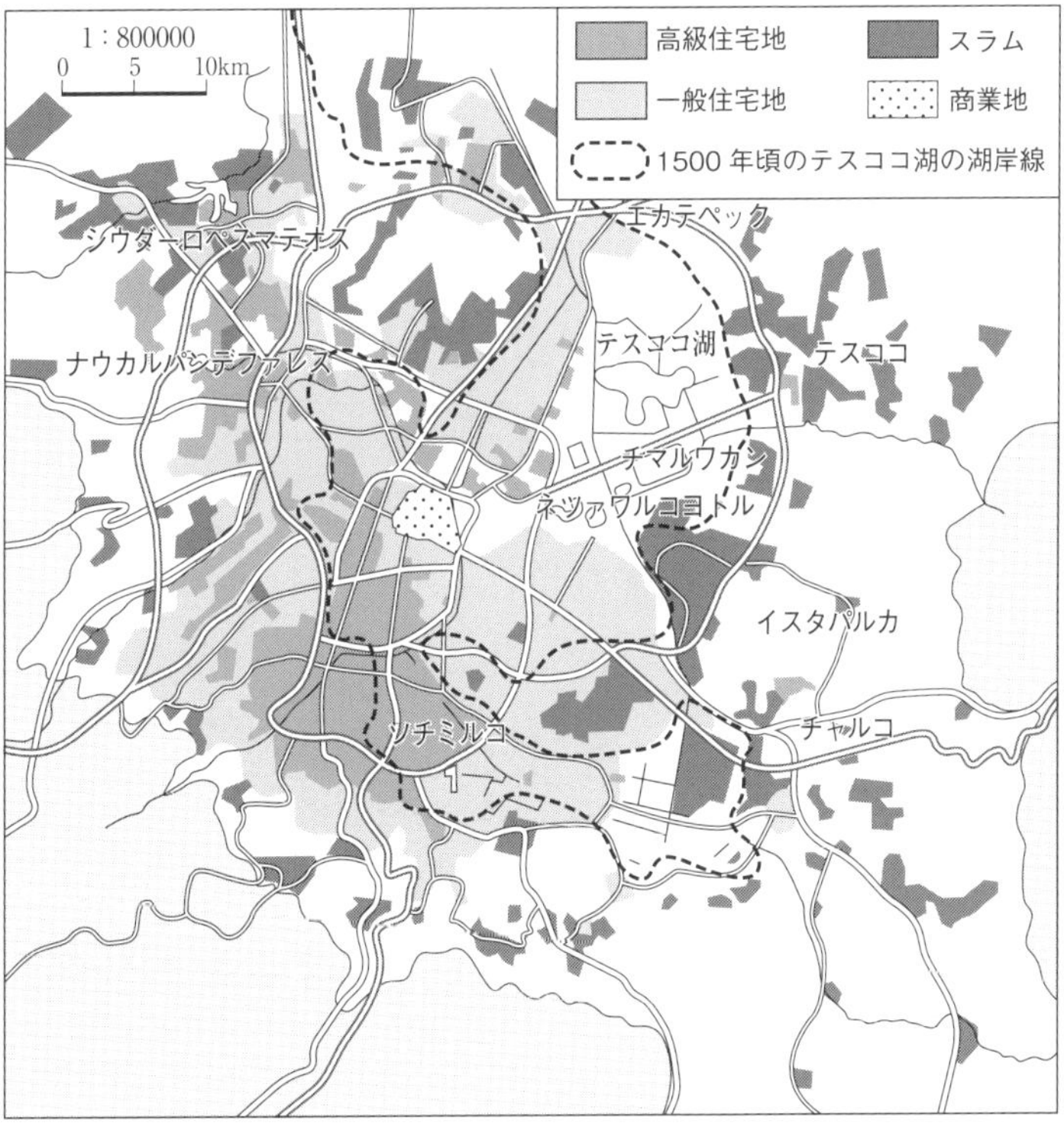

10-11　メキシコシティ
〈『新詳高等地図』帝国書院より作成〉

なったことも奏功しているようです。

　また、メキシコシティは、現在よりも大きく広がっていたテスココ湖が次第に埋め立てられ、市街地が拡大してきました。そのため、地盤が軟弱な場所が多く、１９８５年のメキシコ地震の際には、震源から３００㎞以上離れていたにもかかわらず、建物の倒壊や液状化現象などで大きな被害が出てしまいました。

　都市の内部構造を見てみると、先進国アメリカのワシントンD．C．とは明らかに異なっていることがわかります。メキシコシティの都心部にあたる「商業地」の周辺部を中心に、主に西寄りに「高級住宅地」、その周りに「一般住宅地」が広がっています。一方で、「スラム」は都心部から10㎞以上離れた郊外地域、なかでも東部のテスココ湖周辺の低湿地を中心に、山地の麓に広がっていることがわかります。メキシコシティは、まさに前述した途上国の都市の内部構造を具現化していると言えます。

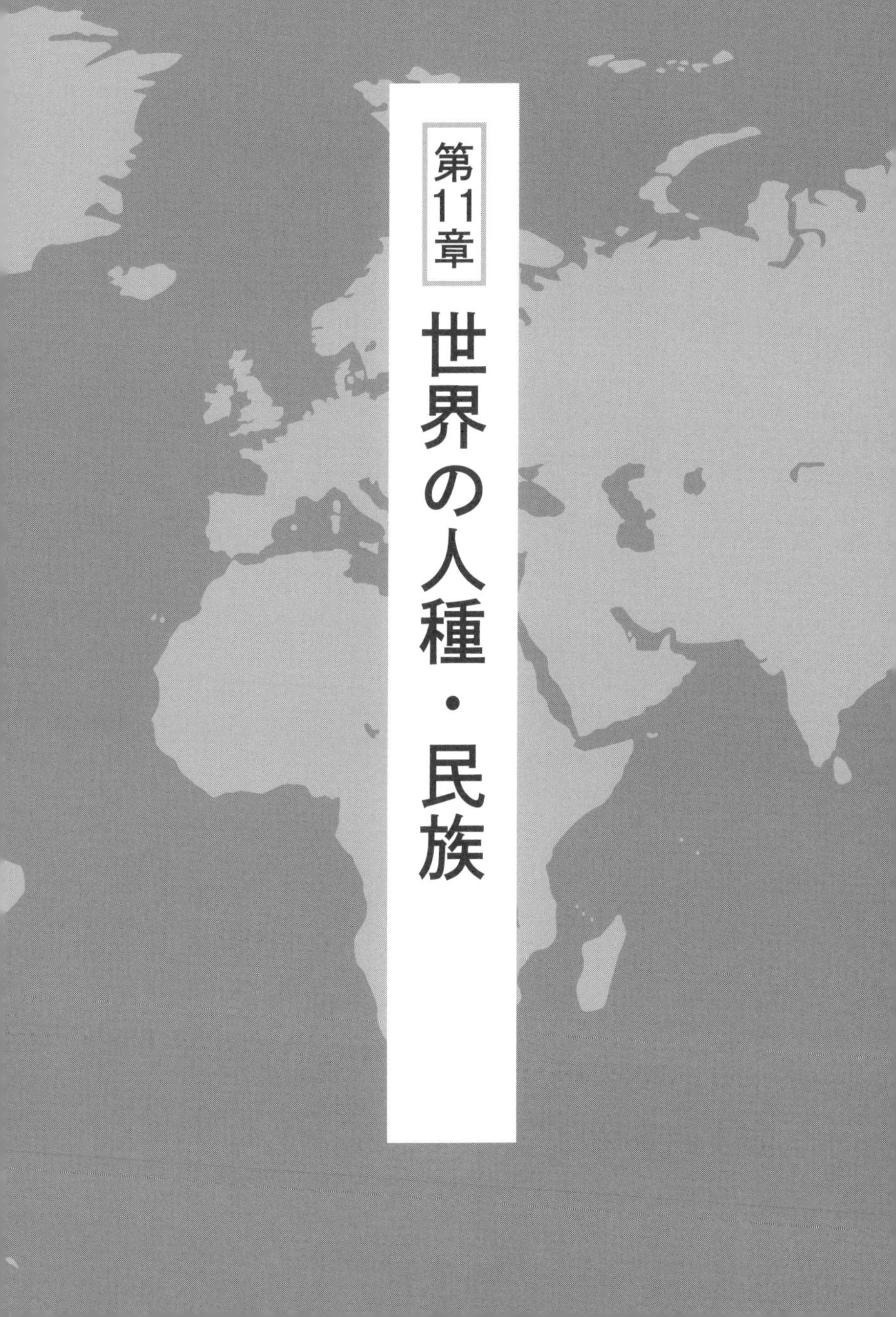

第11章 世界の人種・民族

1 人種・民族

サッカー強豪国に見られる違い、シンガポールの経済成長を支えた公用語政策

1 人種と民族

●人種

人種と民族は「人種・民族」と、一括りにして使用されることが多い言葉ですが、定義は異なります。

人種とは、身体的特徴による分類です。身体的特徴ですから、皮膚や目の色、髪の毛などによる分類です。人種は大きくコーカソイド（白人）、モンゴロイド（黄人）、ネグロイド（黒人）の三つに分けることができます。しかしながら、現在においては人種間の混血が進み、このような人種区分を行うこと自体が差別や対立を生み出すという意見もあるため、地理という科目の中ではあまり扱われなくなってきています。

そこで取り上げてみたいのが、これらの人種が入り交じっているアメリカ大陸です。氷期（氷河期）の時代には、陸上に氷河・氷雪が取り残されて海洋に融氷・融雪水が流れ込んでいなかったので、現在のユーラシア大陸と北アメリカ大陸のあいだに広がるベーリング海峡で、

両大陸が地続きだったと考えられています。その頃に、ユーラシア大陸からモンゴロイド（黄人）が北アメリカ大陸に渡り、その後南下し、南アメリカ大陸の南端付近まで居住範囲を広げていったとされています。その後、ヨーロッパに居住していたコーカソイド（白人）が新大陸に到達し、植民地化が進められます。これにより、モンゴロイドとコーカソイドの混血であるメスチゾ（メスチソ、メスチーソ）が生まれました。また、植民地化によってヨーロッパ本国向けにサトウキビなどの嗜好品を生産し、輸出するために、多くのプランテーション労働者が必要となりました。そこで、アフリカ大陸に居住していたネグロイド（黒人）が奴隷として強制移住させられました。その結果、コーカソイドとネグロイドの混血であるムラートや、モンゴロイドとネグロイドの混血であるサンボと呼ばれる人々が生まれることになったのです。中央・南アメリカではこのような混血化が進んだため、人種差別は比較的少ない地域だと言われます。

また、混血化には地域によって違いが出ました。一般に暑さに弱いとされるコーカソイド（白人）は、過ごしやすい高緯度の温

白人（コーカソイド）の割合が高い国	アルゼンチン（97%）、ウルグアイ（88%）、コスタリカ（94%）
インディオ（モンゴロイド）の割合が高い国	ペルー（45%）、ボリビア（55%）、グアテマラ（39%）
黒人（ネグロイド）の割合が高い国	ハイチ（95%）、ジャマイカ（91%）
メスチソ（白人とインディオの混血）の割合が高い国	メキシコ（60%）、パラグアイ（97%），パナマ（70%）、コロンビア（58%）
ムラート（白人と黒人の混血）の割合が高い国	ドミニカ共和国（73%）

11-1　主な中南米諸国の人種構成　〈『地理統計要覧』二宮書店より〉

帯性の気候環境下に住み着くことになりました。代表国がアルゼンチンとウルグアイです。9割以上がコーカソイド（白人）で占められるこの2か国は、サッカーの強豪国として知られています。ピッチに立っているサッカー選手たちを見てみると、ほとんどが白人であることがわかります。ところが、隣国の同じくサッカー大国であるブラジル人選手たちを見てみると、白人が中心ながら、混血と思われる人種もいることがわかります。ブラジルの統計を見てみると、コーカソイド（白人）が54％、コーカソイド（白人）とモンゴロイド（黄人）の混血のメスチゾや、コーカソイド（白人）とネグロイド（黒人）の混血のムラートが39％を占めています。その他にもネグロイドも6％います。一方で、ネグロイド（黒人）がほとんどを占める国もあります。それが、カリブ海に位置するハイチやジャマイカです。ハイチは史上初の黒人主権の独立国家としても有名です。また、ジャマイカはウサイン・ボルトをはじめとして短距離では無類の強さを誇る黒人選手たちが多い印象をお持ちの方も多いと思います。

●民族

民族とは土地、言語、宗教、生活様式などの文化的共通項によって分けられ、自他ともに伝統的に結びついていると認められる集団のことです。かつて日本のある大臣が、「日本は単一民族国家である」と発言したことがありました。その後の釈明会見では、「黄色人種が圧倒的に多い国家であることを言いたかっただけである」と述べていました。これは人種と民族という言葉を何も考えずに混同して使っている例です。そもそも日本国内にも複数の「民族」がいます。それは言語においても同様で、日本語の中にも、地域によって様々な方言や訛りが存在します。それゆえ、日本語を話している民族の中にも違いがあるのです。一見同じように思える民族でも、その中には文化的に違いがあり、だからこそ海外でも国内でも、旅行をした際には面白いと感じますし、自分自身が属する文化を強く意識し、アイデンティティの確立につながっていくのだと考えます。

ただ如何せん今日生じている戦争や紛争、内戦は、民族の違いに結びつけられて生じたり、助長されたりすることが多いのもまた事実です。しかしながら、今日の民族問題の多くの根底にあるのは、経済格差以外の何ものでもありません。次に民族問題の代表的な例を挙げておきます。

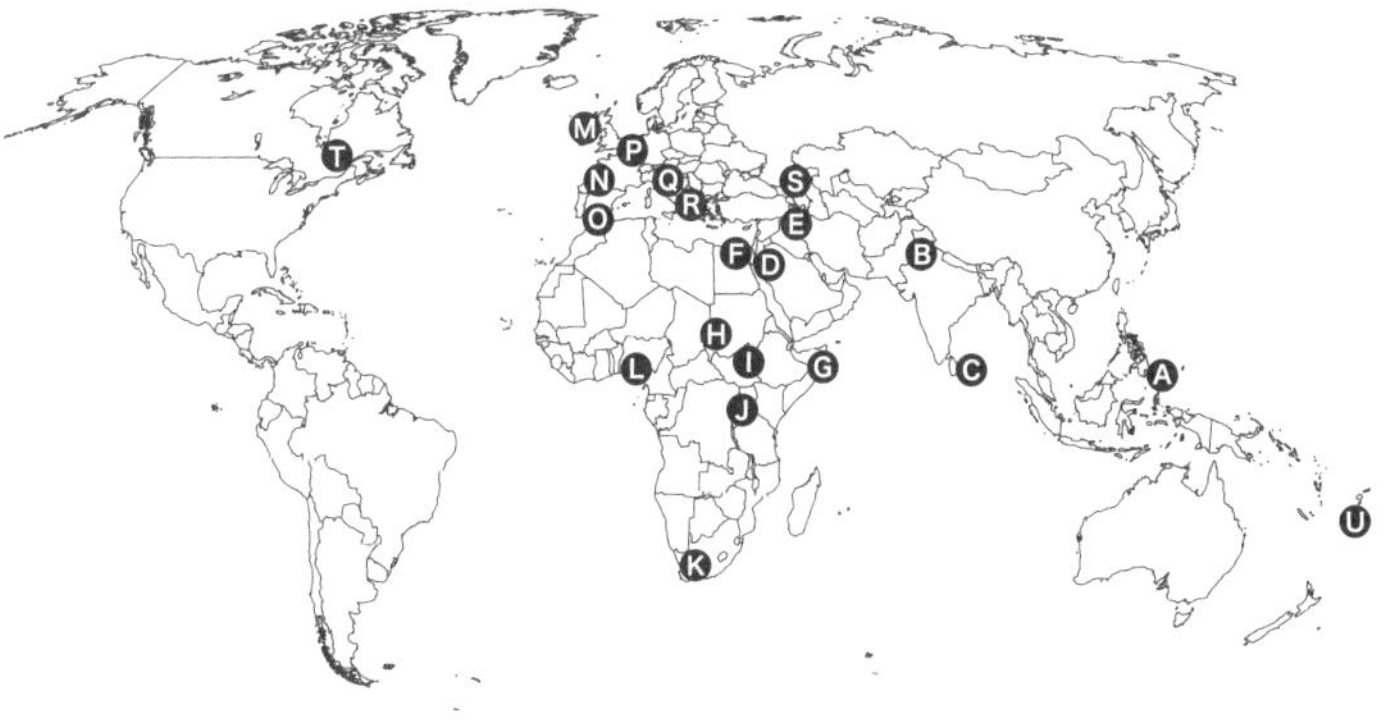

11-2　主な民族問題の地域とその特徴（アルファベットはP.228～230の表に対応）

	紛争地域	紛争の原因・現況
A	ミンダナオ紛争	フィリピンのミンダナオ島南部に居住するイスラム教徒のモロ人による分離・独立運動。40年近く続いた紛争の結果、ミンダナオ島の住民の6割が貧困層になった。2016年にイスラム教徒による自治政府（2022年から開始）を設立することで政府と2012年に合意。
B	カシミール紛争	カシミール地方の帰属をめぐるインド（ヒンドゥー教徒）とパキスタン（イスラム教徒）の対立。第二次世界大戦後、イギリスからの独立に際し、この地を支配していたヒンドゥー教徒の藩王がインドへ、住民の約8割を占めていたイスラム教徒がパキスタンへの帰属を求めたことで戦争に発展。過去に3度の印パ戦争に発展し、両国とも核兵器保有国に。現在はインドがほとんどの地域をジャンム・カシミールとして支配。
C	スリランカ民族紛争	多数派の上座仏教徒のシンハラ（シンハリ）人と少数派のヒンドゥー教徒のタミル人との対立。2009年から政府軍はタミル人の過激派組織LTTE（タミール・イーラム解放の虎）の掃討作戦を実行し、LTTEのトップが死亡したことで26年間の内戦終結を宣言。
D	パレスチナ紛争	1948年、パレスチナ地方にユダヤ人国家イスラエルが誕生し、この地から追放されたパレスチナ人と彼らを支援するアラブ諸国がイスラエルと対立、紛争へ。それぞれの宗教であるユダヤ教とイスラム教の対立が根底にある。現在、ガザ地区とヨルダン川西岸地区は、パレスチナ自治政府によって管理されているが、対イスラエルの方向性をめぐり、穏健派のファタハと強硬派のハマスのパレスチナ人どうしが対立している。2011年9月に国家パレスチナとして国連へ加盟申請（⇒オブザーバー国家へ格上げ）。
E	クルド人の独立運動	イラン、イラク、トルコ、シリアの国境付近に居住するクルド人の独立運動。各国の国境でクルド人は分断されているため、各国では少数派となり迫害・弾圧を受けている。
F	キプロス紛争	南部のギリシャ系住民（東方正教徒）と北部のトルコ系住民（イスラム教徒）の対立。南部のギリシャ系キプロスのみがEUに加盟。北部はトルコ軍が駐留し、トルコのみ承認の北キプロス・トルコ共和国を宣言。和平交渉は難航。
G	ソマリア紛争	1991年に内戦が勃発し、北部がソマリランドと自称して独立国家の様相を呈する他、現在も各地の武装勢力間の抗争が続いている。しばらく無政府状態が続いていたが、2011年に21年ぶりに統一政府が樹立された。

H	ダルフール紛争	スーダン西部のダルフール（ダールフール）地方において2003年に勃発した、反政府勢力である二つの黒人勢力と政府の支援を受けたアラブ系民兵組織による紛争。政府側のアラブ系民兵組織は、黒人住民への無差別の虐殺や迫害・略奪を繰り返し、「世界最悪の人道危機」と国連が指摘した。死者は30万人以上とされ、数多くの国内避難民が発生し、隣国チャドに逃れた難民も数十万人にのぼる。
I	スーダン、南スーダンの問題	スーダンでは、アラブ系イスラム教徒を中心にイスラム化を推進する北部とアフリカ系キリスト教徒中心の南部とのあいだで、半世紀以上にわたって内戦が続いてきた。その後2011年に、スーダンから石油資源が豊富な南スーダンが分離独立した。南スーダンでは、最大のディンカ系住民と非ディンカ系住民との対立で内戦が続いており、大量の難民が発生している。両国の国境付近の石油資源に恵まれるアビエイ地区は、帰属が決まっていない。
J	ルワンダ内戦	支配勢力であるフツ族（多数派）とツチ族（少数派、旧支配層）の対立。1994年の大統領（フツ族）暗殺事件を契機に部族抗争が激化。フツ族によるツチ族の無差別大量虐殺が発生し、ツチ族の報復を恐れた大量のフツ族住民が周辺諸国に逃亡、深刻な難民問題が生じた。しかし現在は、内戦中に海外に逃れて知識や技術を磨き、資本力を蓄えてきたツチ族が、すずやタングステンなどの資源開発を中心に国の復興に尽力しており、「アフリカの奇跡」と呼ばれる急速な経済成長を遂げている。
K	アパルトヘイト	南アフリカ共和国における、黒人など非白人に対する人種差別政策。非白人の参政権を認めず、異人種間の結婚の禁止や公共施設・交通機関の区別、ホームランド（バントゥースタン）と呼ばれる不毛の地をアフリカ系に割り当て居住区にした。国際社会の批難を受け、経済制裁が強められ、1991年より撤廃されていくことになった。1994年には全人種が参加した初めての総選挙が実施され、黒人のネルソン=マンデラが大統領に選出された。しかし現在でも白人と黒人の経済格差は縮まっていない。
L	ビアフラ戦争	少数派で迫害を受けてきたイボ族の居住する南東部のビアフラ地方で、油田（ポートハーコート油田など）が開発されたことなどから、イボ族が分離独立を宣言し、紛争に発展。北部のハウサ族、フラニ族、南西部のヨルバ族からの攻撃を受けたイボ族は、無条件降伏に追い込まれ、数多くの死者と大量の難民を周辺国に発生させる結果となった。その後、特定の民族集団に偏らないようにするため、1991年に首都をラゴスから民族対立が少ない内陸部のアブジャへ遷した。

M	北アイルランド紛争	イギリスの北アイルランド地方における多数派のプロテスタントと少数派のケルト系カトリック教徒との対立。1999年に北部の統合を掲げて戦ってきたケルト系カトリック教徒のIRA（アイルランド共和国軍）が武装解除に応じ、自治政府が発足。イギリス政府も北アイルランドの駐留部隊や基地の大幅な縮小に合意し、現在は順調に和平の道を歩んでいる。
N	バスク人の独立運動	スペインとフランスの国境であるピレネー山脈の西部に主に居住するバスク人の分離・独立運動。かつて抑圧を受けたスペイン側では、過激派組織のETA（バスク祖国と自由）が中心となり、活発な分離・独立運動を展開している。
O	カタルーニャの独立問題	カタルーニャ州はバルセロナを中心とする地域で、住民は独自の言語と歴史に強いアイデンティティを持ち、議会主義を重んじてきた。また、自動車や化学などの工業が盛んで、スペインのGDPの約2割を稼ぐ最も豊かな州。しかし2008年の世界的な金融危機後の不況の中で中央政府から充分な税の配分がなされず、バスク自治州が持つ徴税権も認められていない。また自治権拡大に対し裁判所から無効の判断が出され、さらにその後、再中央集権化を進める政権が誕生した。それらの不満から近年独立の気運が急激に高まった。
P	ベルギーの言語問題	北部にオランダ語系フラマン人、南部にフランス語系ワロン人が居住し、南北の経済格差が言語対立を助長している。首都ブリュッセルを両言語共通地域にし、1993年からは連邦制へ移行するなどしてきたが、近年は経済が好調な北部のオランダ語圏で独立の機運が高い。
Q	ボスニア＝ヘルツェゴビナ紛争	ボシュニャク人（ムスリムと呼ばれるイスラム教徒）、セルビア人（東方正教徒）、クロアチア人（カトリック教徒）の三者が、互いに領土を主張して譲らず、1992～1995年にかけて激しい内戦となった。現在はボシュニャク人とクロアチア人を主体とするボスニア＝ヘルツェゴビナ連邦と、セルビア人を中心とするスルプスカ共和国の二つで構成される国となり、統一国家を目指している。
R	コソボ自治州独立運動	セルビア共和国内のコソボ自治州で、自治権を抑圧されてきた約9割を占めるアルバニア系住民が、セルビア共和国からの分離独立運動を展開。2008年にコソボ共和国として独立を宣言。
S	チェチェン紛争	ロシア連邦内のチェチェン共和国における、チェチェン人の独立派武装勢力とロシア連邦軍との紛争。
T	ケベック州独立運動	イギリス系住民が多いカナダにおいて、フランス系住民が8割を占めるケベック州の分離・独立運動。これまで二度の州民投票ではいずれも独立反対が上回るが、年々その差は縮小。フランス系住民最大の都市はモントリオール。
U	フィジー	先住民のメラネシア系のフィジー人と、サトウキビプランテーション労働力として移住し、経済的実権を握るインド人との対立。

2 言語問題

●ベルギーとスイスは何が違うのか

本項ではいくつかある民族問題の中で、先進国で見られる言語問題を詳説いたします。

まず、異なる言語を母語とする民族を複数抱える国をご紹介します。日本の場合、島国であることもあり、言語が異なる複数の民族が入り込むということはほとんどありませんでした。しかし、大陸の一部に地続きで広がるヨーロッパ地域は、過去に何度も何度も国境が変わり、国境線は必ずしも民族分布に対応して引かれたものではありません。それゆえ、隣接している国と同一の言語を持つ民族を複数抱えている国もあって当然なのです。その代表例が、ベルギーとスイスです。

図11－3のとおり、ベルギーは、北部はオランダ、南部はフランスに接しています。そのため、北部にはオランダ語系のフラマン人が居住し、国民の約6割を占め、約3割はフランス語系のワロン人が南部に居住しています。

このベルギーの言語対立は、最近いっそう深刻化しています。その背景にあるのは、経済格差です。経済格差があると、人間はその要因を身近な文化的な違いに見出そうとしがちです。それが「差別」を生み、お互いを嫌悪しあうようになっていきます。ベルギーはその典型といってもよいでしょう。

フランス語圏であるベルギー南部は古くから石炭資源に恵まれ、炭田立地型の鉄鋼業が栄えてきました。しかし、１９７０年代の石油危機以降、先進国の重厚長大型の鉄鋼業は衰退へと向かっていきます。ベルギー南部も同様に鉄鋼業が衰退していきました。ヨーロッパ最大のルール工業地帯では、重厚長大型から先端技術産業への移行が順調に進められていきましたが、ベルギー南部は産業構造の転換がうまく進まず、多くの企業の業績が低迷し、失業者も多く抱える地域となっています。その

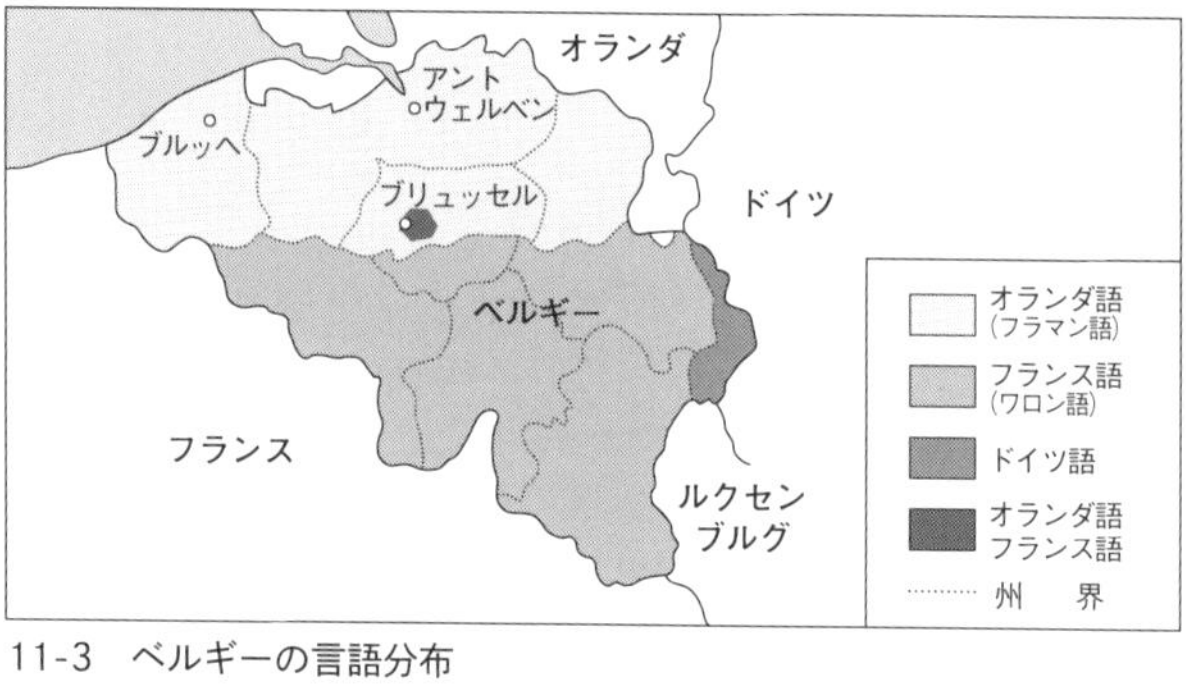

11-3　ベルギーの言語分布

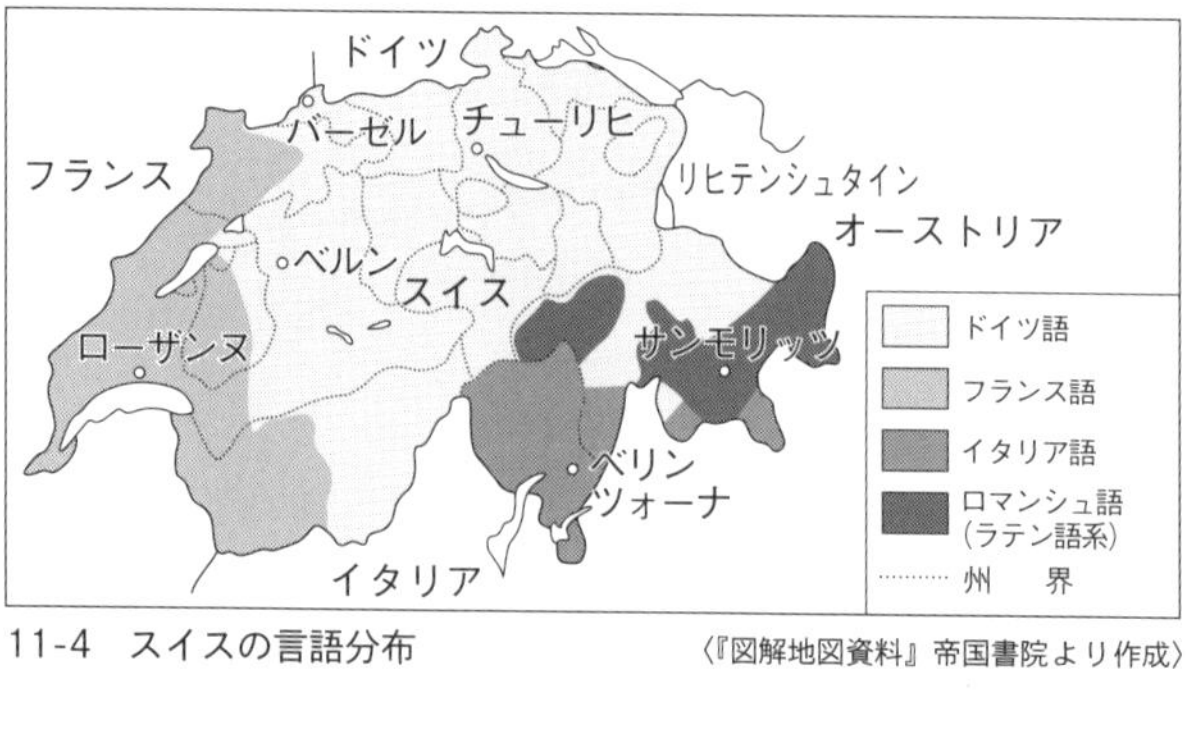

11-4　スイスの言語分布
〈『図解地図資料』帝国書院より作成〉

ため、経済が好調な北部のオランダ語圏の住民のなかには、自分たちの税金の一部が南部の失業者の手当に支払われていることに不満を持つ人々が増えています。特に2009年頃からは、ギリシャに端を発したユーロ危機による金融危機の影響で、対立はいっそう深刻なものになっています。近い将来にはベルギーが南北に分断されて、二つの国家になるかもしれないという見方もあります。そうした対立が言語の違いと結びつけて考えられる傾向があるのです。

一方のスイスは、ベルギーほど深刻な言語対立には至っていません。これは、早くから言語ごとのカントンと呼ばれる州に分けた連邦制を採用し、自治を確立させてきたことが大きいとされていますが、私は経済格差が小さいことが大きな背景だと考えます。スイスもベルギー同様に隣接する国の影響で、北部はドイツ語圏、西部はフランス語圏、南部はイタリア語圏となっています。また、ロマンシュ（レトロマン）語という言葉を話す先住とされる人々もごく少数ですがいます。スイスはこれらすべての言語を公用語に指定し、対立を和らげる政策を採ってきました。

◉シンガポール

最後は、1人あたりGDPが日本を超えるようになったシンガポールの言語に関する話です。シンガポールは、1965年にマレーシアから分離独立してできた中国系である華僑が国民の4分の3を占める国です。マラッカ海峡に面し、中継貿易港として商業が栄えてきたシンガポールには、特に華僑が多く住んでいました。第二次世界大戦後、イギリスからの独立の際、はじめは現在のマレーシアとシンガポール、ブルネイを束ねたマラヤ連邦という一つの国でした。このマラヤ連邦の民族割合は、約7割がマレー系、約2割が中国系、残り約1割がインド系でした。本来であれば、多数派であるマレー系が政治的にも経済的にも実権を握っているはずでしたが、経済的実権は少数派の華僑が握っていました。その後、マレーシアでは、経済的地位の低いマレー系を優遇するブミプトラ政策が行われることになります。この政策は、マレー語のみを国語として公教育の中心としたり、イスラム教を国教としたり、また、公的機関における雇用や大学への入学にマレー人優先枠を設けるなど、思い切った政策（アファーマティブ・アクション）でした。

分離独立したシンガポールの民族割合は中国系が約75%、マレー系が約15%、インド系が約10%となりました。シンガポールは民族対立を防ぐため、それぞれの民族の言語である中国語、マレー語、インド系のタミル語をすべて公用語にしました。しかし、これでは民族の割合を考えると、中国系が多数を占めるわけですから、社会生活上、中国語を母語とする人が有利になる可能性があります。そこでシンガポールでは、どの民族の言語でもない、旧宗主国の言語であり、またビジネスでは欠かすことができない世界共通言語である英語を公用語に加え、公教育では英語を使うことにしました。その結果、シンガポールでは、「シングリッシュ」と呼ばれるようなシンガポール訛りの英語が話されるようになり、アジア地域では屈指の英語話者割合が高い国家となりました。そして、金融などのビジネスの世界でも企業の誘致に大きく貢献し、急速な経済成長を遂げていくことになったのです。

11-5 シンガポールで見られる標識

第12章 現代の国家・国家群

1 国家

領域の概念、カスピ海は海か湖か

1 領域

◉国家の要素、独立をめぐり、思わぬ国が団結

国家の定義は、主権・国民・領域の三つです。この三つさえあれば、独立国と言ってもよいわけですが、国連によって承認された国を、独立国と言うことが一般化しています。このような国連承認の独立国は現在、193か国あります。ちなみに、日本が独立を承認している国連非加盟国は、バチカン市国、コソボ共和国、クック諸島です。

このなかで、日本や欧米が独立国として認めているのに、なぜかスペインと中国が共通する理由から独立を認めていない国があります。それが、セルビア共和国から分離独立したコソボ共和国です。コソボ共和国は、セルビア共和国内にいた少数派のアルバニア系イスラム教徒であるコソボ人が分離独立した国です。スペインは北部のバスク地方やカタルーニャ地方で、中国はシンチヤンウイグル自治区などで少数民族による分離独立問題を抱えています。そのため、少数民族による独立を宣言したコソボ共和国の独立を認めると、「少数民族による独立」という既成事実をつくってしまいます。これ以上、国内における少数民族の分離独立運動の機運を高めないように、独立反対の立場をとっているのです。

●排他的経済水域は最大200海里ではない

国家の3要素のうち「領域」は、細かく見ると、領土・領海・領空に分けられます。

沿岸国にすべての主権が認められる領海は、一般に最低潮位線から12海里までの範囲です。「一般に」と前置きしたのは、国連海洋法条約を批准している国（1982年採択、1994年発効。日本は1996年に批准）は領海を12海里（1海里は1・852kmで、約22km）と決めているのですが、未批准国のペルーのように、200海里を主張している国もあります。また、以前は領海を3海里としている国も多くありました。これは、18世紀頃の大砲での最大射程距離が約3海里（約5・5km）だったことに由来します。しかし、3海里という領海は定着することなく、1

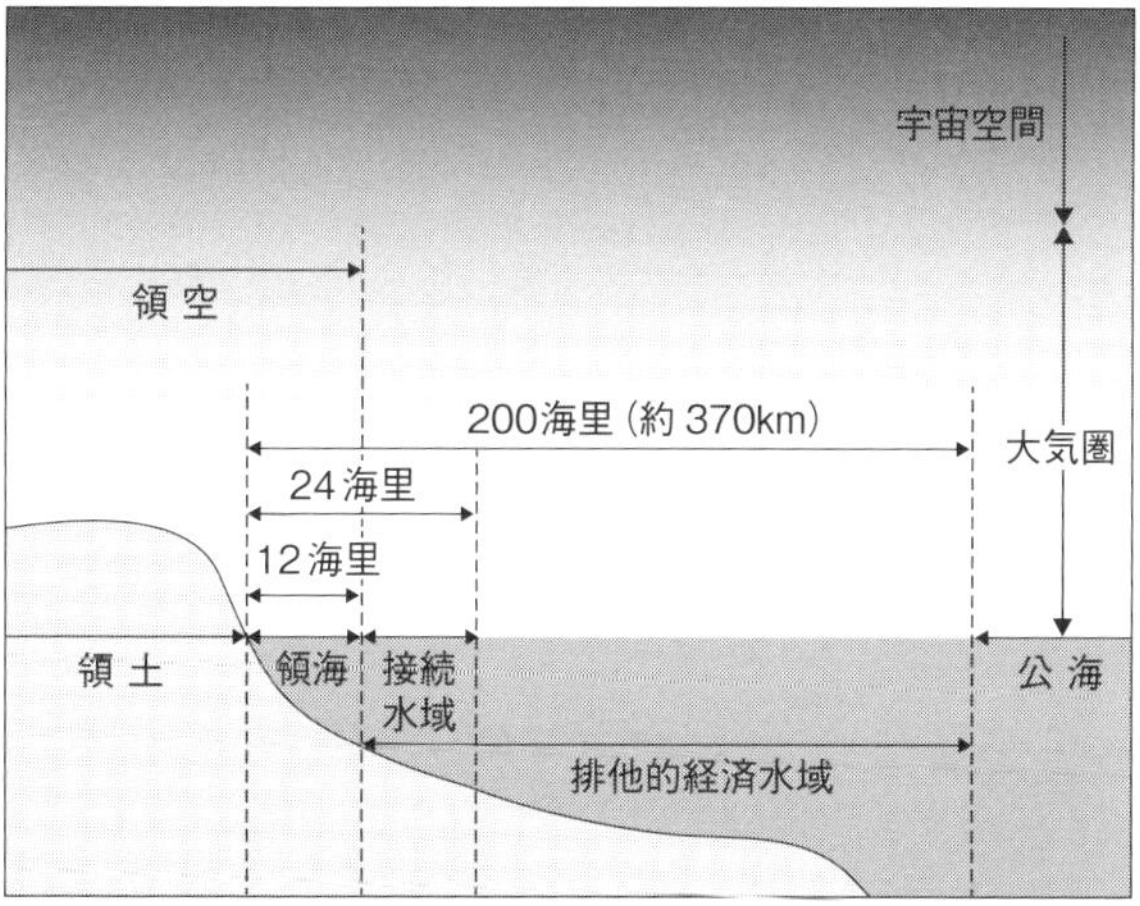

12-1　領域

970年代頃から次第に12海里をとる国が増え、国連海洋法条約によって12海里と定められるに至りました。

　また、天然資源（水産資源、エネルギー・鉱産資源）に対する沿岸国の独占的利用が認められている水域を排他的経済水域と言います。あくまで天然資源の利用が認められているに過ぎないので、他国の船舶の航行や水域上の航空機の飛行、海底電線・光ファイバーケーブル・パイプラインの敷設などは自由です。この排他的経済水域は、最低潮位線から最大で200海里と、国連海洋法条約で定められていますが、実はある条件を兼ね備えていれば、最大で350海里まで認められるのです。その条件とは、他国の排他的経済水域と重複しないことを前提に、大陸棚が沿岸から200海里を超えて広がっている場合です。この背景には、大陸棚はその国が位置する陸地部分からそのままつながっていることが多いため、その国の「一部」とみなすという考え方があります。

　ただなぜ350海里までなどという例外が容認されるようになったのかというと、大陸棚をめぐる資源開発の問題が背景の一つとして挙げられます。「水産業」や「エネルギー資源」の項目でも述べたとおり、大陸棚は天然資源の宝庫です。特にエネルギー・鉱産資源は、陸上での採掘が限界を迎えつつあり、埋蔵可能性の高い大陸棚に人々の目が向かっています。また、これまで海洋上の氷塊などにより開発が困難であった北極海沿岸の大陸棚も、温暖化の影響で融氷が進み、採掘技術も向上したため、開発へ向けた動きが始まっています。こうした状況を鑑みて、資源採掘をめぐって対立が生じる前に、あらかじめ各国の権利を明確に定めておこうという思惑が働いたものと言われています。

そのような流れを受けて、領海と排他的経済水域の面積では世界第6位を誇る海洋国家の日本も動き出しています。日本は新たに大陸棚の申請を国連にしたところ、2012年に、北海道を除いた日本の面積に匹敵する約31万㎢が大陸棚と認められました。

また、次のような動きも世界では見られます。ロシアとノルウェーのあいだでは40年以上にわたり、バレンツ海と北極海の大陸棚海域の境界をめぐる係争が続いてきました。しかし、これまでは海洋上の氷塊によって大陸棚の開発が難しかったこともあり、その係争は先行きが見えないものでしたが、近年の地球温暖化によって北極海上の氷塊の融解が進み、境界線の確定が早まりました。なぜなら、両国の係争地であっ

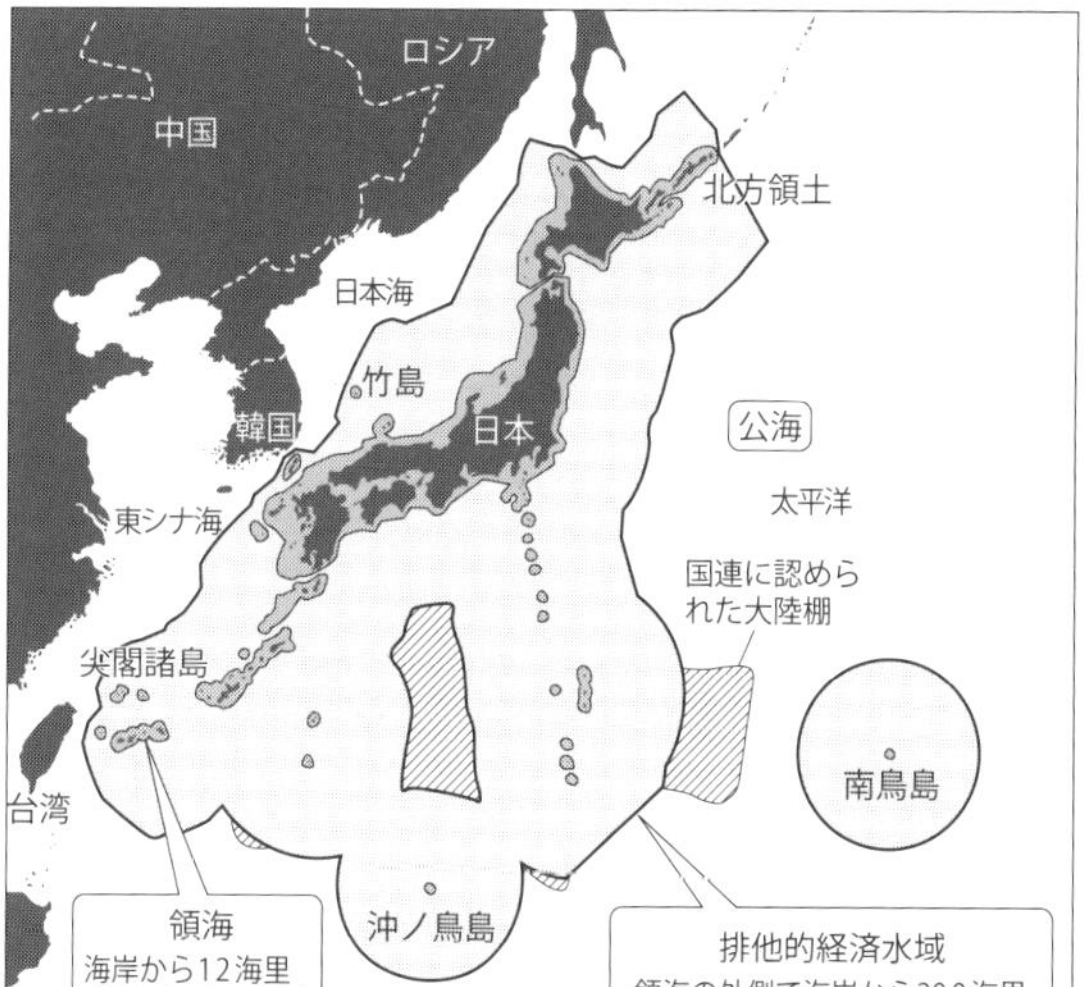
(約 22km) の水域
領海の外側で海岸から200海里
(約 370km) の水域

12-2 日本の領海と排他的経済水域

EEZと領海と領土を合わせた面積の国別順位

	国名	EEZ+領海+領土
1	ロシア	2464万km²
2	アメリカ合衆国	2098万km²
3	オーストラリア	1834万km²
4	カナダ	1558万km²
5	ブラジル	1218万km²
6	フランス	1171万km²
7	中国	1048万km²
8	インド	556万km²
9	日本	486万km²
10	ニュージーランド	435万km²

領土面積の国別順位

	国名	領土
1	ロシア	1708万km²
2	カナダ	998万km²
3	アメリカ合衆国	963万km²
4	中国	960万km²
5	ブラジル	851万km²
6	オーストラリア	769万km²
7	インド	329万km²
8	アルゼンチン	277万km²
9	カザフスタン	272万km²
10	アルジェリア	238万km²
62	日本	38万km²

EEZと領海を合わせた面積の国別順位

	国名	EEZ+領海
1	アメリカ合衆国	1135万km²
2	フランス	1104万km²
3	オーストラリア	1065万km²
4	ロシア	757万km²
5	カナダ	560万km²
6	日本	448万km²
7	ニュージーランド	408万km²
8	イギリス	397万km²
9	ブラジル	366万km²
10	チリ	202万km²

12-3　領土と排他的経済水域(EEZ)の上位国

た17・5万㎢の海底の大陸棚に、石油や天然ガスが豊富に存在していたからです。海氷の融解で資源の採掘が可能となり、両国の資源開発を早く進めたいという思惑が一致したのです。

2 カスピ海をめぐって

◉カスピ海の資源をめぐる問題、海か湖か

日本の面積にほぼ匹敵するほどの面積を持つカスピ海は、かつてテティス海と呼ばれる海洋であったことや、湖面の高さが海面より低く流出する河川を持たないことから、塩分濃度が高い塩湖となっています。チョウザメ漁などの漁業も盛んな上、石油や天然ガスの宝庫となっています。

当然、これらの資源をめぐって各国の権利の主張が交錯します。

その一つが、海か湖かをめぐる問題です。前述のとおり、サイズは私たちが考える湖ではなく海のようなものですし、海洋並みの資源にも恵まれています。そうなると、海洋とみなして、排他的経済水域の概念によりカスピ海を分割して統治すべきではないかという意見が出てくるのです。

2018年8月にロシア、イラン、カザフスタン、トルクメニスタン、アゼルバイジャンのカスピ海沿岸5か国は、これまでカスピ海を「海」とするか「湖」とするかで対立してきた領有権問題を決着させました。もし「海」とすると、沿岸国以外の軍船も航行可能となっ

てしまいます。そこでロシアが主導し、基本的に「湖」として、沿岸国以外の軍船の航行を認めないこと、また「海」のように沿岸15海里を領海、その沖10海里までを排他的漁業水域とし、未解決の海底資源は沿岸国どうしで調整することが決まりました。この地域は、何が何でもアメリカ合衆国や中国に主導権を奪われたくないとする、ロシアの熱い思いが伝わってきます。

また、資源をめぐっては、カスピ海の石油をヨーロッパへと輸送するために2007年に完成したBTCパイプラインの敷設も問題となっています。

「BTC」とは、パイプラインが通過するアゼルバイジャンのバクー（Baku）、ジョージアのトビリシ（Tobilisi）、トルコのジェ

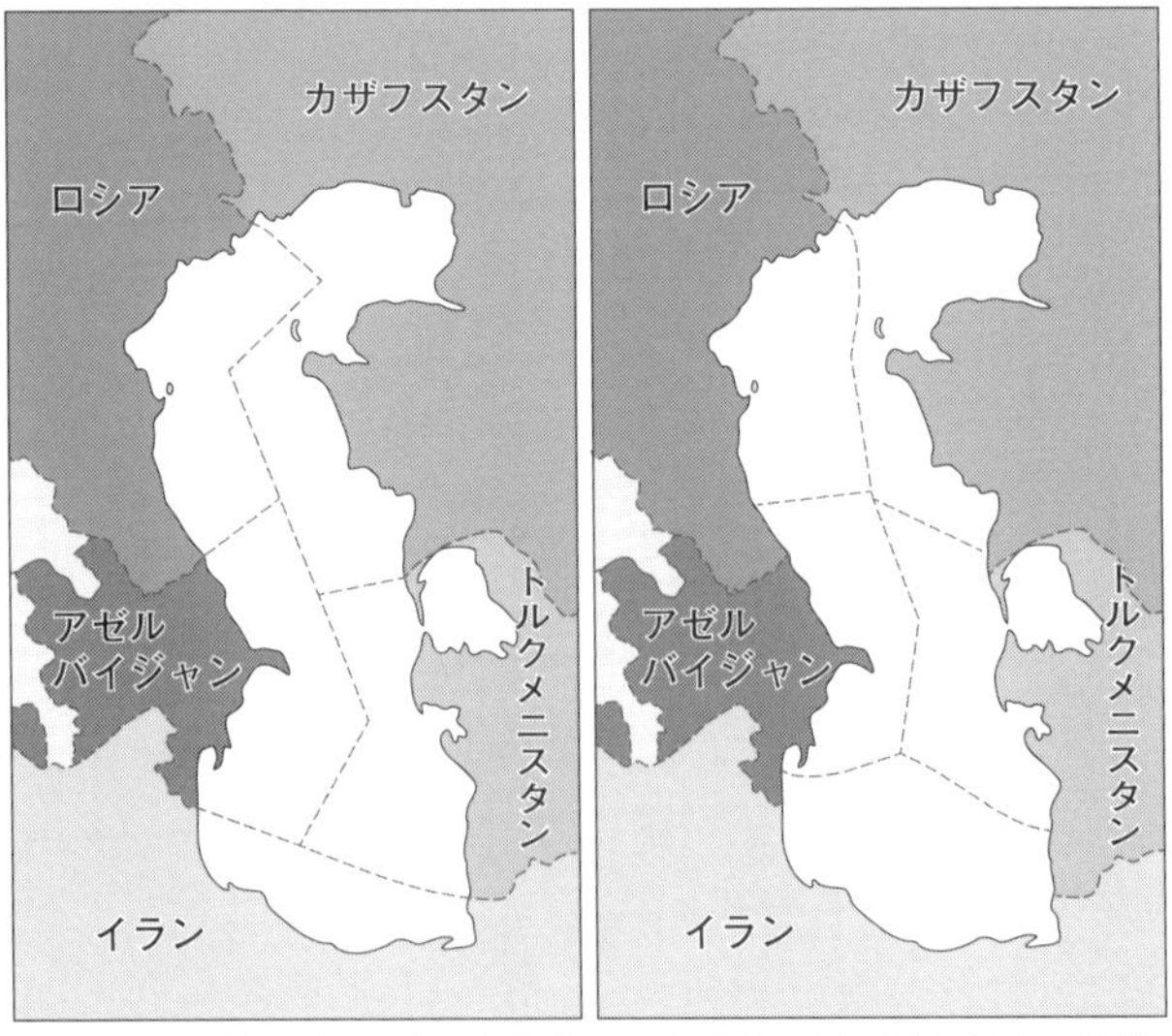

12-4　カスピ海を海とみなした場合（左）と現状の湖の場合（右）の比較
〈All Aboutより作成〉

イハン（Ceyhan）の頭文字をとったものです。これまでカスピ海の石油の多くは、ロシアを経由するパイプラインによってヨーロッパ諸国へと輸送されていました。しかし、産油国のロシアと、パイプラインから石油の供給を受けるヨーロッパ諸国が取引価格をめぐってしばしば対立し、一方的な送油停止が実施されるなど供給不安が続いてきました。

そこでロシアを通過せずに、ヨーロッパへと輸送するパイプラインの計画が持ち上がりました。しかし、そのルートをめぐって新たな問題が発生します。本来カスピ海の石油を地中海へと輸送する最短ルートは、イランを経由するルートです。しかし、ヨーロッパ諸国やアメリカ合衆国とイランは、核開発をめぐって長らく対立が続いていました。そのため、カスピ海・黒海を経由し、タンカーで地中海へと抜けるルートも検討されましたが、ボスポラス海峡やダーダネルス海峡の海上交通が過密化していることから、やはり直接地中海へ輸送できるルートが採用となりました。

ところが次に問題となったのが、アゼルバイジャンとアルメニアの関係です。アゼルバイジャン領内にはアルメニア人が多く住むナゴルノカラバフ自治州があり、一方でアゼルバイジャンのナヒチェバン自治共和国はアルメニアによって分断された飛地となっているなど、民族問題を背景とする対立が両国には根深くありました。さらに、アルメニアとトルコは、第一次世界大戦時のアルメニア人虐殺問題をめぐる対立を抱えていたため、トルコの地中海側へと運ばれるルートが選択されたのです。このルートはアゼルバイジャンからわざわざジョージアを経由するので、かなり遠回りとなり建設費用が莫大となるものの、政治的安定性を最優先し、完成に至りました。

世界のパイプラインのルートには、国家の利権が複雑に絡み合っていることが多いものです。その点からパイプラインのルートを見てみると、実に興味深いものとなります。

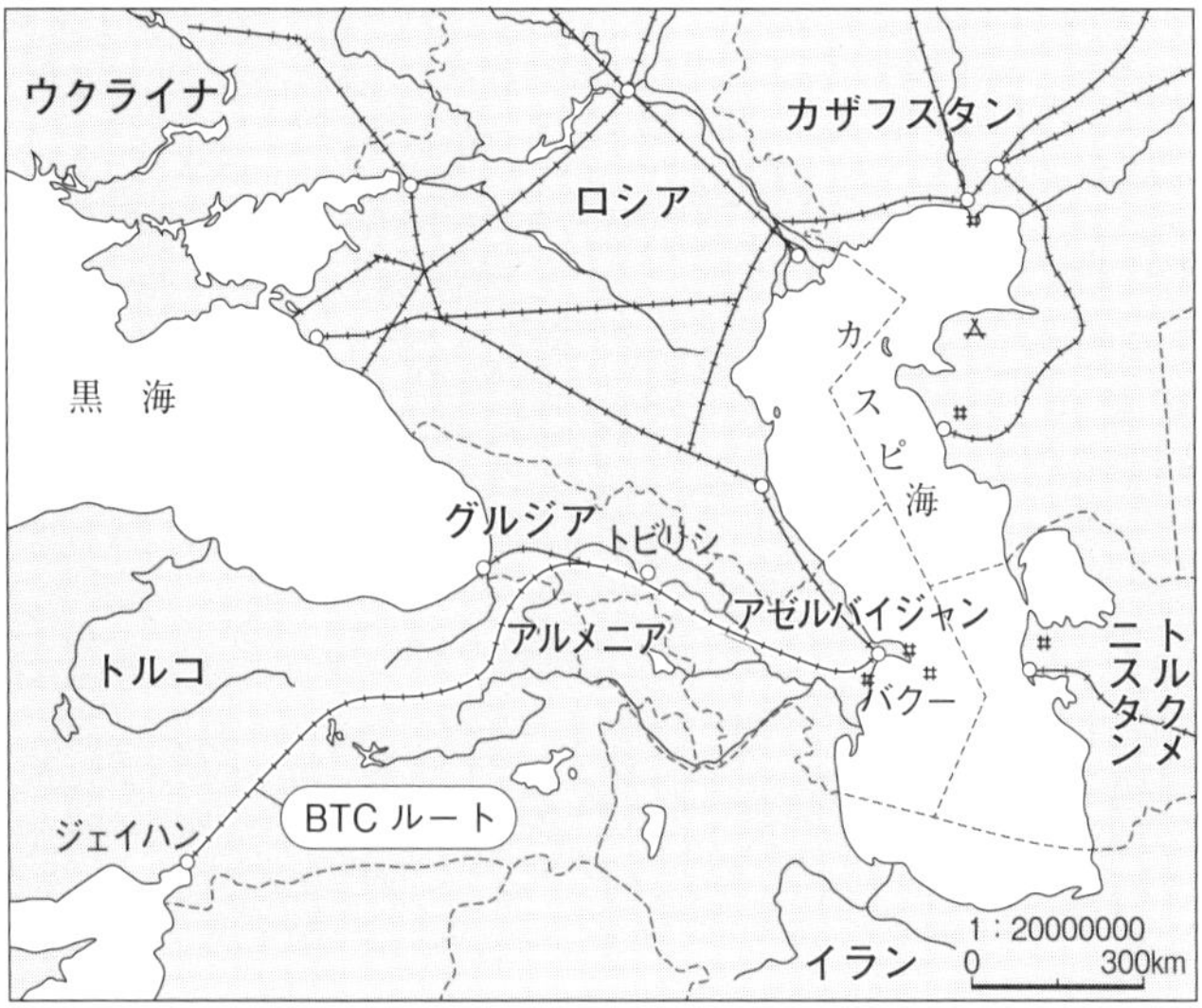

12-5　カスピ海周辺のパイプライン

●参考資料

◎参考図書・資料

イアン・カルダー『水の革命』築地書館
池上彰『そうだったのか！現代史』集英社
石川純一『宗教世界地図』新潮社
伊藤智章『地図化すると世の中が見えてくる』ベレ出版
宇野仙『地理B早わかり要点整理』中経出版
沖大幹『水危機ほんとうの話』新潮社
加藤政洋・大城直樹『都市空間の地理学』ミネルヴァ書房
仁科淳司『やさしい気候学 第3版』古今書院
藤井正・神谷浩夫『よくわかる都市地理学』ミネルヴァ書房
藤塚吉浩・高柳長直編『図説日本の都市問題』古今書院
町田健『言語世界地図』新潮社
水野一晴『自然のしくみがわかる地理学入門』ベレ出版
帝国書院編集部『新詳資料 地理の研究』帝国書院
帝国書院編集部『地理受験必携 図解地図資料』帝国書院
とうほう『地理資料』東京法令出版
『詳解地理B』二宮書店
『新詳高等地図』帝国書院
『新詳地理B』帝国書院
矢野恒太記念会『数字でみる日本の１００年』矢野恒太記念会
矢野恒太記念会『日本国勢図会』矢野恒太記念会

矢野恒太記念会『世界国勢図会』矢野恒太記念会
矢野恒太記念会『データでみる県勢』矢野恒太記念会
二宮書店編集部『データブック オブ・ザ・ワールド』二宮書店
内閣府『高齢社会白書』日経印刷
内閣府『少子化社会対策白書』日経印刷
総務省統計局『世界の統計』日本統計協会
総務省統計局『日本の統計』日本統計協会
『日本大百科全書』小学館
『世界大百科事典』平凡社
『現代用語の基礎知識』自由国民社
イミダス編集部『イミダス』集英社
新村出編『広辞苑』岩波書店
『デジタル大辞泉』小学館
『ナショナルジオグラフィック』日経ナショナルジオグラフィック社
『週刊東洋経済』東洋経済新報社
『日経ビジネス』日経ＢＰ
朝日新聞／読売新聞／日本経済新聞／産経新聞

◎参考ＷＥＢサイト

AllAbout　https://allabout.co.jp/gm/gc/292930/
GLOBAL NOTE　https://www.globalnote.jp/
JX 日鉱日石エネルギー「石油便覧」https://www.noe.jxtg-group.co.jp/binran/
WMO（世界気象機関）https://public.wmo.int/en

伊藤園　https://www.itoen.jp/entertainment/
上島珈琲店　https://www.ueshima-coffee-ten.jp/
人民中国　http://www.peoplechina.com.cn/
石灰石鉱業協会　https://www.limestone.gr.jp/doc/index.htm
全国地球温暖化防止活動推進センター　https://www.jccca.org/
鳥取大学乾燥地研究センター　https://www.alrc.tottori-u.ac.jp/japanese/
東北地方コンパクトシティ委員会　http://www.thr.mlit.go.jp/compact-city/contents/kentoiinkai/index.html
独立行政法人国立環境研究所　http://www.nies.go.jp/index.html
独立行政法人石油天然ガス・金属鉱物資源機構　http://www.jogmec.go.jp/
日清製粉グループ　https://www.nisshin.com/
日本コーンスターチ株式会社　https://www.nihon-cornstarch.com/
一般社団法人日本セメント協会　http://www.jcassoc.or.jp/
片岡物産　https://www.kataoka.com/
総務省　https://www.soumu.go.jp/menu_seisaku/toukei/index.html
外務省　https://www.mofa.go.jp/mofaj/area/index.html
環境省　https://www.env.go.jp/doc/
気象庁　http://www.jma.go.jp/jma/index.html
経済産業省　https://www.meti.go.jp/statistics/index.html
農林水産省　https://www.maff.go.jp/j/tokei/index.html
水産庁　https://www.jfa.maff.go.jp/index.html
仙台市　https://www.city.sendai.jp/
大分市　https://www.city.oita.oita.jp/
我孫子市　https://www.city.abiko.chiba.jp/anshin/bousai/saigai_hassei/shinaihigaijokyo.html

おわりに

新型コロナ禍の中、さまざまな感情が交錯してこの本を届けている。

実はこの本のお話をいただいたのは、なんと8年前……。担当の森さんからいただいたお話は、「巷にあふれかえる雑学本とは一線を画す、大人が学びなおせる地理の本を作りましょう」というものであった。つまり、良きように解釈すると「雑学本とは違う高尚な本」、悪いように解釈すると「(あなたには)面白い本は書けないと思いますので……」ということである。森さんには感謝とともに平身低頭お詫びしたい。

こんな捻くれ者の私の背中を最後に押してくれたのは、友人からの次の一言であった。「おまえは発信ベタ。このまま予備校の『社畜』になって、『業界内有名人』で終わっていいのか」。実に的を射ていて、悔しい思いがこみ上げてきた。発信ベタの自分でも何かできることはないのか、そんな思いからこの書を記すことにしたのである。

せっかくの機会なので、大学受験予備校の講師の仕事を世の中の皆さんにお伝えしておきたい。大学受験予備校の場合、高卒生(いわゆる浪人生)の授業が午前・午後とあり、夕方から夜にかけては現役生の授業がある。毎日行く校舎は異なるし、1日の中でも二つ以上の校舎を移動し、複数の都道府県をまたぐのは当たり前である。ちなみに2020年度の私は、月曜日は横浜（神奈川県）、火曜日は大宮（埼玉県）→仙台（宮城県）、水曜日はお茶の水（東京都）、木曜日は立川（東京都）→お茶の水（東京都）、金曜日は大宮（埼玉県）→お茶の水（東京都）といった具合である。同僚講師の中には、1日の中でお茶の水（東京都）→札幌（北海道）を移動する講師もいる。予備校講師の仕事は講義以外にもたくさんある。講義のための予習やプリント作り、生徒対応（質問、添削など）はもちろんのこと、予備校内で共用するテキストなどの教材作成、模擬試験の出題・監修、学校教員向けの講演会、参考書・問題集の執筆などである。こうして予備校講師は生計を立てられる一方、予備校の「社畜」になっていくのである。

ただこうして「社畜」になり、一つの予備校だけで生計を立てられる人間は極めて少ない。私自身も予備校講師を始めた当初は、中小の塾や予備校、公務員向けの専門学校など最大で六つを兼務し週7日で働いていた。さらにコールセンターでテレアポのアルバイトをしていた時期もある。そうでもしなければ食べていけなかった。それでも仕事を回すことができたのは、新卒で入社した株式会社キーエンス時代の社会人経験があったからであろう。お世話になったのは僅かな期間であったが、退職して15年以上経った今でも、当時の仕事のことは良い意味でも悪い意味でも鮮明に覚えている。それくらい仕事の進め方や向き合い方は、大変勉強になった。そしてもし自分がキーエンスにそのまま勤めていたらどのような職位、収入だったのか、それを想像することが、今の自分を突き動かす原動力にもなっている。

巣立っていった教え子たちは、社会に出て活躍する者も増えてきている。そんな教え子たちからもらって一番うれしい一言は、「社会に出て一番に役に立つと思ったのは、受験時代に先生から教わった地理です」というものである。どのような形で彼らの人生で役に立っているのかは私にはわからない。それでも生きていく上で役に立ったと一瞬でも思ってもらえたら、地理講師冥利に尽きるのだ。

この本を通じて、読者の皆さんにも地理は思いのほか現実社会につながっている、ということがわずかでも伝われば何よりである。

宇野　仙

宇野 仙（うの・たける）
▶駿台予備学校地理科講師。北海道旭川市出身。
大学卒業後、一般企業に就職するものの、教育への情熱が冷めることなく、一度大学に戻り教員免許を取得。自分は公教育の場より私教育の場で伝えるべきことがあるとの思いから、現在の予備校講師に。「知識」より「思考力」を重視し、生徒の「好奇心」を刺激するためにはどうしたらよいのかを日々考えながら、ライブ授業だけで毎週約 1,000 名の浪人生、季節講習会では約 5,000 名の受験生を相手に教壇に立っている。趣味は教材のための情報収集と食べ歩き。

◉── 装丁・組版　常松 靖史［TUNE］
◉── 図版　藤立 育弘
◉── 図版（グラフ）　いげた めぐみ
◉── 校閲　曽根 信寿

学《まな》びなおすと地理《ちり》はおもしろい

2020 年 8 月 25 日　初版発行

著者	宇野《うの》 仙《たける》
発行者	内田 真介
発行・発売	ベレ出版 〒162-0832　東京都新宿区岩戸町12 レベッカビル TEL.03-5225-4790　FAX.03-5225-4795 ホームページ　http://www.beret.co.jp/
印刷	株式会社文昇堂
製本	根本製本株式会社

ISBN 978-4-86064-627-1 C0025　編集担当　森 岳人

ベレ出版　**学びなおすシリーズ　既刊**

学びなおすと世界史はおもしろい

太田竜一　1500円（税抜）

ISBN978-4-86064-444-4

学びなおすと日本史はおもしろい

吉村弘　1500円（税抜）

ISBN978-4-86064-381-2

学びなおすと倫理はおもしろい

村中和之　1500円（税抜）

ISBN978-4-86064-505-2

学びなおすと政治・経済はおもしろい

南英世　1500円（税抜）

ISBN978-4-86064-437-6